网络化制造模式下
供应链设计与优化技术

董 海 著

北 京
冶 金 工 业 出 版 社
2017

内 容 提 要

本书共分7章，是在网络化制造与供应链管理的基础上，应用系统工程、控制理论、计算机仿真技术和智能算法等知识和方法，系统地研究了供应链设计与优化技术。

本书可作为管理科学与工程、工业工程和物流工程等专业的高年级本科生和研究生学习参考书，也可供从事网络化制造与供应链管理技术研究开发工作的专业技术人员及企业管理人员参考。

图书在版编目(CIP)数据

网络化制造模式下供应链设计与优化技术/董海著. —北京：冶金工业出版社，2017.1

ISBN 978-7-5024-7433-1

Ⅰ.①网… Ⅱ.①董… Ⅲ.①互联网络—应用—制造工业—供应链管理—研究—中国 Ⅳ.①F426.4

中国版本图书馆CIP数据核字(2016)第324441号

出 版 人 谭学余

地　　址 北京市东城区嵩祝院北巷39号 邮编 100009 电话 (010)64027926

网　　址 www.cnmip.com.cn 电子信箱 yjcbs@cnmip.com.cn

责任编辑 陈慰萍 美术编辑 杨 帆 版式设计 彭子赫

责任校对 禹 蕊 责任印制 李玉山

ISBN 978-7-5024-7433-1

冶金工业出版社出版发行；各地新华书店经销；北京建宏印刷有限公司印刷

2017年1月第1版，2017年1月第1次印刷

169mm×239mm；10.5印张；206千字；160页

42.00元

冶金工业出版社 投稿电话 (010)64027932 投稿信箱 tougao@cnmip.com.cn

冶金工业出版社营销中心 电话 (010)64044283 传真 (010)64027893

冶金书店 地址 北京市东四西大街46号(100010) 电话 (010)65289081(兼传真)

冶金工业出版社天猫旗舰店 yjgycbs.tmall.com

（本书如有印装质量问题，本社营销中心负责退换）

前　言

网络化制造环境下的供应链设计与优化技术是网络化制造平台技术中的一个重要的分支。网络化制造与供应链运作管理在许多方面存在共同点：目标上，两者都是为了实现快速响应客户需求；运作上，网络化制造将分散在各地的生产设备资源、技术资源和智力资源通过网络实现统一指挥，使制造流程协同化，同样，供应链运作管理讲究采购、设计、生产、销售各阶段的有效协同、高度统一；技术上，两者都需要依托网络信息技术来协调企业内外部运作。总之，在网络化制造的大背景下，研究供应链设计与优化技术可以极大地优化制造企业的业务流程，使其生产过程网络化、柔性化和敏捷化。

网络化制造环境下的供应链设计与优化技术能够实现链上各节点企业间的信息无缝集成，整合社会资源，降低运营成本，减少信息失真，提供准确的产品信息、库存信息和销售信息，同时，可以促使制造企业的设计资源、智力资源、制造技术资源等核心能力有效集成，实现网络化制造中物流、信息流和资金流的一体化，最终实现参与企业的和谐共赢。因此，供应链设计与优化技术的理论研究和实践应用对于完善网络化制造平台具有极为重要的意义。

本书是作者汲取国内外最新的网络化制造与供应链运作管理的研究成果，并结合自身近年来的研究成果撰写而成的。内容包括网络化制造概述、网络化制造模式下的供应链管理内涵、供应链战略能力规划下动态联盟技术、电子供应链的分形与优化技术、供应链分销网络优化技术、网络化制造模式下的供应链不确定性需求预测与控制、网络化制造模式下基于 OPN 的供应链系统建模等七部分组成。

本书在编写过程中参考和借鉴了一些国内外的相关资料，在此谨向有关作者表示深深的谢意！本书得到了辽宁省自然科学基金(201602514)、沈阳市科技计划（F14－179－1－00)、沈阳市人才专项(2014051203011）的资助。感谢沈阳工业制造系统工程重点实验室全体师生对本书出版的大力支持；特别感谢沈阳工业大学机械工程学院董一萱、沈阳大学国际学院王奕棋、沈阳大学机械工程学院杨光和王梓硕等同学，他们为本书的编写提供了大量的参考资料和学术文献，并分别参与第 3 章、第 4 章和第 6 章的撰写工作。

由于网络化制造环境下供应链运作管理技术涉及面较广，还有许多内容尚需深入细致的研究，加之作者水平有限，书中不妥之处，敬请广大读者给予批评指正。

作　者

2016 年 9 月于沈阳

目　录

1 网络化制造概述

1.1 网络化制造的基本概念

网络技术的迅速发展，一方面使得企业开发、制造产品及与顾客交互的方式都发生了很大的变化，另一方面加快了技术转移、社会和经济发展的速度，触发了更趋激烈和复杂的全球化竞争。国内外许多专家、学者、企业技术人员在网络化制造方面展开了大量的研究和应用实践，取得了丰硕的成果[1~11]。但至今网络化制造仍没有一个严格、统一的定义，不同的专家学者对网络化制造的定义不同。

国家科技部[12]认为网络化制造是按照敏捷制造的思想，采用互联网技术，建立灵活有效、互惠互利的动态企业联盟，有效地实现研究、设计、生产和销售各种资源的重组，从而提高企业的市场快速响应和竞争能力的新模式。

文献［13］认为网络化制造是企业为应对知识经济和制造全球化的挑战而实施的以快速响应市场需求和提高企业（企业群体）竞争力为主要目标的一种先进制造模式。通过采用先进的网络技术、制造技术及其他相关技术，构建面向企业特定需求的基于网络的制造系统，并在系统的支持下，突破空间地域对企业生产经营范围和方式的约束，开展覆盖产品整个生命周期全部或部分环节的企业业务活动，如产品设计、制造、销售、采购和管理等，实现企业间的协同和各种社会资源的共享与集成，高速度、高质量、低成本地为市场提供所需的产品和服务。

文献［14］强调了网络化制造的动态联盟组织形式，认为网络化制造是指利用计算机网络，灵活而快速地组织社会资源，将分散在各地的生产设备资源、智力资源和技术资源等，按资源优势互补的原则，快速地整合成一种跨地域的、靠网络联系和统一指挥的制造、运营实体——网络联盟，以实现网络化制造。

文献［15］定义网络化制造是指制造企业利用网络技术开展产品设计、制造、销售、采购和管理等一系列活动的总称。其核心是利用网络，特别是互联网，跨越不同企业之间存在的空间差距，通过企业之间的信息集、业务过程集成、资源共享等，开展异地协同的设计制造、网上营销、供应链管理等，对企业提供技术支撑环境和手段，实现产品商务的协同、产品设计的协同、产品制造的协同和供应链的协同，以缩短产品研制周期和减少产品研制费用，提高整个产业链和制造群体的竞争力。

文献［16］认为由于企业需要及时了解各地分公司的生产经营状况，同一企业不同部门、不同地区的员工之间需要及时共享大量企业信息，企业和用户之间以及企业与其合作伙伴之间也存在着大量的信息交流，因此需要通过计算机网络的协调和操作，把分布在世界各地的制造工厂和销售点连接成一整体，以加快产品开发、提高产品质量和企业对市场的响应能力。

通过对现有文献的分析，本书认为制造业利用网络技术开展的产品开发、制造、销售、采购和管理等一系列活动称为网络化制造（Networked Manufacturing, NM）。网络化制造是在制造过程中，通过网络信息技术的支持以及管理技术的保障，对涉及产品全生命周期中的运作活动进行统一调度规划，协同不同企业间的优势资源，以高效率、低成本的方式快速满足市场需求的一种生产模式。

1.2 网络化制造的主要内容

面对制造业的重大变革、各种先进制造理念的不断涌现，网络化制造已成为先进制造领域的研究热点。世界制造业中心逐步向中国的转移，加剧并促进了我国企业间的竞争与协作。为了支持这种竞争与协作，实施网络化制造已成为必然趋势。

1.2.1 网络化制造的基本内涵

网络化制造具有丰富的内涵。网络化制造理论是在协同论、系统论、信息论、分形论等相关理论的基础上发展起来的。网络化制造模式体现了分布和集中的统一、自治与协同的统一、混沌和有序的统一。

（1）分布和集中的统一。网络化制造是通过网络将地理位置上分散的企业和资源集成在一起，形成一个逻辑上集中、物理上分散的虚拟组织，并通过虚拟组织的运作实现其对市场需求的快速响应，提高参与网络化制造的企业群体或产业链的市场竞争力。另外，参与网络化制造的每个企业都有其特定的市场定位和企业目标，因此是分散的，但是在针对某一个特定的市场需求时，这些通过网络连接在一起的企业又具有一个共同的目标。因此，网络化制造在企业的个体目标和群体目标、企业的物理位置和企业联盟的逻辑上体现了分散与集中的统一。

（2）自治与协同的统一。参与网络化制造的每个企业都可能是一个独立的实体。也就是说，每个企业都有自己独立的组织体系、决策机制、运作方式和管理方法，在决定企业的行为和行为方式上每个企业是高度自治的。但是，这些企业通过网络化制造的方式联系在一起时，它们又必须是协同的，而且协同的程度越高，企业间合作的效率就越高，联盟企业的经济效应就越好。因此，网络化制造体现了每个企业个体自治和企业间协同的统一。

(3) 混沌和有序的统一。由于每个企业是独立自治的，因此，每个企业的运行模式和运行状态是不同的，所有这些不同的运行状态构成的状态空间在整体上呈现为混沌的形态。但是，当这些企业通过网络化制造构成一个虚拟联盟时，联盟的运行又呈现为有序的状态，并且整个联盟将朝着提高产品质量、缩短产品交货期、降低产品成本的方向进化。因此，通过网络化制造可以实现混沌向有序的转化，体现了混沌和有序的统一。

1.2.2　网络化制造的特征

网络化制造具有丰富的内容，它与传统制造模式的区别见表1－1。

表1－1　网络化制造模式与传统制造模式的区别

指　标	传统制造模式	网络化制造模式
空间范围	小范围，只关心企业内部的生产运作，不注重企业	大范围，高度重视企业之间的合作，把企业资源集中放在有增值能力的关键领域上，把大量业务外包
企业模式	稳定的、封闭性较强的企业结构	基于网络的、虚拟的、开放的、动态的企业结构
生产方式	大批量、少品种、预测型、集中化，是一种大批量生产方式	小批量、多品种、定制型、分散化，是一种大批量定制生产方式
产品特征	产品注重共性，注重数量，成本与数量成反比	产品注重个性，注重服务，成本与数量无关
管理模式	严格的、细化的管理；等级式组织管理；以控制与预测为主	强调知识管理、以人为中心的管理；基于网络使信息和知识得到共享，使管理透明化；建筑式组织管理以参与为主
创新模式	靠一个创新获得很长时期的垄断利润	不断创新，快速创新，并从创新中获得回报
竞争优势	企业靠规模大、批量大取胜	企业靠速度快、创新多取胜
企业与环境	企业是一个向需求已知的市场生产和销售产品的效率系统	企业是一个在未知环境中响应未知需求的适用性系统
价值获取方法	从数量求价值	从协作求价值
运营机制	功能化和程式化活动；由专业的计划人士进行集中计划和实施，依照预定的价值链进行一系列活动	网络和并行活动；在分享的企业中由动态的团队进行分散决策
服务模式	制造企业只管制造，不管服务	从制造业容易向服务业扩展，企业直接面向用户
与客户关系	“生产—销售”型方式：向顾客提供产品	“感知—响应”型方式：对顾客需求作出反应

网络化制造的特征有：

（1）网络化制造是网络和计算机技术与制造技术、管理技术的结合。这些技术的结合可以有效集成企业间的优势资源，协同开展产品开发、设计、制造、销售、采购、管理等业务工作。

（2）实现分散与集中的统一、自治与协同的统一、混沌与有序的统一。网络化制造中各个参与的实体是具有独立性的，每个实体具有自己的组织体系、决策机制、运作方式和管理方法，这些实体在网络化制造模式下，将进行有序的协调统一，高效率地完成协同任务。

（3）面向用户需求。网络化制造是由用户需求驱动而发起组织的，其目的是提高企业的柔性，进而以低成本、高质量的形式响应市场需求。

（4）敏捷化。由于网络化制造面对的是一个不断变化和不可预测的市场环境，为实现快速响应市场的需求，其产品和生产运作管理过程应能根据需要进行快速重组，实现模块化、系列化和可重用。

（5）强调企业间的协作与全社会范围内的资源共享。通过企业间的协作和资源共享，提高企业（企业群体）的产品创新能力和制造能力，实现产品设计制造的低成本和高速度。

（6）远程化。网络化制造几乎是无限地延伸了企业的业务和运作空间，企业通过网络化制造系统，可以对远程的资源和过程进行控制和管理，也可以像面对本地用户一样，方便地与远在千万里之外的客户、合作伙伴、供应商进行协同工作。

1.2.3　面向客户的网络化制造系统结构

网络化制造系统由三层结构组成：客户端—Web 服务器端—逻辑服务器端，如图 1－1 所示。

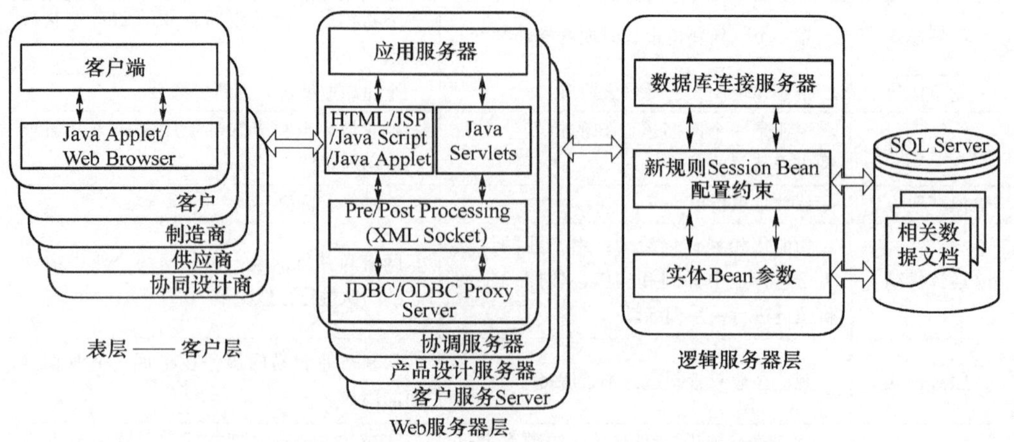

图 1－1　网络化制造系统结构

系统主要包括一些客户端、一个 JDBC/ODBC 数据库、一个 JDBC/ODBC 数据库服务器，同时还包括产品设计服务器以及应用服务器等。其中产品设计服务器是提供响应客户个性化需求的服务，并提供一些功能，如创建项目、定义产品和流程结构、设置用户层次等，产品设计服务器中的信息储存在 JDBC/ODBC 服务器相应的数据库中。在 Web 服务器层中，XML sockets 和 JDBC/ODBC 代理服务器被用来支持维护本地格式的各种数据，使得 Web 服务器层中不同类型的应用服务器平台得以集成。同时系统采用 Java Applet、Java Servlets 以及 JSP 技术，处理 Web 服务。协调服务器主要提供一些服务功能，使设计者能在一合作的渠道进行协同开发。同时协调服务器还可以提供一些在线信息服务，使系统各参与对象实现信息交流。

1.2.3.1 客户端

客户端是系统的界面层，支持客户、制造商、协同设计商等使用。当用户浏览器运行时，一些静态或动态的 HTML 页面从 Web 服务器端下载，用户与系统之间形成交互，而这些功能是通过建立不同参数的电子目录来实现的。用户在客户端的 Web 页中填写的结构参数，通过使用 Java Script 代码可以立即生效，缩短响应时间。而所有的客户端程序，通过各种 Java 技术（如 Java Applet）实施。

客户端通常包括供应链管理系统界面、协同设计界面、质量管理界面、计划调度界面、信息共享控制界面、个性化定制界面等。

1.2.3.2 Web 服务器端

在 J2EE 结构中，应用程序服务器运行在 Web container 下。Web container 包括 Web 组件如 JSP 和 Servlets。在客户个性化定制过程中，客户、设计者和系统管理者被示以不同的界面，并分配不同的权限。Servlets 可以激活用户 Request，并验证提交的用户名和密码，在此基础上发送给客户端验证结果。

1.2.3.3 逻辑服务器端

在 J2EE 结构中，操作层称为 EJB(Enterprise Java Beans)，主要是为了实现逻辑服务，所有结构逻辑和规则都是由 EJB 定义的。EJB 有 Session Bean 和 Entity Bean 两种基本类型。Session Bean 主要处理操作逻辑，不同的 Session Beans 可以在彼此间访问和共享。Entity Bean 是用来描绘对象的，例如数据库中的记录，通过与数据库的连接，Entity Bean 经常用来提供不同应用数据间的连接，并构建面向对象的数据结构。通过 JDBC 接口，Entity Bean 可以连接相关的数据表，从而获取数据库中相关数据记录，最后发送至客户端。

1.2.4 网络化制造资源集成

网络化制造资源集成就是以获取最大生产有效性为目的，以计算机技术和信息技术为支柱，以全球制造资源为可选对象，综合各种先进制造技术和管理技术，快速、高效地提供市场所需的产品或服务。网络化制造资源集成突破了传统经济时代资源相对集中、区域性经济占主要地位的限制，使资源集成范围不再受地域、国界限制，形成全球性资源的大集成概念。

网络化制造资源集成将成为21世纪制造技术发展的主流。为了适应这种新的技术发展趋势和市场环境，企业必须要对其技术构成、资源形态、组织结构和运作模式等做出一系列重要的调整。调整主要表现在以下几个方面：

（1）更加突出发展企业的核心技术，使企业的竞争力主要建立在通过核心技术完成的企业特色产品或服务上，成本和价格在企业竞争力的权重则退居其次。

（2）围绕自己的技术特色，针对持续变化的市场环境，建立良好的可重组、可配置的资源组织模式，使企业能够针对市场变化快速重组资源，并尽可能地减少这种重组对企业正常运作的影响。

（3）为了实现资源的快速重组，要求企业建立更具灵活性、开放性和自主性的组织结构，金字塔形的递阶结构最终将完全被网状结构所取代，在企业组织中人与人的关系将更强调具有自主性的协调与合作，而不是行政式命令。

（4）调整企业技术、资源和组织，使企业适应新的运作模式，即将原来单个、封闭的企业转变为围绕产品全生命周期运作的企业集团或多个优势互补企业组成的虚拟企业。对单个企业来说，与其他企业的协作能力是衡量其市场竞争力的重要因素。

网络化制造资源集成是一个运行在异构分布环境下的制造系统。在网络化制造资源集成平台的支持下，企业能够在网络环境下开展企业业务和实现不同企业之间的协作，包括供应链管理、协同设计制造、协同商务、网上采购与销售、合作伙伴选择、资源共享等。

网络化制造资源集成的体系结构从内到外分为5层，如图1－2所示。

第1层是市场和客户，即网络化制造资源集成是以市场和客户为中心，满足客户需求和赢得市场竞争是实施网络化制造资源集成的核心目标。

第2层是为满足市场和客户需求而组成的、由多个企业通过建立合作伙伴关系形成的企业联盟，具体包括制造商、供应商、销售商、承运商和其他合作伙伴。根据客户和市场需求，企业联盟协作完成从原材料获取、产品设计与制造、配送分销到售后服务的全过程，通过产品和服务满足客户需求获得利润，并实现制造平台上的所有合作伙伴“共赢”效应。

第3层是网络化制造资源集成提供基础使能服务支持，具体包括协调中心、信息服务中心和技术支持中心三个部分。网络化协调中心提供联盟企业结盟和权限管理等使能服务，如企业入盟申请的审批、入盟注册、数据访问权限的授予等。信息服务中心为联盟成员提供公共信息的存储、发布和查询服务，如网络联

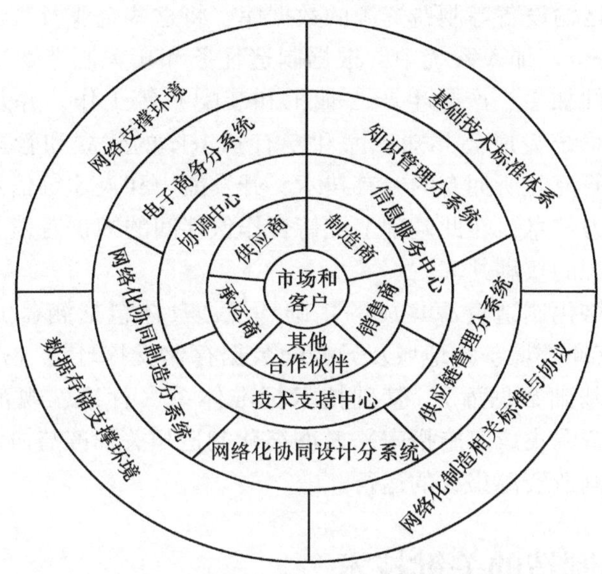

图 1-2 网络化制造资源集成体系结构

盟企业组织原则、合作伙伴情况（包括技术专长和生产能力等)、任务分配信息、项目和任务进展情况、产品和原材料库存情况等。技术支持中心为网络联盟企业的运作提供技术支持和技术服务，与软硬件供应商、系统集成公司等一起维护网络化制造资源集成的各支撑分系统和功能分系统的正常运行。上述三个中心可以建立在一个企业或组织中，也可以分布在多个企业或组织中。这些中心可以由网络联盟企业中的核心企业建立和维护，也可以委托网络联盟企业外的中立支持中心来承担。

第 4 层是支持业务运行的网络化制造应用系统层，包括电子商务分系统、供应链管理分系统、网络化协同设计分系统、网络化协同制造分系统和知识管理分系统等。电子商务分系统的功能包括产品发布、订单获取、财务管理及相关的电子支付、电子交易流程管理等。供应链管理分系统完成供应链组织、合作伙伴任务分配、协同采购、销售计划管理以及制造过程优化等功能。合作伙伴基于供应链管理分系统发起和组建供应链，并在此基础上完成任务分配和监控，并协调供应商、制造商、分销商和零售商等合作伙伴之间的生产、供应和传递等任务，优化产品制造过程的物流路径，平衡合作伙伴库存，达到降低成本。提高供应链效率和客户满意度的目标，最终使供应链达到整体最优并实现合作伙伴“多赢”。网络化协同设计分系统支持产品制造商与零部件制造商、原材料供应商和设计伙伴甚至客户，通过网络并行和协同地进行产品设计、零部件设计、材料选择、工艺规划、虚拟加工和虚拟装配。网络化协同制造分系统完成网络化制造资源的配置和运行管理，它在网络化集成制造系统中建立相关企业的加工设备、装配设备、检测设备、运输设备等制造资源的数据库，将这些企业及其制造单元作为制造执行代理（Agent）加入系统中，根据制造任务和相关制造数据适时地完成原材料供应、零部件加工、产品生产（加工和装配）等工作，并及时反馈生产信息。知识管理分系统完成公共知识库和专有知识库的建立和管理，维护相关企业、高等院校和研究院所拥有的专有技术、开发能力和人才等信息，以及独立设计人的技术和能力信息，在此基础上支持合作伙伴间的知识有偿共享、技术转让以及合作开发知识的权利共享。

第5层是网络化制造资源集成的基础环境，具体包括涵盖 Internet/Intranet/Extranet 的网络支撑环境、跨地域及异构的数据存储支撑环境（产品数据库、制造资源数据库、基础数据库）、基础技术标准体系（标准、规范、系统体系结构、网络化制造资源集成实施指南）及网络化制造相关标准与协议等，它们共同支撑整个网络化制造资源集成的运行。

1.3 网络化制造的关键技术

网络化的研究与应用实施中涉及大量的组织、使能、平台、工具、系统实施和运行管理技术。对这些技术的研究和应用既可以深化网络化制造系统的应用，同时又可以促进先进制造和信息技术的理论、方法及工具系统的研究和发展。网络化制造设计的技术大致可以分为总体技术、基础技术、集成技术与应用实施技术，如图1-3所示。

（1）总体技术。总体技术主要是指从系统的角度研究网络化制造系统的结构、组织与运行方面的技术，包括网络化制造的模式、网络化制造系统的体系结构、网络化制造系统的构建与组织实施技术、网络化制造系统的运行管理技术、产品全生命周期管理技术和协同产品商务技术等。

（2）基础技术。基础技术是指网络化制造中应用到的共性与基础技术，这些技术不完全是网络化制造所特有的技术，包括网络化制造的基础理论与方法、网络化制造系统的协议与规范技术、网络化制造系统标准化技术、产品建模和企业建模技术、工作流技术、多代理系统技术、虚拟企业与动态联盟技术、知识管理与知识集成技术等。

（3）集成技术。集成技术主要是指网络化制造系统设计、开发与实施中需要用到的系统集成与使能技术，包括设计制造资源库与知识库开发技术，企业应用集成技术，ASP 服务平台技术，集成平台与集成框架技术，电子商务与 EDI 技术，Web Service 技术，COM +、CORBA、J2EE 技术，XML、PDML 技术，信息智能搜索技术等。

（4）应用实施技术。应用实施技术是支持网络化制造系统应用的技术，包

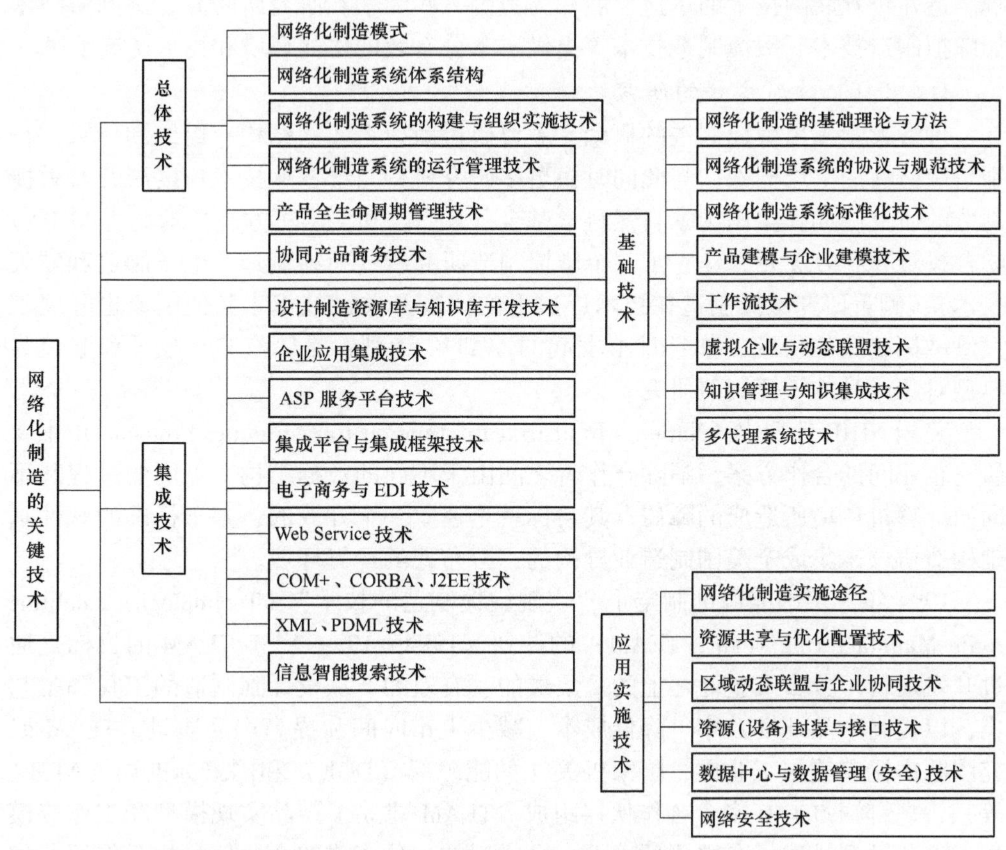

图 1－3　网络化制造的关键技术

括网络化制造实施途径、资源共享与优化配置技术、区域动态联盟与企业协同技术、资源（设备）封装与接口技术、数据中心与数据管理（安全）技术等。

1.4　网络化制造的研究现状及发展趋势

目前，网络化制造已成为先进制造领域的研究热点，国内外许多专家学者和企业技术人员针对网络化制造进行了较为全面的研究，为进一步深入研究网络化制造奠定了良好的基础。

1.4.1　国外网络化制造的研究现状

20 世纪 90 年代初，美国理海大学（Lehigh University ）在研究和总结美国制造业的现状和潜力后，发表了具有划时代意义的“21 世纪制造企业发展战略”报告，首次提出了敏捷制造和虚拟企业的概念，这一新的理论产生了巨大的反响。近几年互联网技术的迅速发展，为美国一些大学和研究所研究先进制造技术如虚拟制造技术、敏捷制造技术等提供了十分有效的协同环境和技术交流手段。

1.4.1.1 政府主导的研究

理海大学提出敏捷制造的概念，主要研讨敏捷企业的结构、组织和体系，特别是敏捷性的上层框架。与此同时，更多研究机构与学者从技术角度展开对敏捷制造的研究，如：美国国家自然科学基金（NFS）和美国军方高技术局（ARPA）联合投资800万美元，建立了三个敏捷制造研究所（机械制造、电子制造和航天技术），侧重研究敏捷制造在技术层次上的使能和关键技术。其他国家也开展了大量敏捷制造的研究，如：日本发起的MATIC计划，是以汽车、电子和服装为典型对象产品的敏捷制造研究。

美国NIIIP计划[17]（National Industrial Information Infrastructure Protocols）主要研究企业间的合作方案，消除合作者之间由于不同的数据结构、不同的过程和不同的计算机环境所造成的障碍。其目标就是建立一个开放的、基于标准的软件基础构造协议来集成全美国制造业异构的、分布式的计算环境。

1994年，美国能源部制定了“实现敏捷制造的技术”（Technologies Enabling Agile Manufacturing Team，TEAM）的计划（1994—1999）[11]。TEAM的目标是通过开发运行于分布式企业之上的、集成的、有效的、从设计到制造的工具和工艺集，以提高产品开发效率、降低成本、减少上市时间和提高产品质量。TEAM研究团队由涵盖美国工业界、国家机关（如能源部（DOE）和国家标准局（NIST）等）、高等院校的40多个合作伙伴组成。TEAM建立了产品实现模型和工作流模型，这些模型描述了在敏捷环境下一个虚拟的、分布式的企业信息相互作用的过程。其中，产品实现模型包括概念优化阶段、设计优化阶段和执行阶段。在概念优化阶段，它捕捉客户的需求，并将这些需求转化为基本单（Baseline Script）；在设计优化阶段，基本单被转换为高级、详细的制造单（Manufacturing Script），优化阶段过程并行地管理着三个反复的设计优化环境，即产品、制造过程和企业资源；执行阶段是使用制造单来加工出实际的产品。同时，TEAM选择了三个应用工业作为项目的验证：切削加工、冲压加工和机电装配。

1995年的美国实施了“制造系统的敏捷基础设施网络”（Agile Infrastructure for Manufacturing System，AIMS）[18]。AIMS项目由美国空军Wright实验室资助，五个国防和民用工业单位参与。它旨在研究将国防和民用两个工业体系联合在一起，组成一个统一的敏捷制造系统的信息框架，提供一个标准的通过局部计算机网络或Internet获取各种敏捷制造服务的方法。AIMS加快了国防工业和民用工业之间的转换。国防工业在开工不足时，可以承接民用生产任务；在国防工业生产紧张时，民用工业也可以为国防工业生产服务。

1996年美国制定了“计算机辅助制造网络”（CAM Net）项目[19]。项目是为了要建立敏捷制造的支撑环境，从而为成员企业提供多种制造支撑服务，如产品设计的可制造性、加工过程仿真及产品的试验等，使得网络成员企业能够共享制造信息，通过网络协调工作，为企业间的过程集成提供支持。

1997 年美国国际制造企业研究所发表了“俄罗斯 - 美国虚拟企业网”研究报告[20]。该研究报告依托美国自然科学基金研究项目，目的是开发一个跨国虚拟企业网的原型，使美国制造厂商能够利用俄罗斯制造业的能力，并起到全球制造的示范作用。俄罗斯 - 美国虚拟企业网系统包含五个部分：集成的产品和工艺开发、集成的企业后勤、关系型制造数据库、企业论坛和企业信息中心。

1998 年 12 月，欧洲联盟公布了“第五框架计划”（1998—2002）[21]，将虚拟网络企业列入研究主题，其目的就是为了联合内部各个国家的企业提供资源服务和共享的统一基础平台。目前“第六框架计划”也已经公布并开始了研究[22]。

2000 年，工业界发起并领导了国际研究与开发项目——“智能制造系统（IMS）计划”[23]，来自欧盟、挪威、日本、韩国、瑞士以及美国的许多公司和研究机构参加了这个项目。网络化制造的研究摆在了重要的位置之上。

NetMan 项目[24]由加拿大国家科学与工程研究委员会（NSERC）授权的“制造和工艺技术策略计划”资助，并得到了沃尔沃（Volvo）集团公司的支持。NetMan 项目的目标是开发一个支持敏捷制造网络的操作系统。它提供了一个网络化制造系统框架和一个协同的业务框架，支持在动态环境中敏捷制造网络的运作。根据 NetMan 组织策略，一个制造企业通过配置和激活一个由多个制造实体组成的分布式网络，动态地组织企业运作。制造实体被称为 NetMan 中心，分布式网络被称为 NetMan 网络。NetMan 中心通过 NetMan 网络进行信息交互，在双赢原则的基础上进行协同与规划。

1.4.1.2 公司方面的研究

国外很多公司对网络化制造进行了研究，并开发了相应产品来支持网络化制造。如美国 e 制造网络有限公司（e - Manufacturing Networks Inc.）将机械设备与互联网进行连接，该公司开发的软硬件一体化 Internet 网络机械设备可实现异地实时设备资源利用、供应链自动化集成、生产过程在线实时监控、远程设备诊断与维护等功能[25]。

美国 PTC 公司开发的 Windchinll 软件通过适配器的方式，凭借和数千个主要系统集成商之间的合作，几乎可以与所有的商品化设计软件进行集成，适用于广泛的分布式产品协同商务[26]。

美国 Matrixone 公司开发的 eMatrix 软件适用于概念开发、需求管理、产品设计、变更管理、测试管理、流程设计、技术著作开发和程序管理等。

美国 MDS 有限公司（Manufacturing Data System Inc.）开发的软件系统 OPEN - CNCS. 1 可实现 CNC 设备通过车间局域网或因特网直接与 ERP、生产计划系统或设备维护系统相集成。

Agile Software、Alventive、F - workTechnologies 和 EDS 等公司的协同商务系统，都是支持网络化制造的成熟软件产品。

1.4.1.3 高校方面的研究

国外相关高校也对网络化制造进行了研究。英国剑桥大学[27]进行了“全球制造虚拟网络”的研究，使得不同的单元技术、异构的应用软件、人机接口等之间的互联和通信，变得极为方便。

美国加州大学伯克利分校在美国自然科学基金资助下开展了一个名为 Cybercut 的网络化制造研究项目，建立了一个从设计、分析、制造到营销的网络化制造实验系统[28]。

美国麻省理工学院的 Sriram 教授等人开发了 DICE 系统，通过分布式的、面向对象的数据库共享数据，允许多个设计者并行地开展设计工作。

美国斯坦福大学联合 Lockheed、EIT 及 HP 进行的 PACT 项目较为系统地研究了分布式协同设计的问题，而且把工作拓展到以因特网为基础的异地协同问题上来。

美国 Wisconsin - Milwaukee 大学 Jay Lee 教授主持的 IMS 中心提供了一种网络化制造系统实验平台。波兰金属切削研究所的 Adamczyk 等人研究开发了基于互联网的 CAD/CAM 系统，并提供了系统描述、实施方法和支持工具，形成了一套形式化体系[29]。

英国 Loughborough 大学 MSI 研究中心提出了 CIM - BIOSYS(CIM - Building Integrated Open Systems)、OpenFramework，它对制造企业异构、分布环境下应用系统资源进行整合，并通过接口服务的方式提供透明、一致的访问与应用的集成平台框架，同时对资源整合的统一标准也进行了较为深入的研究。

欧盟由 20 余家研究所和大学组成的 ESPRIT - AMICE 组织经过六年多的努力开发出 CIM 开放体系结构。其目的是提供一个面向 CIM 系统生命周期的、开放式的集成平台，它从多个层次和多个角度反映了 CIM 企业的建模、设计、实施、运行和维护等各个阶段。

土耳其中东技术大学制造工程系集成制造研究组的 Ozgur Unver 和 Omer Anlagen 等人采用 Microsoft Windows DNA 技术实现了一个分布式的 MES 原型系统，但系统的可移植性和所包括的功能都很有限，主要是从实现技术上进行了较深入的研究。

其他还有如美国 UIUC 大学的机床敏捷制造研究所 MTAMRI 正在研究的虚拟网上制造技术；美国 Cincinnati 大学工业技术研究所开展的基于 Internet 网络环境下的用户大规模定制研究；美国加州大学的圣地亚哥分校 Tele - ManuafcturingFacility(TMF) 研究组和圣地亚哥 Supeocrmpuert 研究中心正在联合进行一项基于

Internet 的自动化快速原型研究等等。

1.4.2 国内网络化制造的研究现状

国内在网络化制造方面也做了大量研究工作，国家自然科学基金、国家 863 计划、国家“十二五”科技攻关计划确立了相应的研究课题，取得了有益的研究成果。

香港理工大学李荣彬教授和同济大学张曙教授 1999 年联合提出了分散化网络制造系统（DNPMS）的概念。重庆大学 2000 年承担了国家 863/CMIS 主题重大项目分散化网络制造系统，在网络化制造的系统模式、网络化制造的单元技术、网络化制造集成技术、安全技术、网络化制造平台等研究方面取得了一定的成果。项目组在此基础上进行了产品化的探索，出现了以“中国制造协作网”、东软和清华大学的“面向企业（中小）整体解决方案集成平台”等为代表的网络化制造的实际应用产品。

南京化工大学先进制造技术实验室从 2000 年上半年开始，与瑞典皇家理工学院开始合作进行先进换热装置的分散网络化制造模式的研究，旨在以中小型过程装备制造企业为目标，针对先进换热装置的全生命周期，为先进换热装置提供异地设计、制造、营销的基于 Internet 的软件，从而建立分散网络化制造的信息环境，最终推动先进的分散网络化制造模式的实现。

1998 年，重庆大学在国内较早地提出了“区域性网络化制造系统”的概念，如刘飞教授研究了网络化制造环境中的面向大规模定制的用户需求协同配置，并于 2000 年承担了国家 863 项目“区域性网络化制造系统及应用示范工程预研项目”（编号为 863 - 511 - 08 - 017），提出了一种在一定地域范围内的网络化集成制造系统。研究采用政府支持和协调下的产学研的合作模式，动态集成区域内的智力资源、科技资源以及制造资源，扩展企业的市场与信息获取能力，增强区域内企业联盟的市场竞争能力。

由广东省科技厅、广东工业大学和东莞市人民政府联合共建，广东工业大学、东莞市科委和香港理工大学共同主持产业化应用推广的“中国制造协作网”（CMC Portal），于 2000 年 6 月开通并对外推介和发布。CMC Portal 是一个一般通用型网络化制造平台，基于 Internet 构建面向中小制造企业的网络协作环境，旨在构造关联企业的动态联盟，提供制造技术尤其是产品设计技术的支持和协作平台，协助企业应用现代管理技术，促进商务合作的配对导航。目前该协作网已有企业会员 2 万余家，其中认证会员 3000 余家。企业协作平台的部分软件已开发完成，并在企业进行示范应用。

2002 年，浙江大学计算机系、机械系等共同承担国家 863 资助项目“浙江省块状经济区域网络化制造系统开发与应用”（项目编号 2002AA414070）。该项目重点研究了绍兴典型区域经济的特点，提出了绍兴网络化制造平台的体系结构。NMP - SX 主要包括供应链管理系统、客户关系管理系统、协同商务系统、产品模型展示和效果展示系统、产品协同设计系统等其他服务系统。

2004 年，华中理工大学程涛、胡春华等人提出了分布式网络化制造系统构想。分布式网络化制造系统是一种由多种、异构、分布式的制造资源，以一定互联方式，利用计算机网络组成的、开放式的、多平台的、相互协作的、能及时灵活地响应客户需求变化的制造系统，是一种面向群体协同工作并支持开放集成性的系统。其基本目标是将现有的各种在地理位置上或逻辑上分布的异构制造系统/企业，通过其代理连接到网络中，以提高整个制造系统/企业间的信息交流与合作能力，进而实现制造资源的共享，为寻求市场机遇，及时、快速地响应适应市场需求变化，赢得市场竞争。

2004 年，东南大学机械系易红教授领导的课题组历时两年，成功地建立了网络化制造的体系结构、面向网络化制造的集成平台。该课题组重点研究了网络化的协同工作方式、灵活的系统功能配置能力、业务流程重构与自动化，提出了网络化制造系统的控制协调机制模型，建立了资源和组织模型联合转化的方法，该方法能够实现体系结构中建模环境、仿真环境和运行环境的连接，提供过程重构的合理性的数学分析手段。

2005 年，由西安交通大学机械学院 CAD/CAM 研究所承担的 863 项目“基于 ASP 的网络化制造应用集成服务平台”，其基本出发点是利用信息技术和网络技术，采用服务驱动的整体解决方案，构造一个基于 ASP 运行逻辑的“中介”平台，并将 ASP 逻辑运用于制造过程中，从制造服务的角度来实现对整个制造的控制。其研究目标为基于制造链的制造过程的全局控制：制造过程网络化全局信息交换和管理；制造过程透明化，客户、制造商和供应商均可在不同的权限控制下参与制造活动；制造过程以电子服务（E - Service）的方式完成。

2005 年，由西北工业大学、西安交通大学和西安理工大学承担的 863 项目“关中高新技术产业带网络化制造系统开发与应用”，以装配制造企业群和高科技中小企业群为对象开展示范应用，开发建立三类应用系统：产品创新设计支持系统、具有快速响应机制的开放式制造支持系统、网络化制造资源优化配置与服务系统。其应用服务平台主要实现应用服务系统和各类资源的集成，提供若干面向区域的专业化技术服务平台，并形成系列工具集以及相应的企业 CIMS 应用服务解决方案，同时，提供企业网络化协作的过程管理工具，保障企业间协作的顺利进行。

2006 年，华中科技大学杨叔子院士、吴波教授等人在分布式制造基础上，提出了“基于 Agent 的网络化制造”模式，由异构分布的制造资源基于 CORBA 技术，利用网络组成开放、跨平台、相互协作的制造系统，目标是将现有分布的制造资源通过其代理连接到网络中来，以提高制造企业间信息交流与合作能力，进而实现资源共享。

2007 年东北大学网络化制造研究中心主任王宛山教授提出了网络化制造系统集成平台的设计构想，通过网络技术集成各种先进制造技术（CAD/CAM/CAPP/CAE/PDM、虚拟制造、敏捷制造等）、管理技术（ERP、MES、CRM、SCM 等）、网络技术（多代理技术、数据通信交互技术、Java 技术、分布式数据库技术等），形成高效可扩展的网络化集成制造系统。

2012 年，Dragon 研究项目[30]为中国－欧盟科技合作项目。该项目的目的是开发一个基于 Internet 的交互式工程入口，使企业可以通过此工程入口进行必要的信息交换和共享工程数据，从而支持位于不同地理位置、具有不同文化背景的企业实现网络化制造的全过程，包括寻找合作伙伴、评估和选择合作伙伴、建立合作关系、进行合作产品开发及产品制造等各个阶段。

国内其他大学学者如清华大学范玉顺、大连理工大学贾振元、贵州大学谢庆生等人都在网络化制造领域进行了大量的理论和应用方面的研究，取得了相应的成果。

1.4.3 网络化制造研究的发展趋势

综合以上文献可知，国内外对网络化制造的研究在理论与实践应用上都取得了很大进展，主要表现在网络化制造的理念与模式、网络联盟构建与合作关系理论、网络化制造的集成结构及共享机制、网络化制造集成平台和工具（如产品协同设计平台、企业协同建模平台等）、网络化制造系统的实施方法和策略等方面。

通过分析，网络化制造的研究发展趋势可以归纳如下：

（1）网络化制造与其他理论结合，如与供应链管理、ERP、电子商务、质量管理等相结合。网络化制造的有效性和实用性的特性必然使得网络化制造在发展过程中，与其他理论进行结合，进而使得网络化制造的研究呈现立体化、多方位的发展和应用。

（2）网络化制造系统的空间范围扩展，系统通信协议研究越来越重要。网络化制造已突破企业界限，从企业内部走向了企业外部，并迅速走向全球，全球化的网络化制造系统正在形成。网络化制造将被越来越多地应用在基于 Internet/Extranet 的企业间协同制造，因此网络化制造中信息、数据交换标准协议研究的重要性将日益突出。

（3）网络化制造的集成平台功能将向深度和广度方向发展。网络化制造集成平台（将制造系统、管理系统、网络系统加以集成）已成为制造业信息化关键技术攻关及应用工程的重要研究方向之一，通过协同的平台开发方式开展网络化制造集成平台相关理论、软件平台和工具系统的研究具有重要的理论意义、应用价值和产业化前景。

2 网络化制造模式下的供应链管理内涵

2.1 供应链和供应链管理的概念

2.1.1 供应链的概念

供应链的概念最早出现在20世纪80年代左右，此后，国内外一些研究人员从不同角度给出了不同的定义，但到目前为止没有形成统一的定义。

美国的史迪文斯（Stevens）认为，通过价值增值过程和分销渠道控制从供应商的供应商到用户的用户的流就是供应链，它开始于供应的源点，结束于消费的终点。

Christopher认为，供应链是一个组织网络，所涉及的组织从上游到下游，在不同的过程和活动中对交付给最终用户的产品或服务产生价值。

哈里森（Harrison）认为，供应链是执行采购原材料，将它们转换成中间产品和成品，并将成品销售到用户的功能网链。这一概念更加注重了供应链的网状关系。

在综合研究文献的基础上，马士华给出的供应链的定义为：供应链是围绕核心企业，通过对信息流、物流、资金流的控制，从采购原材料开始，制成中间产品以及最终产品，最后由销售网络把产品送到消费者手中的将供应商、制造商、分销商、零售商直到最终用户连成一个整体的功能网链结构模式。

由以上定义可见，供应链是一个范围更广的复杂的系统，包括所有加盟的节点企业，是由原材料采购、运输、加工制造、分销直到送达顾客手中的一系列增值活动构成的网链结构，物流、资金流和信息流贯穿其始末。核心企业在供应链中占有重要的地位，是一条供应链的组织者，它与最杰出的企业建立战略合作关系，委托这些企业完成一部分业务工作，自己则集中精力和各种资源，做好本企业具有核心竞争力的关键性业务工作，并实现整个供应链集成和协调。另外，核心企业也是供应链网络的交换中心。来自下游节点顾客的需求信息传递到核心企业之后，核心企业经过分析处理，再把分解后的需求信息传送给上游节点供应商，这是供应链信息流的前馈过程。上游节点供应商把原材料、零部件或产品生产完成后，运输到核心企业的指定地点，核心企业收到货物后，经过处理，将顾客需求的产品送达顾客，这是反馈的物料流。货物送达顾客后，沿着逆物流方向，顾客向核心企业支付资金，核心企业向供应商支付资金，这是供应链资金流的前馈过程。由此，供应链的结构可以简单地归纳为如图 2－1 所示的模型。该模型描述了供应链的物流、信息量、资金流的流动过程。

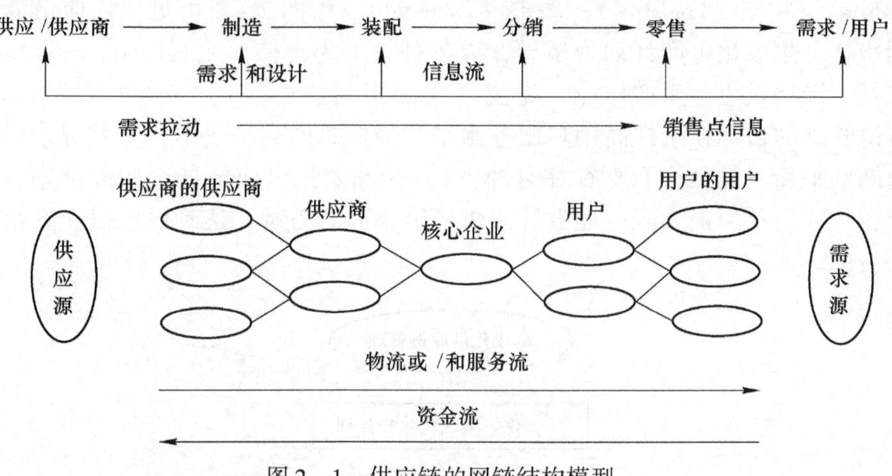

图 2－1　供应链的网链结构模型

2.1.2　供应链管理的概念

同样，供应链管理（Supply Chain Management，SCM）也没有形成统一的定义。许多学者从不同角度对其进行了定义。

1996 年成立于美国的供应链协会的定义为：供应链管理是为了生产和提供最终产品，包括从供应商的供应商到顾客的顾客所尽的一切努力。该定义进一步描述了供应链管理的四个基本流程：计划、采购、制造和配送。这个定义，强调了供应链管理的范围。

日本的学术团体供应链研究会从顾客的角度出发，将供应链定义为：供应链管理是将整个供应链上各个环节的业务看作一个完整的、集成的流程，以提高产品和服务的顾客价值为目标，跨越企业边界所使用的流程整体优化的管理方法的总称。

伊文斯（Evens）认为，供应链管理是通过前馈的信息流和反馈的物料流及信息流，将供应商、制造商、分销商、零售商直到最终用户连成一个整体的管理模式。

Ronald 认为，供应链管理是在满足服务水平需要的同时，为了使系统成本最小而采用的把供应商、制造商、仓库和商店有效地结合成一体来生产商品，并把正确数量的商品在正确的时间配送到正确地点的一套方法。

这些定义都非常重视供应链中不同组成部分之间的集成，把链上的企业作为一个不可分割的整体。通过供应链管理，企业能够有效配置和优化资源，对市场的需求做出快速响应，降低成本，提高质量和效率，提高企业自身竞争优势和获利能力。

供应链管理主要涉及四个主要领域：供应（Supply）、生产作业（Production Schedule）、物流（Logistics）、需求（Demand）。由图2-2可见，供应链管理是以同步化、集成化生产计划为指导，以各种技术为支持，尤其以Internet/Intranet为依托，围绕供应、生产作业、物流（主要指制造过程）、满足需求来实施的。供应链管理的目标在于提高用户服务水平和降低总的交易成本，并且寻求两个目标之间的平衡（这两个目标往往有冲突）。为此要把供应链各个职能部门有机地结合在一起，从而最大限度地发挥出供应链整体的力量，达到供应链企业群体获益的目的。

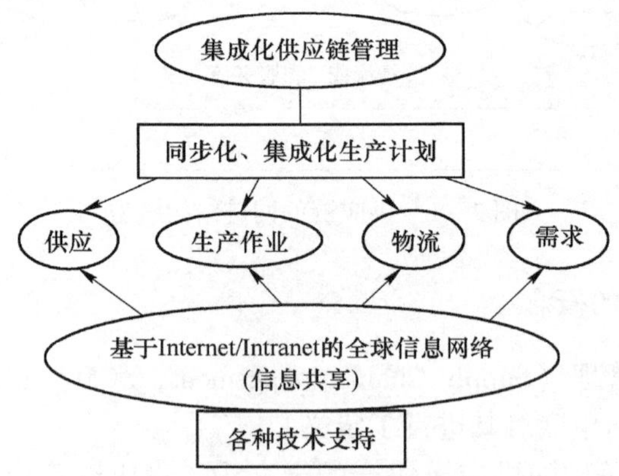

图2-2 供应链管理涉及的领域

供应链管理与传统管理模式的不同之处主要在于：

（1）供应链管理把供应链中所有节点企业看作一个整体，涵盖从供应商到最终用户的采购、制造、分销、零售等职能领域过程。

（2）供应链管理强调和依赖战略管理。

（3）供应链管理的关键是采用集成的思想和方法，而不仅仅是节点企业、技术方法等资源简单的连接。

（4）供应链管理具有更高的目标，通过管理库存和合作关系来达到高水平的服务，而不是仅仅完成一定的市场目标。

由此可见，供应链管理是一种集成的管理思想和方法。其核心思想就是以顾客为中心，强调每一个企业都集中精力去巩固和发展自己的核心能力和核心业务，利用自己的优势资源，和其他杰出的企业建立战略合作关系，通过技术程序的重新设计和业务流程的快速重组，不仅大大地提高本企业的竞争能力，而且使供应链上的其他企业都能受益，达到“双赢”的目的。供应链管理着重强调四个思想：“核心竞争力”的思想、“集成”的思想、“合作”的思想和“双赢”的思想。

2.2 供应链设计与优化研究现状

供应链管理经历了传统物流阶段、供应链阶段、供应链专业化阶段、后供应链阶段等几个不同时期的发展，目前，供应链管理方面的研究已经比较成熟。本书涉及的供应链设计与优化的研究现状可以归纳如下。

2.2.1 供应链联盟成员选择

目前针对联盟成员选择问题，国内外的学者研究角度有所不同，本书将其分为传统模式和网络化制造模式下的联盟成员选择。

2.2.1.1 传统模式下联盟成员选择

Choy K. L. 和 Lee W. B. 等人[31]设计了一种基于案例推理（Case - Based Reasoning）和神经网络（Neural Network）相结合的智能化成员选择方法，并将其应用于新产品开发过程中的联盟成员评价与选择决策之中。Kumar M. 等人[32]建立了一个模糊多目标混合整数线性规划模型，并将其用于供应链环境下目标具有模糊性质的联盟成员选择决策中。Kulak O. 和 Kahraman C. [33]建立了基于公理设计和层次分析法（AD&AHP）的组合模型，并将其运用于供应链运输服务商的选择过程中。Zhu J. [34]提出了一个基于 DEA 的模型，运用在供应链联盟成员选择决策过程中。Lin C. W. 和 Chen H. Y. [35]构建了基于非线性整数规划和模糊强度函数的组合决策模型，用于供应链合作伙伴的选择决策。朱兵[36]基于风险最小原则的联盟成员选择，提出了一个由 BP 神经网络方法和模糊综合评价方法构成的组合决策模型。代春艳等人[37]基于方法相容的思想，提出了一个评价方法的动态重构模型，实现不同项目环境下的联盟伙伴选择评价。刘洪等人[38]构建了联盟伙伴选择问题的 0 - 1 整数规划模型，并提出了求解问题的混合遗传算法。汪定伟等人[39]针对以活动网络形式组织的项目，建立联盟成员选择的多目标优化模型，并利用带自适应移动线技术的遗传算法，求得问题的整个非劣解集合或近似集合。张强等人[40]依据联盟成员选择过程中决策者判断模糊性的特点，采用模糊环境下的多属性群决策方法，求得动态联盟最佳合作伙伴。潘德惠等人[41]从组合多属性决策的角度对供应链环境下的成员选择进行了研究，考虑了模糊多指标的特点。苏世彬等人[42]基于模拟退火算法的思想，设计了一种解决动态联盟中盟员动态选择的算法，该算法很好地解决了联盟中盟员如何被动态选择和淘汰的问题。卢少华[43]讨论了动态联盟合作伙伴的选择过程和基本方法，并研究了应用遗传算法和聚类方法实现盟员选择，指出了遗传算法选择盟员的不足之处以及聚类方法的优点。陈剑等人[44]在对伙伴选择过程进行数学描述的基础上，提出了一个基于遗传算法的联盟伙伴选择优化模型，并对该模型的算法进行了设计和改进。

2.2.1.2 网络化制造模式下联盟成员选择

在网络化制造模式下，针对联盟成员选择的研究目前还不是很多，主要有：董文辉等人[45]以时间、成本、风险作为伙伴选择过程中的重要评价因素，提出了基于遗传算法的合作伙伴选择的多目标优化模型；游佳[46]从网络化制造动态联盟整体最优的角度，提出了一种基于依赖的合作伙伴组合选择方法，该方法在伙伴选择过程中引入依赖度指标，从而提高了网络化制造动态联盟的兼容性和稳定性；李向东等人[47]给出了网络化制造协同联盟合作伙伴的4阶段选择过程模型，并提出了一个多指标模糊综合选择与评价模型；付源泉[48]构建了网络化制造模式下的伙伴选择模型，并且开发了基于网络化制造平台的伙伴选择系统。

2.2.2 供应链建模

按供应链建模分析和研究方法不同，供应链模型可以分为排队论模型、Petri网模型、网络流模型、策略评价模型、智能体模型和混合整数规划模型等。

排队论模型主要用于研究生产企业在平稳生产状态下的情况，如各个设备、车间的输出率，并对资源分配进行优化，即合理安排各个设备和人员的加工任务，以达到提高生产效率的目的。Karmarkar U. S.[49]和Zipkin P. H.[50]分别利用M/G/1排队系统研究了生产批量和生产准备时间的关系。

Petri网理论在20世纪90年代开始应用于供应链建模。Claude G. 等人[51]认为Petri网的建模主要包括直接建模和间接建模两种形式。

（1）直接建模。直接建模是将Petri网看成是一种用户友好的图形建模技术[52,53]，这种方法比较容易理解和贴近问题领域。持有这种建模理论的学者主要采用高级Petri网进行建模研究。主要研究有：Dong M. 和Chen F. F.[54]采用面向对象Petri网对制造供应链业务流程的系统建模和分析方法进行了研究，并根据P－不变量对系统结构特性进行分析；Zuberek W. M.[55]等人给出了基于无界时间Petri网系统性能评估方法，对构建的供应链系统模型进行分析；Gambin A. J. 等人[56]采用了一个面向对象的模拟工具软件，求出柔性制造系统（FMS）的Petri网可达树，在求Petri网的覆盖树时采用了启发式算法，对FMS资源的排程问题进行了次优求解；Hanafi J. 等人[57]研究了如何应用模糊着色Petri网（Fuzzy Coloured Petri Net）预测逆向供应链中的产品回收问题；Zhang L. F. 等人[58]介绍了一种基于着色Petri网的对供应链进行配置和评估的集成建模和分析方法。

（2）间接建模。间接建模是将Petri网理论和其他理论结合并进行分析。主要研究包括：Ai J. 等人[59]应用广义随机Petri网（GSPN）构建了复杂制造系统的模型，并采用马尔可夫链的方法进行分析；Chen H. X. 等人[60]应用批量确定和随机 Petri 网（BDSPN）对供应链进行建模并对供应链性能评价；崔政东等人[61]考察了基于广义随机 Petri 网的供应链建模与分析技术，在总结 Petri 网的建立模型优势的基础上，将广义随机 Petri 网基础理论应用于供应链系统的建模和性能分析；Wu X. Q.[62]将神经网络与 Petri 网结合起来，对复杂系统的控制进行设计分析，结合混合逼近竞争神经网络研究了智能 Petri 网。

网络流模型主要用于研究供应链中成员的选择、布局以及供应链的协调问题。网络提供了一种描述供应链结构的方法，用网络流模型来表示一个供应链有其独特的优点，它能很方便地表示供应链中各种活动的先后顺序。Hodder J. E. 等人[63,64]利用网络流模型研究供应链成员的选择问题；Verter V.[65]对研究布局网络流模型进行了回顾和总结；Rosenfield D. B.[66]运用网络流模型建立了不确定情况下的供应链协调模型。

策略评价模型主要用于研究供应链在不确定情况下的管理和协调问题。策略评价模型一般是随机动态规划模型，它提供了一种对供应链采取的措施和策略进行评价的方法。策略评价模型的目标是使各个时期的期望费用总和最小或总收益最大。网络流模型和策略评价模型有各自的优缺点，如将两者结合起来，可对企业处理各种可能的不确定性提出相应的模型化策略。如 Huchzermeier A. 等人[67]建立了一种结合网络流和策略评级方法的供应链模型。

智能体模型实际上利用了智能领域的 Agent 智能体所具有的自主性、交互性、适应性、代理性、协作性和竞争性等特点，将 Agent 智能体应用于供应链建模之中。Fox M. S. 领导的多伦多大学企业集成实验室，于 1993 年首先提出 Agent 智能体取代人来管理企业供应链的设想，并设计了 Agent 智能体系统框架模型[68]。Fox M. S. 阐述并开发了应用于供应链建模与模拟的多智能体开发平台，并用 40 个 Agent 模拟了电脑生产商的内部供应链的运行情况，通过改变参数，模拟了生产设备损坏的意外情况，并分析了由此对原材料库存产生的影响；Sun R. 等人[69]提出了一个基于约束满足问题的 Multi - agent 系统，用以实现供应链管理中的命令选择和协商过程；Walsh W. 等人[70]提出了分散的、异步的市场协议模型，用在基于等级制度的独立任务网络中，Agent 可以解决对稀有资源的抢夺；Kalakota R. 等人[71]基于网络表示提出了一个 LCT 供应链模型，不同 Agent 可以通过 Internet 与其他企业建立联系。

混合整数规划（Mixed Integer Planning，MIP）建模是供应链建模的另一个主要分支。目标函数为生产和销售等费用最小或利润最大，用整数变量表示供应链成员的选择、生产技术的选择、运输方式的选择等，用连续变量表示供应链中各成员的能力、各种资源和分配等，用约束表示供应链中的物流平衡关系和供需关系等。Hanssmann F.[72]建立了一个适应于简单供应链系统的包括原材料采购、生产和销售的模型，提出各阶段的最优库存水平；Geoffrion A. M. 等人[73]建立了一个多产品单阶段的 MIP 模型，并提出一种分解算法，MIP 模型允许增加销售中心，目标是总成本最小；Gavish B.[74]考虑产成品的库存和顾客随机需求的模型，把生产管理和产成品库存联系起来；Burns 等人[75]建立的模型考虑销售的协调，以降低库存、生产和运输费用；Cohen M. A. 等人[76]建立了一个非线性的目标函数，模型可以允许增加或减少供应链中的成员数量，并考虑相应的生产计划决策及原材料和中间产品的流动过程。

2.2.3　供应链优化

供应链优化的研究主要有两方面内容：基于 Agent 智能体的供应链运行与优化和基于系统动力学的供应链运行与优化。

2.2.3.1　基于 Agent 智能体的供应链运行与优化

利用 Multi - agent 构建企业的信息基础平台，作为供应链协调和通信的主体，控制和管理企业供应链的运行，以提高供应链管理的自动化和智能化程度，是 Agent 智能应用于供应链管理的一个重要研究方向。Nissen M. A.[77]、Nwana H. S.[78]和 Barber K. S.[79]提出了自治性和智能性更强的供应链 Multi - agent 体系结构。这种系统体系不要求有一个负责通信和协调的中介 Agent 存在，每个Agent 都具有充分的信息通信、任务求解与计划协调能力。供应链各个企业能够在 Multi - agent 系统中开发自己的应用信息系统，由 Agent 智能体作为地位平等的买卖者代表各自主体的利益，动态地参加到供应链的运行中来。Brugali D.[80]把移动代理（一种可以通过计算机网络在计算机之间自由移动并自主执行的、更具有灵活性和智能性的技术）引入供应链信息系统的实施中，利用移动代理在顾客和企业之间传递订单数据和生产数据，以加速企业订单处理的过程，在基于 Multi - agent 的计划调度系统中，每个智能自主体代表相同的资源，并负责该资源的计划调度。

2.2.3.2　基于系统动力学的供应链运行与优化

Beamon B. M.[81]通过对物流及其控制系统的研究认为，供应链可以定义为一个以前馈的物流、反馈的信息流以及相关的控制行为为基本要素的动态输入、输出控制系统。因此他从系统动力学角度将供应链运行描述为一个物流输入/输出的管道。其后许多学者在有关供应链管道理论领域做出大量的研究。Barthodi J.[82]论述了供应链物流管道系统的一般概念与时间性能指标的定义，并对此进行了分析。Tan B.[83]研究了无缓冲库存状态下串行、并行与串并行三种形式的供应链物流管道系统的性能，并通过数值仿真模拟了时间指标与系统参数的关系。Hendricks K. B.[84]提出了描述有限缓冲库容量、缓冲器位置对供应链物流管道输出过程的影响。Duenyas I. 等人[85]研究了确定性供应链物流转换时间的管道输出量在给定时区内的期望与方差，其研究发现了作为封闭排队网络的供应链物流管道的事故概率及其修复时间。Marson J. R. 等人[86]分析了信息及其有效管理在供应链时间压缩中的作用，并通过数值仿真分析了由时间压缩而引起的库存和供应链管道生产能力波动的改进与用户服务标准的提高。Beesley A.[87]在提出时间压缩描述性工具——基于时间的过程映射的基础上，进行了 Warwick 制造公司采用该工具大幅度压缩其非价值增值活动的实证研究。Wilding R. D. 等人[88]在强调时间价值的基础上，研究了基于时间过程映射的供应链再造方法。此外，Davis T.[89]论述了用户需求多变与产品生命周期缩短条件下的供应链有效管理方法，在提出供应链管理库存问题的同时，指出缩短提前期的敏捷库存的重要性。

2.2.4 供应链牛鞭效应

20 世纪 60 年代，Forrester[90]基于系统动力学原理，首先分析了消费需求波动沿着供应链向上游企业逐级放大的系统特性，作为缓冲企业通常备有过量库存或放大生产能力等，研究者称此现象为牛鞭效应（Bullwhip Effect）。实证研究表明，牛鞭效应确实存在于汽车、日用品和计算机等制造行业。Burbidge[91~93]从产业动力学定量角度、Richard Wilding 从供应链复杂三角形角度对牛鞭效应的机理进行了分析。Richard M. 建立了量化模型，分析了信息失真与牛鞭效应的关系。Lee H. 等人量化分析了供应链驱动者、需求信息处理、交易博弈、订货批量、价格变化等对牛鞭效应的影响。Frank 等人给出了多极供应链分析模型对牛鞭效应的影响，并对其进行了量化分析。

牛鞭效应研究的一个里程碑式的进展源于著名的“MIT 啤酒游戏”的提出。Sterman J. D.[94,95]系统地描述了这个游戏，并且通过游戏证明客户需求的一点微小变化将对上游供应商的订单和库存水平产生巨大的影响。Diehl E. 和 Sterman J. D.[96]认为产生这种不良绩效的原因在于参与者没有认识到系统是一个彼此联系的整体，因而不能合理地估计系统中存在着时间延迟的复杂信息反馈。

Forrester、Burbidge 和 Sterman 的工作激励了大批后来的研究者，许多经济学家和运作管理学家开始把研究兴趣转移到这个充满挑战的领域中，并在牛鞭效应的存在性和可能原因的分析方面取得了可喜的研究进展[97,98]。Lee H. 领导的研究小组首先在这个问题上取得了突破。Lee H. 发表在《Management Science》[99]和《Sloan Management Review》[100]上的两篇论文被公认为是供应链管理和牛鞭效应研究的经典之作。Lee H. 支持经济学家的理论，即牛鞭效应起源于管理者追求利润最大化的理性决策，并结合运作管理研究中的系统思维，将供应链各环节作为一个整体来研究，提出了牛鞭效应产生的四种具体原因。另外，著名学者 Disney 和 Towill 等人[101~104]从分析库存和顾客服务问题出发，明确提出了应用控制工程理论方法处理牛鞭效应的方案。

国内学术界近年来关于牛鞭效应这一供应链研究的重要课题也取得了部分研

究成果。例如，万杰等人[105]考虑了供应商的分配机制对牛鞭效应的影响，这属于短缺博弈问题。石小法等人[106]讨论了由于多重预测引起的牛鞭效应问题；张钦[107]等人将 Lee 的模型扩展到 ARIMA(0, 1, 1) 需求模式，分析了该模式下的牛鞭效应；黄小原等人[108,109]提出了顾客末端需求波动最差条件下 H_∞ 控制方法以抑制牛鞭效应。这三个工作都可归结为需求信号处理方面的研究。从委托代理的角度，傅烨等人[110]将 Lee 总结的四点原因归结于生产商和零售商、零售商之间的委托代理关系由于不完全信息和不合理契约所引起的博弈过程。达庆利等人[111]还就牛鞭效应的现象和起因以及对应策略等给出了一个相当详尽的研究综述。

2.2.5 供应链动态调度

目前，针对随机动态供应链调度的研究主要分为两类：一类是信息完全与不完全情况下的决策研究，包括信息完全共享的集中决策模型和不完全信息下的分布式协同决策模型；另一类是供应链调度优化方面的研究。

2.2.5.1 信息完全共享的集中决策调度

此类模型多在信息共享协议、框架研究或信息充分共享假设的基础上，将动态车间调度的一些研究成果拓展到供应链调度中。Edgar P. L. 等人[112]针对带有多级分销网络的多产品供应链建立了离散时间混合整数规划模型，以动态优化决策变量，最大化供应链利润。Moon C. 等人[113]基于企业之间的充分合作，从产品总体拖期时间最小的角度建立了供应链优化模型，并采用遗传算法进行求解。Hung W. Y. 等人[114]建立了面向对象的动态供应链仿真模型，研究调度过程中各项参数设置对调度效果的影响。姚建明等人[115]专门针对 MC 供应链研究了其动态、随机特性并提出了优化调度模型。集中决策模型虽然能够从供应链整体最优的角度，对各企业生产作业进行计划和调度，但由于企业的自利性、部分信息的私密性以及异构信息系统集成的复杂性，完全信息共享在实际供应链中往往难以实现。

2.2.5.2 不完全信息共享下的分布式协同决策调度

鉴于 Agent 在自治性、自适应性、协同性和智能性等方面与供应链企业行为的相似性，此类决策模型多基于 MAS 构建。Sadeh N. M. 等人[116]在 MASCOT 体系结构中运用一个“黑板” Agent 对动态供应链企业进行协调，企业之间通过投标机制进行合作，而具体的协调、调度和协商均由“黑板” Agent 完成，但是 Sadeh 对于“黑板” Agent 具体调度算法的描述却非常模糊。Collins J. 等人[117]提出了一个基于拍卖机制的 MAGNET 模型，投标管理 Agent 对于应标方案采用混合整数规划或模拟退火算法进行选择和调度。此模型主要关注投标方案的组合优化，而对于方案之间的时间约束和时间目标评价只是采用简单的关键路径法予以识别，未形成具体的调度方案。而且随着问题规模的增大，关键路径法以及混合整数规划都会遇到因计算量过大而无法具体实施的问题。Ahn H. J. 等人[118]以韩国 TFT LCD 工厂的供应链管理为例，建立了基于 DEA 与局部信息共享的两阶段交互决策 ADINS 模型。Wagner T. 等人[119]针对按订单定制的小批量生产供应链，建立了基于任务分析和环境建模及仿真建模语言的动态、分布供应链管理模型，综合考虑代理之间相互承诺、违约惩罚以及机会成本等因素，结合实例分析了代理之间的交互决策过程。众多实验及实践已经证明，供应链计划过程中对企业间具体调度方案的考虑不周往往导致企业大量的闲余时间或任务之间的时间冲突，从而致使整个计划无法实施。这正是目前供应链分布式协同决策模型研究面临的主要问题。

2.2.5.3 供应链调度的优化方面的研究

供应链调度优化方面的研究主要包括：Vasiliois V. T. [120]在研究精细化工供应链时，提出了一个数学规划方法来优化运作和设计以提高供应链效率的模型。Sabri H. E. 等人[121]提出了一个集成的多目标供应链优化模型，以用于供应链计划中的协同策略运作研究。Bose S. 等人[122]从计划和调度两个不同的概念入手，提出了解决计划与调度的两种主要方法，指出提高供应链服务水平、减少库存水平不能仅仅依靠某些部分的改良，而要靠整个供应链系统物流和信息流的重新规划。Biswas S. 等人[123]提出了一个供应链面向对象的模型和决策支持系统，此包容了供应链的战略、战术以及运作层等在内的系统，可以合理解决供应链网络的大规模问题、供应链决策的层次复杂性问题、供应链运作中变量和参数的随机性问题以及供应链中成员之间的互动特性问题等等。在这一研究领域，许多学者还从数学理论与方法的角度集中分析了供应链调度模型的求解过程，如 Mokashi S. D. 等人[124]对供应链调度优化模型的算法进行了分析，提出一种求解的分解算法。还有一些学者从供应链调度的技术支撑体系方面进行了研究，如 Lancioni R. A. [125]在研究互联网的作用时，强调了其在供应链产品调度、库存管理等方面的重要性；Lakhal S. [126]在研究供应链调度策略时，提出了一系列有关提升企业核心竞争力问题的措施。

2.2.6 供应链契约

供应链契约是指通过提供合适的信息和激励措施，保证买卖双方协调，优化销售渠道绩效的有关条款。供应链契约研究是供应链运作管理的主要内容，本节从批发价格契约、销售回扣契约、收入共享契约、退货契约、数量弹性契约、数量折扣契约六个类型的契约，对目前的契约研究现状进行综述。

2.2.6.1 批发价格契约

Lariviere M. A. [127,128]建立了只包含产品生产成本、批发价格和零售价格、市场需求等变量的纯批发价格模型，指出批发价格契约并不能实现供应链协调。Debo L.[129]在研究重复周期下持有库存的报童问题时，证明了当企业的贴现率并不太高，即企业考虑未来利润时，单一批发价格契约可能实现供应链协调。Gilbert S. 等人[130]研究了需求不确定和为缩减生产成本进行投资情况下的批发价格契约，证明了在允许批发价格适应市场需求的有利弹性和需要提供激励降低生产成本之间存在一种平衡。Dong L. 等人[131]研究了具有两个报童，并且两者之间存在库存的批发价格契约，发现供应商一般能够获得更多的转运利润而零售商的利润会有所降低。Cachon G.[132]进一步考虑了剩余库存和需求更新情况下的二次订货问题。Seiferta R. W. 等人[133]采用批发价格契约研究了分布式决策下的直接和间接销售渠道集成问题。Kurata H. 等人[134]研究了国际品牌和本土品牌竞争环境下的多渠道定价问题，指出批发价格改变并不能协调供应链，而通过联合一个适当的涨价或降价策略能够同时实现供应链协调和渠道间双赢。

2.2.6.2 销售回扣契约

Krishnan H. 等[135]研究了销售回扣契约，认为这实际上是一种“降价补贴”，同时指出如果制造商不知道需求分布形式，那么这种契约并不能实现协调。Taylor T. A.[136]研究了零售商具有销售努力的销售回扣契约，考虑了两种形式的回扣策略。Cachon G. P.[137]在研究具有固定零售价格的销售回扣契约基础上，探讨了报童协调问题，指出这种情况下销售回扣契约并不能实现协调，但联合回购契约却能实现这一点。Cachon G. P. 和 Lariviere M. A.[138]在重点研究收入共享契约的同时指出，销售回扣契约能够协调具有固定零售价格的供应链系统，而且对供应商来说，如果想要获得正利润，那么零售商的订货量必需高于临界值。

2.2.6.3 收入共享契约

Mortimer J. H.[139]从计量经济学的角度详细研究了收入共享契约对音像出租行业的影响，发现收入共享契约可以将供应链利润提高7%。Dana J. 等人[140]研究了音像出租行业的收入共享，指出收入共享能够协调具有多个完全竞争零售商的供应链。Gerchak Y. 等人[141]研究了影碟零售商决定购买多少影碟并保留多长时间的问题，其研究考虑了额外许可费，并对利润进行了重新分配。Pasternack B.[142]研究了零售商部分产品实行无条件销售，而其他产品采取收入共享的契约协调问题。Gerchak Y. 等人[143]研究了最终产品装配公司采用收入共享激励多个零部件供应商确定生产数量问题，得出了均衡的收入共享分配和生产数量。Wang Y. 等人[144]研究了带有收入共享的委托契约对渠道绩效的影响，指出整个渠道和单个公司的绩效严格依赖于需求价格弹性和零售商的成本分担。Zheng H. L. 等人[145]研究了电信转售业务中的收入共享问题，通过设置一个合适的收入共享比例和批发价格，可以实现电信运营商和转售商之间的协调，并实现供应链双赢。Giannoccaro I. 等人[146]研究了随机需求下，具有固定零售价格的三阶段供应链协调的收入共享契约，分析了契约参数的变化对供应链成员利益分配的影响。Shauhan S. S. 等人[147]提出了基于收入共享的供应商与零售商伙伴关系模型，分析了收入共享下作为不同风险承担者的供应链成员利润情况。Cachon G. P. 等人[138]系统研究了用批发价格和共享系数两个参数描述的收入共享契约，并将其同回购、价格折扣和数量折扣等契约进行比较分析，指出收入共享是一种需求风险分担机制，能够协调固定零售价格和零售商制定价格两种情况下的供应链渠道，这要优于仅能协调单一情况的供应链契约。Veen J. 等人[148]在此基础上针对音像出租问题研究了供应链收入共享契约下的供应链成员双赢问题，研究表明通过收入共享契约，音像制品供应商和出租商可以实现双赢。

2.2.6.4 退货契约

Lau A. H. 等人[149]研究了需求不确定下季节性商品的退货问题，研究发现设置大于零的退货价格将对制造商更加有利。Webster S. 等人[150]研究了供应商具有风险敏感性的退货策略问题，指出退货策略在增加销售商利润的同时，不会降低供应商利润。Tsay A. 等人[151]研究了供应商和销售商都具有风险敏感性时对退货策略的影响；Hahn K. H. 等人[152]研究了销售易腐产品的供应链分销渠道协调的退货策略问题。Granot D. 等人[153]研究了一个价格依赖的报童问题，证明了在零残值收益和期望的需求函数条件下，制造商可能不会选择退货策略。Mukhopadhyay S. 等人[154]进一步研究了质量设计、产品价格和公司退货策略之间的关系，建立了一个旨在获得最佳产品质量水平、价格和退货策略的利润最大化动态模型。Chen 等人[155]研究了具有长提前期和需求信息更新的供应链协调问题，考虑了一种两阶段供应链，并针对这种环境提出了改进的退货机制来协调供应链。Yue X. H. 等人[156]进一步研究了非对称信息条件下完全退货策略对供应链的影响，结果表明，通过完全退货策略，零售商将总会获益，而制造商和整个供应链却只能在一定条件下才能获益。

2.2.6.5 数量弹性契约

Lariviere M. A. [157]研究了单周期下的数量弹性契约模型。Tsay A. A. [158]进一步将单周期模型扩展到多周期环境，建立了多周期数量弹性契约模型。Bassok Y. [159]研究了数量弹性契约与需求预测信息共享的相互影响，这一问题通过具有最小承诺量的数量弹性契约可以得到很好解决。Lariviere M. [160]也研究了类似的问题，不同的是供应链上游企业希望鼓励下游契约通过努力去改进需求预测。Sethi S. P. 等人[161]研究了具有需求更新的单周期和多周期数量弹性契约问题，同时还考虑了一个现货市场的存在，给出了周期开始的最优订货量和契约订货量，以及需求修正后、实际需求实现前以市场流行价格从现货市场采购的订货量。Wu J. H. [162]研究了需求预测采用贝叶斯方法更新下的数量弹性契约，结果表明这种数量弹性契约将使零售商获得比制造商更多的收益。

2.2.6.6 数量折扣契约

Monahan J. P.[163]和 Lee H. L.[164]最早讨论了确定性需求下用于提高供应商利润的数量折扣定价问题。Wee H. M.[165]研究了随价格递减的确定性需求下，一个具有数量折扣、定价和部分延期交货的库存模型。Papachristos S.[166]扩展了 Wee H. M. 的工作，研究了需求是凸的递减函数，并且积压率是时间依赖函数下的库存模型。Chung C. S. 等人[167]进一步将运作环境扩展为多周期环境，研究了考虑数量折扣定价的供应链协调补货动态批量问题。Gurnani H.[168]研究了基于 EOQ 模型的具有多种订货结构的数量折扣定价问题，其中包括订货协调、订货合并和多层级订货。Wang Q. N.[169]同样研究了基于 EOQ 订货的供应商最优数量折扣计划，通过非线性规划模型给出了最优数量折扣计划。Qin Y. Y. 等人[170]进一步研究了价格敏感的确定性需求下的渠道协调问题，研究考虑了数量折扣和特许费，并且指出只有两者联合使用时才能实现供应链协调和利润最大。Sarmah S. P. 等人[171]系统综述了确定性环境中利用数量折扣来协调供应商和购买商的问题。Zhou Y. W.[172]研究了由一个制造商和一个零售商组成的供应链渠道数量折扣定价决策。

2.3 网络化制造模式下的供应链设计与优化相关模式

在网络化制造（NM）模式下研究供应链设计与优化模式，首先需要明确 NM 模式下的供应链管理与传统模式下的区别，见表 2-1。由表可以看出，NM 模式下的供应链运作特色是具有网络化的组织方式和分散的组织结构，并且供应链成员间可以进行实时的信息共享，具有较强的柔性，其运作的目的是实现供应链协同效益的整体提高。在 NM 模式下供应链运作管理的研究难点是将运作管理中的核心内容与网络化制造生产模式进行有效结合，并设计相应的网络系统对研究内容进行集成应用。

表 2-1 NM 模式下的供应链管理与传统模式下的区别

指 标	传统供应链运作模式	NM 模式下的供应链运作模式
经济特征	产品经济	满足个性需求的服务经济
组织模式	单个实体企业组织	网络组织结构
组织特点	组织集中稳定	组织分散动态
运作管理目标	提高供应链各环节效率	提高供应链协同效益和整体价值
信息沟通	各供应链环节间信息串行交互	成员企业间信息实时交互与共享
决策模式	集中式决策	分布式群体决策
灵活性	柔性较低	柔性较高
竞争观念	竞争“win—lost”	协同“win—win”

2.3.1 网络化制造模式下的客户知识管理特性

NM模式下供应链运作实施的目的是高效、高质量地满足客户个性化的需求，然而分散、片面的客户信息无法被企业用来对其所面临的市场环境进行完整、准确地分析，因此实施NM模式下的供应链管理的前提是必须要进行客户知识管理[173~176]，即对客户知识加以整合，并通过相关技术手段对客户知识进行挖掘。NM模式下，企业获取客户在网络Web服务器上提交的相关信息，通过数据挖掘等技术手段对客户信息进行整理分析，在此基础上形成有利于企业决策发展的客户知识。因此，客户知识管理关注NM模式下供应链运作中客户知识处理所涉及的关键环节。事实上，NM模式中客户知识管理就是一个客户知识获取、共享、应用以及创新的过程。而且伴随着这一过程，客户知识自身也实现了增值。图2-3描述了NM模式下供应链运作中的客户知识流程。

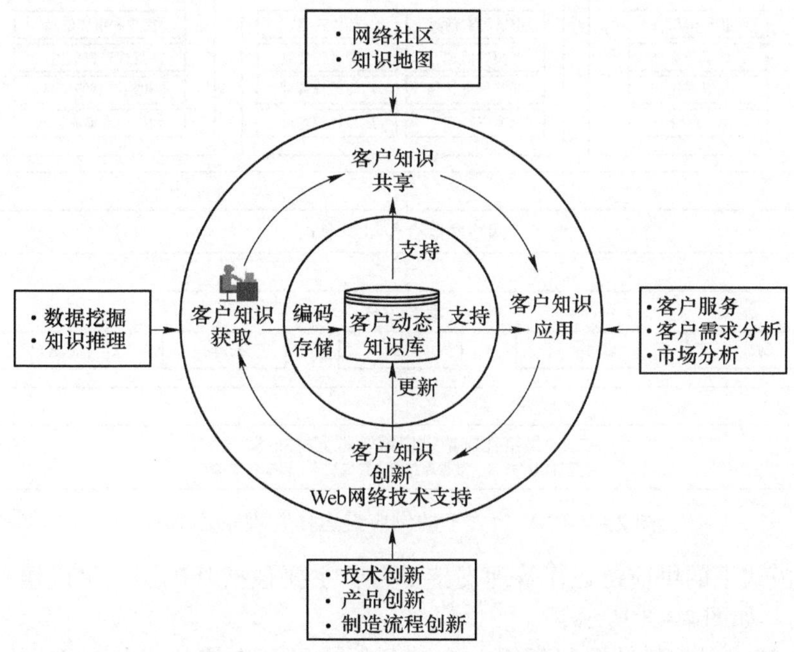

图2-3 NM模式下客户知识管理流程

从图2-3可以知道，客户知识管理流程共分为客户知识获取、客户知识共享、客户知识应用、客户知识创新四个阶段。NM模式下供应链联盟基于Web网络技术获取客户相关信息，利用数据挖掘、知识推理等技术将获取的客户信息转化为客户知识，并以编码形式将客户知识分类储存于客户知识库；联盟成员通过网络社区、知识地图等，对客户知识库中的相关客户知识进行学习和共享；在客户知识应用阶段，联盟成员基于客户知识分析客户需求、设计客户服务方案；通过客户知识运用，联盟企业可以实现制造流程优化、产品优化、技术创新等多方面的创新。

2.3.2 网络化制造模式下供应链管理系统结构和支持平台

根据 NM 模式下供应链运作管理的特点，可以构建 NM 模式下的供应链运作管理系统结构，主要包括目标、参与主体、组织模式、实施内容和支持技术等，具体如图 2－4 所示。

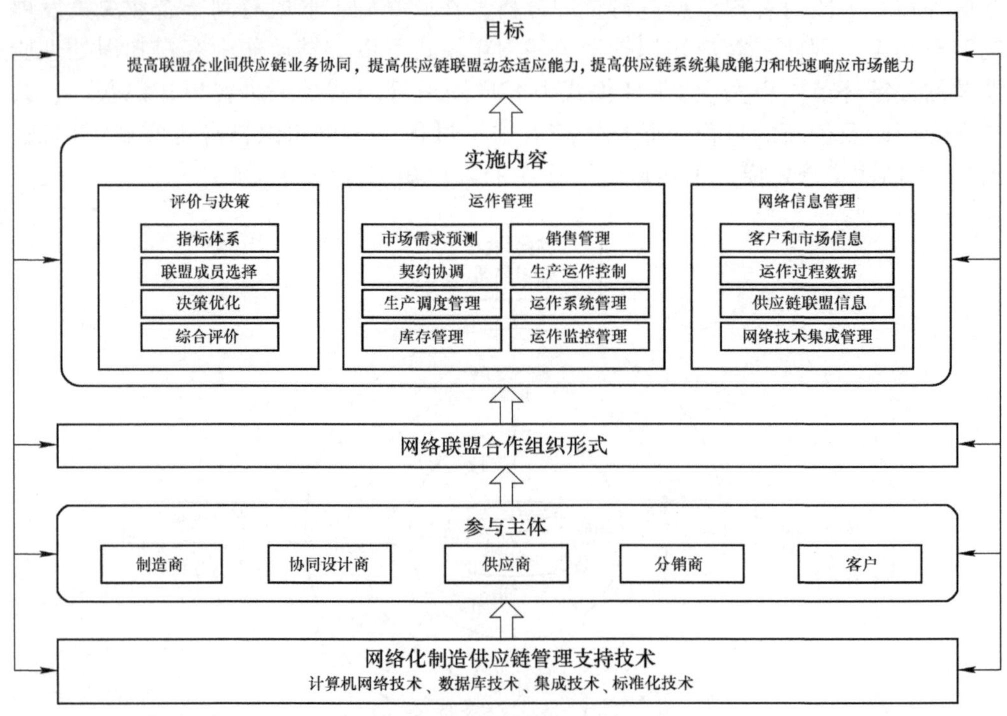

图 2－4 NM 模式下的供应链运作管理系统结构

NM 模式下的供应链运作管理支持平台，主要包括基础层、集成层、应用层和用户层，如图 2－5 所示。

（1）基础层。基础层包括平台支持环境、平台支持技术与标准和协议、公共数据中心、平台开发与应用工具，是整个平台得以运行的最基础的支持环境。其中，平台支持环境包括计算机网络、数据库系统和操作系统等信息基础结构；平台支持技术、标准与协议用来支持平台的通用协议和标准规范，主要包括系统集成接口标准与规范、数据搜索和分析技术、多代理系统协议以及其他相关的技术标准与规范，如 J2EE 技术架构、XML 规范、SOAP 协议、Web Service 体系架构、供应链协同管理中的信息交换标准协议等；公共数据中心即网上的供应链运作系统资源信息库，它包括供应链资源库、基础数据库和共享信息库等；平台开

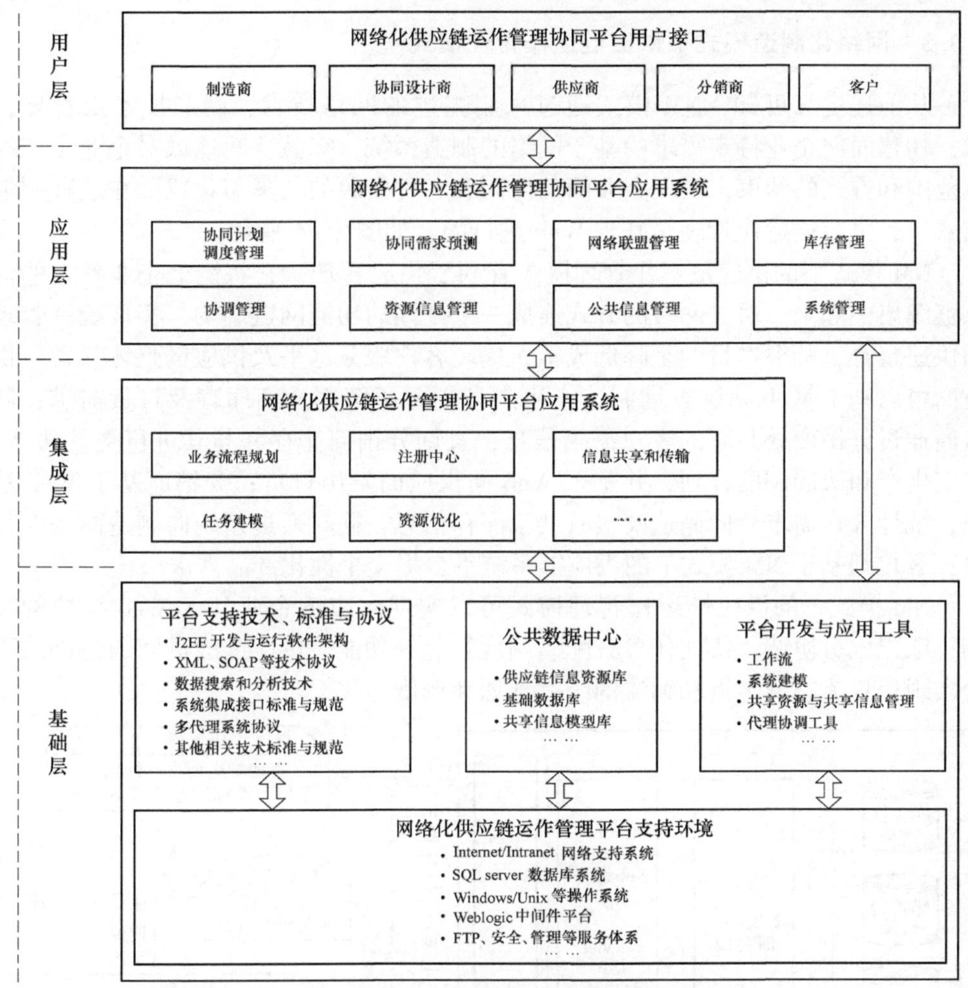

图 2－5 NM 模式下的供应链运作管理系统平台

发与应用工具为平台的构建和运行提供方法和工具的支持，它包括工作流与项目管理、系统建模、共享资源与共享信息管理地理封装与多代理协调工具等。

（2）集成层。集成层将基础层与应用层连接起来，它包括业务流程规划、注册中心、信息共享和传输、任务建模及资源优化等。

（3）应用层。应用层实现 NM 模式下的供应链运作管理系统的各种应用，处理联盟成员企业间的具体业务。它包括各种功能系统和工具，如协同预测、联盟成员协调管理、协同任务分配管理、协同调度管理、供应链风险监控管理等。

（4）用户层。网络化联盟成员管理使得跨企业的供应链协作成为可能，因此用户层包括制造商、协同设计商、供应商、分销商、客户等。为了提高供应链联盟市场响应速度和竞争能力，用户层相关实体进行协作实现网络化资源的共享和高效利用。

2.3.3 网络化制造模式下供应链运作管理模式

从前述定义可知，NM 模式通过采用先进的网络技术、制造技术及管理技术，构建面向企业特定需求的基于网络的制造系统，突破空间地域对企业生产经营范围和方式的约束，实现企业间的协同和各种资源的共享与集成。在这种制造模式下，供应链运作管理是基于 Web 进行的，如图 2－6 所示。

NM 模式下的供应链运作管理模式有利于集成管理，它将链上企业各自的信息资源集中起来，通过网络的方式连成一个整体的功能网链结构，实现统一管理和快速整合，其根本目的是降低成本，提高客户服务水平及供应链整体效益。供应商可以基于 Web 系统查询制造商生产计划并了解制造商库存及订货需求；制造商通过分销商处共享的客户需求信息，查询分销商库存并与其进行契约协调，制定生产和协同调度计划，并基于 Web 向供应商发出订货；分销商基于 Web 系统，统计客户需求并向制造商实时共享库存信息，同时通过系统向制造商提交订单；客户则基于 NM 模式下的供应链系统平台提交个性化产品需求。

NM 模式下的供应链运作管理模式可以实现供应链企业基于 Web 系统的预测、联盟成员协调、协同任务分配、调度管理等功能，供应链成员间通过网络平台实现信息流、资金流和物流的统一规划和调度。

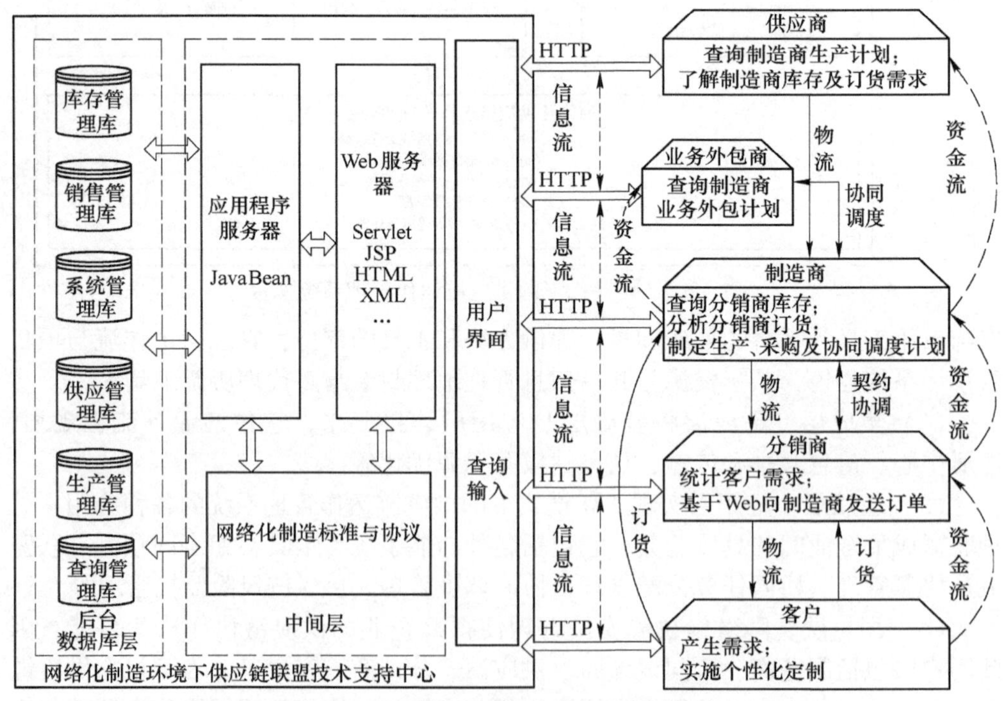

图 2－6 NM 模式下供应链运作管理模式

3 供应链战略能力规划下的动态联盟技术

现代企业的发展已不再仅仅局限于本企业内部资源的优化运行与管理，而是更加注重企业间的资源互用，以求最大限度地提高资源利用率、降低成本、缩短产品上市时间。网络化制造是21世纪全球制造业的主要发展方向，它突破空间地域对企业生产经营范围和方式的约束。企业可以面向全球开展业务，在全球范围内寻找其零部件供应商，选择进行产品创新开发制造的合作伙伴，开展产品营销。

网络化制造环境下供应链的战略能力规划可以优化企业资源利用率，最大限度降低企业成本。在此基础上的供应链合作伙伴选择可以利用供应链上最优秀的资源，形成强有力的动态联盟，通过供应链上的动态联盟并依靠网络化技术实现联盟间的“异地协同设计，异地协同制造”，并以最优的性能实现联盟企业间各自的目标。供应链上合作伙伴选择问题是一类资源组合优化问题，对此寻求或设计一个合适的优化算法是十分有意义的。为此，本章提出用遗传算法来解决此类问题。经过仿真实例的验证，该算法有效。

3.1 供应链战略能力规划研究

网络化制造环境下的供应链网络被认为具有成本低、质量高、交货期短、生产多样化等优势，便于供应商、制造商、销售商等进行统一的协调和规划，并能快速应对市场变化的需要[15]。供应链网络成功之处还在于它具有良好的战略和战术规划。行之有效的供应链战略规划可以优化资产的利用，最大限度地降低不必要的库存，杜绝浪费。国外许多学者从不同角度对供应链战略规划模型进行了设计。其中包括Cohen等人提出的生产－销售集成系统的战略分析[177]，Govil等人提出的供应链设计和管理中战略和战术研究[178]，Vidal等人提出的基于全球供应环境下战略生产－分销模型分析[179]。以上学者虽对供应链整体规划做了细致研究，但对于供应链战略能力规划方面的研究涉及不多。

对网络化制造环境下的供应链战略能力规划问题的研究虽然非常少，但其实际意义却非常重大。为此，本章以网络化制造环境下的供应链战略能力规划作为研究对象，以最小成本来快速响应新的市场机会为目标，采用启发式算法，从供应链的系统性和整体性角度对供应链能力规划进行建模和实例分析，力求寻找可行的优化决策方案[180]。

3.1.1 供应链战略能力规划模型

3.1.1.1 问题基本假设

书中将供应链网络系统定义成包括供应商、制造商、销售商在内的三级系统，假设供应商和制造商都有各自生产成本和运输成本，因此对于不同的合作伙伴如供应商 - 制造商或制造商 - 销售商，其运输成本也各不相同。供应商和制造商都有一定限度的生产和运输能力，而运输和生产能力都可通过增加某种资源的投资而得到拓展[181]，规定运输成本、生产成本和投资成本是量化的线性函数。所以本章把满足所有销售商需求的供应商和制造商完美的经济组合作为所建模型的目标函数[182,183]。

3.1.1.2 模型的建立

模型中包括以下 4 种投资：

（1）提高供应商供应能力的投资：

$$C_s = \begin{cases} E_i + e_i g_i & g_i > 0 \\ 0 & g_i = 0 \end{cases} \tag{3-1}$$

（2）提高制造商制造能力的投资：

$$C_m = \begin{cases} F_j + f_i h_i & h_i > 0 \\ 0 & h_i = 0 \end{cases} \tag{3-2}$$

（3）供应商 - 制造商的新增运输能力投资：

$$C_{sm} = \begin{cases} A_{i,j} + a_{i,j} r_{i,j} & r_{i,j} > 0 \\ 0 & r_{i,j} = 0 \end{cases} \tag{3-3}$$

（4）制造商 - 销售商的新增运输能力投资：

$$C_{ms} = \begin{cases} B_{j,k} + b_{j,k} s_{j,k} & s_{j,k} > 0 \\ 0 & s_{j,k} = 0 \end{cases} \tag{3-4}$$

式中，i 为供应商（$i = 1, \cdots, P$）；j 为制造商（$j = 1, \cdots, M$）；k 为销售商（$k = 1, \cdots, D$）；E_i 为供应商投资的固定费用；F_j 为制造商投资的固定费用；$A_{i,j}$为从供应商 i 到制造商 j 新增运力投资的固定费用；$B_{j,k}$为从制造商 j 到销售商 k 新增运力投资的固定费用；e_i 为供应商投资系数；f_i 为制造商投资系数；$a_{i,j}$为从供应商 i 到制造商 j 新增运力投资系数；$b_{j,k}$为从制造商 j 到销售商 k 新增运力投资系数；g_i 为供应商 i 的新增供应能力；h_j 为制造商 j 新增生产能力；$r_{i,j}$为从供应商 i 到制造商 j 的新增运力；$s_{j,k}$ 为从制造商 j 到销售商 k 的新增运力。

式（3-1）~式（3-4）中，如果新增能力值为 0，则投资费用为 0，如果新增能力值为正值，则其投资费用为固定费用与新增能力比例量之和。

在即将建立的模型中，以供应商、制造商、销售商的供应力、制造力及运力

所涉及的费用建模，并将 P_1 定义为供应链投资费用的目标函数，即

$$\min P_1 = \sum_{t=1}^{T}\sum_{i=1}^{P}\sum_{j=1}^{M} C_i(p_i + u_{i,j})x_{i,j}^t + \sum_{t=1}^{T}\sum_{j=1}^{M}\sum_{k=1}^{D} C_t(m_j + v_{j,k})y_{j,k}^t + \sum_{i=1}^{P}\sum_{j=1}^{M}(C_1 - D_1)(a_{i,j}r_{i,j} + A_{i,j}U_{i,j}) + \sum_{j=1}^{M}\sum_{k=1}^{D}(C_1 - D_1)(b_{j,k}s_{j,k} + B_{j,k}V_{j,k}) + \sum_{i=1}^{P}(C_1 - D_1)(e_i g_i + E_i W_i) + \sum_{j=1}^{M}(C_1 - D_1)(f_j h_j + F_j X_j) \tag{3-5}$$

约束条件如下：

$$x_{i,j}^t \leqslant R_{i,j} + r_{i,j} \tag{3-6}$$

$$y_{j,k}^t \leqslant S_{j,k} + s_{j,k} \tag{3-7}$$

$$\sum_{j=1}^{M} x_{i,j}^t \leqslant G_i + g_i \tag{3-8}$$

$$\sum_{k=1}^{D} y_{j,k}^t \leqslant H_j + h_j \tag{3-9}$$

$$\sum_{i=1}^{P} x_{i,j}^t = \sum_{k=1}^{D} y_{j,k}^t \tag{3-10}$$

$$\sum_{j=1}^{M} y_{j,k}^t = d_k^t \tag{3-11}$$

$$r_{i,j} \leqslant Z_{i,j}^r U_{i,j}, s_{j,k} \leqslant Z_{j,k}^s V_{j,k}, g_i \leqslant Z_i^g W_i, h_j \leqslant Z_j^h X_j \tag{3-12}$$

$$\left.\begin{aligned} U_{i,j} \in \{0,1\}, V_{j,k} \in \{0,1\} \\ W_i \in \{0,1\}, X_j \in \{0,1\} \end{aligned}\right\} \tag{3-13}$$

$$\left.\begin{aligned} C^t = (1+\alpha)^{T-t+1} \\ D^t = (1+\beta)^{T-t+1} \end{aligned}\right\} \tag{3-14}$$

式中，t 为时间；T 为生产周期；C_i 为供应商生产成本；p_i 为供应商 i 的原材料价格；m_j 为制造商 j 的产品价格；$U_{i,j}$ 为从供应商 i 到制造商 j 可提供的供应力；$V_{j,k}$ 为从制造商 j 到销售商 k 的可提供的制造力；$R_{i,j}$ 为从供应商 i 到制造商 j 可提供的运力；$u_{i,j}$ 为从供应商 i 到制造商 j 的单位运输成本；$v_{j,k}$ 为从制造商 j 到销售商 k 的单位运输成本；$S_{j,k}$ 为从制造商 j 到销售商 k 可提供的运力；G_i 为供应商 i 的可提供的生产能力；H_j 为制造商 j 可提供的生产能力；α 为贴现率；β 为折旧率；$x_{i,j}^t$ 为在 t 时间原材料从供应商 i 运往制造商 j 的数量；$y_{j,k}^t$ 为在 t 时间从制造商 j 运往销售商 k 的产品数量；$Z_{i,j}^r$ 为从供应商 i 到制造商 j 的运力增量；$Z_{j,k}^s$ 从制造商 j 到分销商 k 的运力增量；Z_i^g 供应商供应增量；Z_j^h 制造商生产增量；W_i 为供应商可提供的供应力；X_j 制造商可提供的制造力。

式（3－6）和式（3－7）保证运输量不超过供应商或制造商可提供的运力。式（3－8）和式（3－9）保证单位周期内供应商或制造商的交货量不超过其生产能力。式（3－10）保证所有供应商－制造商的运输量等于所有制造商－销售

商运输量。式（3－11）保证所在周期内从所有制造商运往任一销售商的总量应与销售商的需求量相等。设定 $Z^r_{i,j}$、$Z^s_{j,k}$、Z^g_i 和 Z^h_j 为比总需求量更大的值。$U_{i,j}$、$V_{j,k}$、W_i 和 X_j 为 0－1 变量，这些变量在目标函数中与固定费用相联系，如果能力增加，则它们取正值。

如果知道确切的投资情况，那么问题模型可使用最小费用流算法轻松解决。当引入 0－1 变量时，问题也随即产生，并且其解决的复杂性也由此变大。但无论是多周期投资还是多产品链，都能容易地归纳出其混合整数线性规划模型。通过引入 0－1 变量即松弛约束式（3－13），将问题 P_1 转换成问题 P_2 来诠释。

3.1.2 模型求解

3.1.2.1 定理 1

在满足式（3－12）的条件下，问题 P_2 模型中至少有一个最优解。

证明：

假设对于最优解 S_1，其满足约束式 $g_i < Z^g_i W_i$，那么除非 $W_i = g_i/Z^g_i$，认为解 S_2 与解 S_1 同样最优，且 S_2 是可行的。此外，

$$C(S_1) - C(S_2) = E_i(W_i - g_i/Z^g_i) \tag{3-15}$$

因为 $E_i \geqslant 0, C(S_1) \geqslant C(S_2)$。这样有两种情况可能发生：其一，$C(S_1) > C(S_2)$，并且 S_1 非最优解，这与假设相悖；其二，$C(S_1) = C(S_2)$，即 S_2 与 S_1 皆为最优解，定理 1 得证。

推论：因为证明出模型中至少含有一个最优解，所以在目标函数中考虑用 $r_{i,j}/Z^r_{i,j}$ 代替 $U_{i,j}$，用 $s_{j,k}/Z^s_{j,k}$ 代替 $V_{j,k}$，g_i/Z^g_i 代替 W_i，h_i/Z^h_j 代替 X_j，从而剔除约束式（3－12）的影响，以减少 P_2 的复杂性。

3.1.2.2 定理 2

可以通过如下方式将 P_2 转换成 P^m_2（$m = 1, 2, \cdots$）来表达：

如果 $r^{m-1}_{i,j} > 0, s^{m-1}_{j,k} > 0, g^{m-1}_i > 0, h^{m-1}_i > 0$，则可以将 $Z^r_{i,j}$、$Z^s_{j,k}$、Z^g_i 和 Z^h_j 分别用 $r^{m-1}_{i,j}, s^{m-1}_{j,k}, g^{m-1}_i$ 和 h^{m-1}_i 代替。否则，将保持 $Z^r_{i,j}$、$Z^s_{j,k}$、Z^g_i 和 Z^h_j 初值，这样 $r^{m-1}_{i,j}$、$s^{m-1}_{j,k}$、g^{m-1}_i 和 h^{m-1}_i 则属于 P^{m-1}_2 的最优解。

有如上前提，可得出以下两种结论：

（1）当 $r^m_{i,j} > 0, s^m_{j,k} > 0, g^m_i > 0, h^m_i > 0$ 时，通过设 $U_{i,j} = 1$、$V_{j,k} = 1$、$W_i = 1$ 和 $X_j = 1$，可以从 P^m_2 的最优解中推导出 P_1 的可行解，这样出现新的问题，称之为 P^m_3。

（2）设定 S^m_2 为 P^m_2 的最优解，这样必定存在 m^*，使得 $S^{m^*}_2$ 为 P_1 的可行解。

证明：

（1）优化解 S^m_2 满足问题 P^m_2 的约束式（3－6）～式（3－11），此外，解 S^m_2 亦满足约束式（3－12），而且 $U_{i,j}$，$V_{j,k}$，W_i，$X_j \in [0, 1]$。此后，在解决问题

P_3^m 时，获得 P_1 的可行解，这使得定理2中的（1）得证。

（2）考虑变量 $r_{i,j}$ 和 $U_{i,j}$ 与从供应商到制造商的运输有关，根据定理1和定理2中的假设，用 $r_{i,j}^m = \alpha^{m-1} U_{i,j}^m$ 替换约束式（3－12）中的 $r_{i,j} \leqslant Z_{i,j}^r U_{i,j}$，$\alpha^{m-1}$ 有两种可能：一种是等于 $r_{i,j}^M (M < m)$，这里 M 为最大整数，使得 $r_{i,j}^M$ 为 P_2^M 的最优解；另一种是如果 $r_{i,j}^k = 0$，则 α^{m-1} 等于 $Z_{i,j}^r$ 的初始值。故定理2得证。

3.1.2.3 *启发式算法求解*

为了求解网络化制造环境下供应链战略能力规划模型，采用启发式算法，并通过定理1、2求解模型的可行解。为了初始化 $Z_{i,j}^r$，求取在所有周期内的所有销售商最大需求和，并将该值定义为 $Z_{i,j}^r$ 的上限。从求和中减去可提供的运力 $R_{i,j}$，如果差为负，将它设为0。同样方法定义 $Z_{j,k}^s$、Z_i^g 和 Z_j^h。在对模型求解中，正如在定理2中（1）所提到的，通过从每个 S_2^m（P_2^m 的最优解）中获得 P_1 的可行解，通过不断迭代获得 P_1 可行解中的最佳解，具体算法步骤如下：

（1）设定一个初始值 $Z_{i,j}^r$。

（2）附给最佳解为一个非常大的正值。

（3）设定 $m = 1, 2, \cdots$，直至计算到 P_2^m 解与 P_2^{m-1} 解相等。

1）使用单纯形算法求解 P_2^m。

2）设定松弛二进制变量 $U_{i,j}$、$V_{j,k}$、W_i、X_j 为1，使得可以从 P_2^m 中定义新的问题 P_3^m；计算 P_3^m 的最优解；设定待选解为 P_3^m 的标准值；如果待选解小于合适解，则用该值代替合适解。

3）通过设定 $Z_{i,j}^r = r_{i,j}$ 来定义 P_2^{m+1}。同样设定 $Z_{j,k}^s$、Z_i^g 和 Z_j^h 值。

3.1.3 应用实例分析

本节以艾默生环境优化技术（沈阳）有限公司生产的半封闭制冷压缩机为背景，以产品型号3S中的排气温度控制阀（DTC）部件为研究对象，如图3－1所示。

在基于网络化制造环境下零件DTC的供应链上共有12个合作伙伴，即有4个供应商、4个制造商、4个销售商。在考察其4个生产－销售周期内，确定其供应商可提供的生产能力为0～100，可提供的运力为0～100，生产成本为2～5；制造商可提供的生产能力为0～100，可提供的运力为0～100，生产成本为10～20，投资成本为600～3000，投资成本比例为1～5；所有销售商需求之和为30～100。上述生产及运输能力单位为万台，成本单位为万元。在对模型中各类参数定义并确定后，通过目标函数并利用启发式算法，对算例做10次随机计算，将求出的可行解作为分枝定界算法的上界，并利用分枝定界算法求出算例最优解，并使之与可行解对比，具体结果如图3－2所示。从图中可以清楚地看出供应链上合作伙伴间战略能力的规划结果，即通过供应链上合作伙伴之间生产和运输能

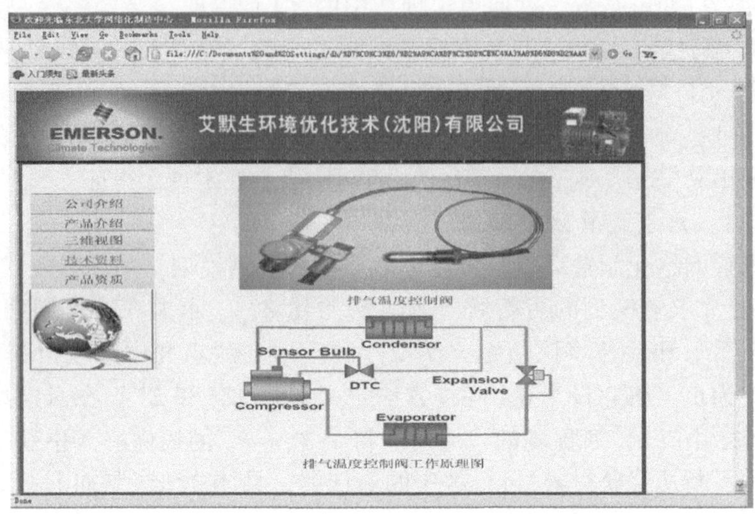

图 3－1 排气温度控制阀产品介绍界面

力的协调优化，最终可以确定企业最优新增运力 $r_{i,j}$。同样，也可以计算出相应的最优 $s_{j,k}$、g_i、h_j。此外，书中通过启发式算法求取的可行解与最优解非常接近，误差率不超过 0.3%，甚至个别解与最优解同解，并且通过启发式算法求取可行解所用的时间比分枝定界算法求取最优解所用的时间少得多。启发式算法由于是以求解精度降低为代价来缩短求解时间[184]，因此更适合用于快速处理供应链上节点数目较多的场合。

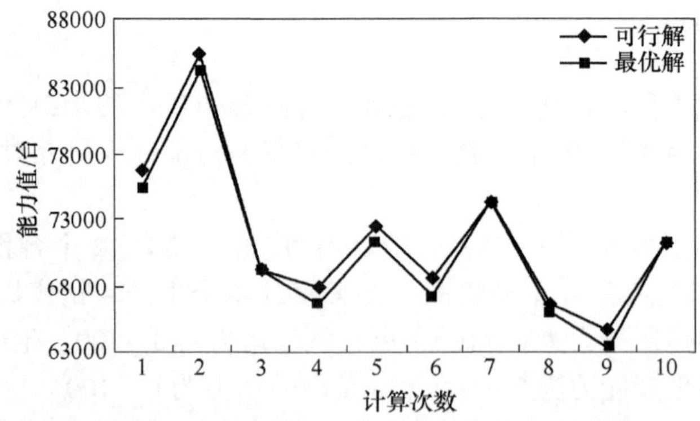

图 3－2 供应链战略能力规划中新增运力优化图

对供应链战略能力规划研究结论如下：

（1）建立网络化制造环境下的供应链战略能力规划模型，通过启发式算法求出该模型的可行解，并以此作为分枝定界算法的上限，求取其最优解。

（2）对艾默生公司的实例分析表明，本节所提出的战略能力规划模型及所应用的算法是正确的，模型的提出也为企业以最小成本快速应对瞬息万变的市场机会提供理论依据。

(3) 下一步工作是考虑在供应链节点不对称的情况下，进一步完善供应链战略能力规划模型，并具体量化供应链上合作伙伴的优化组合。

3.2 供应链动态联盟伙伴选择

供应链动态联盟伙伴选择是企业间进行合作的第一步，也是关键的一步。选择良好的合作伙伴，是建立供应链合作关系的重要条件。合作伙伴的评价选择是供应链合作关系运行的基础。所选企业能否和整个供应链的步调保持一致、增强整个供应链的竞争力，是供应链上每个企业所关注的问题。

3.2.1 引言

随着市场竞争的日益加剧，越来越多的企业意识到单凭自身内部的资源整合已经难以把握快速变化的市场机遇，于是他们开始将目光转向企业外部。作为企业外部资源优化整合的一种手段——动态联盟（Virtual Corporations，VCs），正伴随着经济全球化趋势和信息技术的不断发展，成为许多企业的现实选择。动态联盟又称“虚拟企业”，它是一些相互独立的商业过程或企业组成的暂时联合，这些商业过程或企业称之为“伙伴”（Partner）。各个伙伴在诸如设计、制造、分销等领域分别为该联盟贡献出自己的核心能力[185]，并相互联合起来实现技能共享和成本分担，以把握快速变化的市场机遇。供应链动态联盟伙伴的选择应依据如下两点：

(1) 合作伙伴必须拥有各自的核心竞争力。唯有合作企业拥有各自的核心竞争力，并把各自的核心竞争力相整合，才能提高整条供应链的运作效率，从而为企业带来可观的效益。仅是单个企业具备核心竞争力或者合作企业具备核心竞争力但无法整合，都不能从整体宏观上提高整条供应链的运作效率。

(2) 拥有相同的价值观和战略思想。企业价值观的差异表现在是否强调投资的快速回收；是否采取长期的观点。战略思想的差异表现在市场策略是否一致，注重质量还是注重价格等。可见，若价值观及战略思想差距过大，合作必定失败。

目前，关于动态联盟的研究多集中在结构分析和过程建模方面[186,187]，且以概念性、描述性、框架性的定性研究居多，而针对动态联盟实际运行中的问题及其解决办法的研究（尤其是定量研究）相对较少。其中，动态联盟中的伙伴选择与管理无疑是一个具有现实意义的问题。因为在动态联盟的组建过程中，选择“正确”的伙伴是关系整个供应链联盟成败的关键因素。文献［188］提出了一些伙伴关系管理的原则，但只限于定性分析；Tulluri 和 Baker 虽然提出了一种设计有效动态联盟的两阶段定量框架[189]，但从后面的分析可以看到该方法还存在较大的缺陷。基于此，本节在对伙伴选择问题进行数学描述的基础上，提出一个基于遗传算法的动态联盟伙伴选择优化模型和算法，并结合具体实例，说明该模型及算法的有效性。

3.2.2 伙伴选择问题的提出与数学描述

3.2.2.1 伙伴选择问题的提出

假设动态联盟需要由 n 个业务过程类型（或核心能力）组成，对于第 i 种类型的业务过程（或核心能力）有 k_i 个潜在的候选伙伴。考虑动态联盟的现实意义，各种类型至少选择 1 个、至多选择 2 个合作伙伴，则第 i 种类型的伙伴选择组合为 $k_i(k_i+1)/2$，整个联盟伙伴选择的可能组合数为 $\frac{1}{2^n}\prod_{i=1}^{n}k_i(k_i+1)$。考虑考察的完备性，对上述每一种组合都必须加以科学地评价，并从中辨识出最为合理的一个组合组成动态联盟。但由于可能的组合数比较大，任何人为的简单枚举法无疑都是一件费时费力的工作。为了减少可能的组合数，Tulluri 和 Baker 提出了一种设计有效动态联盟的两阶段定量框架，在这一框架中，第 1 阶段利用 DEA（数据包络分析）辨识出所谓的“有效”业务过程，第 2 阶段在第 1 阶段的基础上利用 0－1 整数目标规划进行优化，选择出有关伙伴组成动态联盟。但是，该方法存在如下较大缺陷：

（1）在第 1 阶段的 DEA 分析和辨识过程中，可能失去了一些尽管个体单元有效性不足，但也许比较适合整体联盟的有效解。因此，该方法只是一个局部搜索和优化方法。

（2）在第 2 阶段利用 0－1 整数目标规划进行优化的过程中，每种类型只允许且必须选择 1 个伙伴参加动态联盟，而在实际工作中，考虑风险控制、个体生产能力等因素，企业常常在一种关键类型的业务过程（或核心能力）中选择 2 个或更多的伙伴参加并组成动态联盟。

3.2.2.2 伙伴选择过程的数学描述

不失一般性，动态联盟中的伙伴选择过程可以表述为一个多目标优化问题。

A 分类

首先假设能够并且已经辨识出所有候选企业的业务类型或核心能力，并据此将候选企业集合 $\Omega^{I\times J}$ 分成诸如研发、制造、分销等不同的类型，其中第 j 类型中第 i 个候选伙伴可以表示为 $u_i^{(j)}$，且 $i=1, 2, \cdots, I$；$j=1, 2, \cdots, J$。

B 多目标函数

为了保证伙伴选择的有效性，所有的组合必须根据一些定性准则和标准加以评价，即组成的动态联盟需要满足以下目标函数。

目标函数 1：动态联盟总的运行成本 C 最小。这里的成本 C 包括两个部分：一部分是所选择伙伴的个体内在成本，另一部分是联结成本。一般该目标函数可以表示为：

$$\min C = \min(C_{\text{in}} + C_{\text{link}}) = \min\left[\sum_{j=1}^{J}\sum_{i=1}^{I}(C_i^{(j)}H_i^j) + \frac{1}{2}\sum_{j'\neq j''}\sum_{i'\neq i''}(C_{i'i''}^{(j'j'')}H_{i'}^{j'}H_{i''}^{j''})\right] \tag{3-16}$$

其中，

$$H_i^j = \begin{cases}1 & \text{选择 } u_i^{(j)} \text{ 参加动态联盟}\\ 0 & \text{不选择 } u_i^{(j)} \text{ 参加动态联盟}\end{cases}$$

式中，C_{in} 为选择伙伴的内在成本；C_{link} 为联结成本；$C_i^{(j)}$ 为候选伙伴 $u_i^{(j)}$ 的内在成本；$C_{i'i''}^{(j'j'')}$ 为候选伙伴 $u_{i'}^{j'}$ 和 $u_{i''}^{j''}$ 之间的联结成本；i'，$i'' \in [1, I]$；j'，$j'' \in [1, J]$；H_i^j 表示候选伙伴 $u_i^{(j)}$ 参加动态联盟的 0 - 1 选择；$H_{i'}^{j'}$ 表示候选伙伴 $u_{i'}^{(j')}$ 参加动态联盟的 0 - 1 选择；$H_{i''}^{j''}$ 表示候选伙伴 $u_{i''}^{(j'')}$ 参加动态联盟的 0 - 1 选择。

目标函数 2：为了更快地把握快速变化的市场机遇，要求动态联盟整体对市场机会总的反应时间 T 最小。联盟整体的反应时间需要根据动态联盟的结构与运作流程来具体确定。一般基于供应链式的垂直集成形式（即研发、制造、分销等环节相互串行的运作流程）的整体反应时间可表示为：

$$\min T = \min \sum_{j}^{J} \max_{i\in[1,I]} (T_i^{(j)} H_i^j) \tag{3-17}$$

式中，$T_i^{(j)}$ 为候选伙伴 $u_i^{(j)}$ 的反应（或启动）时间。

目标函数 3：动态联盟总的运行风险 R 最小。一般基于供应链式的垂直集成形式（即研发、制造、分销等环节相互串行的运作流程）的整体运行风险可表示为：

$$\min R = \min \sum_{j}^{J} \max_{i\in[1,I]} (R_i^{(j)} H_i^j) \tag{3-18}$$

式中，$R_i^{(j)}$ 为候选伙伴 $u_i^{(j)}$ 的风险测度，在此定义为各个伙伴的风险因子 r_i^j 可能引起的联盟总体风险损失的期望值与其可能出现概率的矩，即 $R_i^j = (E(r_i^j), p(r_i^j))$。

C 约束条件

根据动态联盟的实际意义，每种类型要求至少选择 1 个、至多选择 2 个候选伙伴参加并组成动态联盟。

3.2.3 遗传算法

3.2.3.1 遗传算法概要

遗传算法（Generic Algrithm）是基于 Darwin 的自然选择和 Mendel 基因遗传

学原理的一种群体寻优的搜索算法，特别适用于传统搜索方法难以解决的复杂和非线性问题，广泛应用于组合优化、自适应控制、机器学习、管理决策、智能制造系统、系统工程及人工智能等领域。

遗传算法最早由美国 Michigan 大学的 Holland 教授于 20 世纪 60 年代提出，此后研究者进行了大量的理论研究。1975 年 Holland 教授出版了《Adaptation in Nature and Artificial Systems》一书，系统论述了遗传算法的基本理论和方法，提出了模式定理（Schemata Theory）并进行了大量的数学理论证明，同时 De Jong 结合 Holland 的理论与计算实验，进行了大量的数值优化研究，进一步完善了各种遗传算子，为遗传算法的应用奠定了基础。20 世纪 80 年代，遗传算法开始应用于工程领域如导弹控制、生产规则、通信网络设计、图像处理、组合优化、模式识别、信号处理、机器人等，并在理论上进一步完善。1989 年 D. E. Goldberg 教授出版了《Genetic Algorithm in Search，Optimization and Machine Learning》一书，对遗传算法的方法、理论和应用作了全面系统的总结，形成了遗传算法的基本框架。20 世纪 90 年代遗传算法开始和其他智能计算方法及优化方法相结合，例如与模糊数学、人工神经网络、混沌理论等相互结合和渗透，解决复杂的组合优化、知识获取、并行计算等许多复杂的工程问题，形成一个十分活跃的研究领域[190~192,44]。

与其他搜索算法相比，遗传算法的特点为：

（1）遗传算法以决策变量的编码为运算对象，可以模仿自然界中遗传和进化机理，方便应用遗传算法操作。

（2）遗传算法是群体寻优，从多个点开始，可以防止搜索过程收敛于局部最优解，有可能搜索到全局最优解。

（3）遗传算法通过适应度函数（Fitness）来选择优秀种群，无需目标函数的导数等其他附属信息，因此对问题依赖性小，求解鲁棒性好。

（4）遗传算法对目标函数基本无限制，既不要求连续，也不要求可微，因而应用广泛。

（5）遗传算法是一种自适应概率搜索技术，不是穷举法，也不是完全的随机测试，搜索效率较高。

（6）遗传算法具有大规模并行计算的特点，可以提高计算速度。

3.2.3.2 应用遗传算法解决实际问题的基本步骤

一般认为，应用遗传算法解决实际问题有以下 5 个基本步骤：

（1）问题解的遗传编码表示。

（2）创建初始种群。

（3）根据个体适应值对种群进行个体评价。

（4）选择、交叉、变异三种遗传算子用来改变复制过程中的子个体。

(5) 算法终止条件判断。

遗传算法的基本流程如图 3-3 所示。其中每个步骤中都包含大量的理论与应用技术。

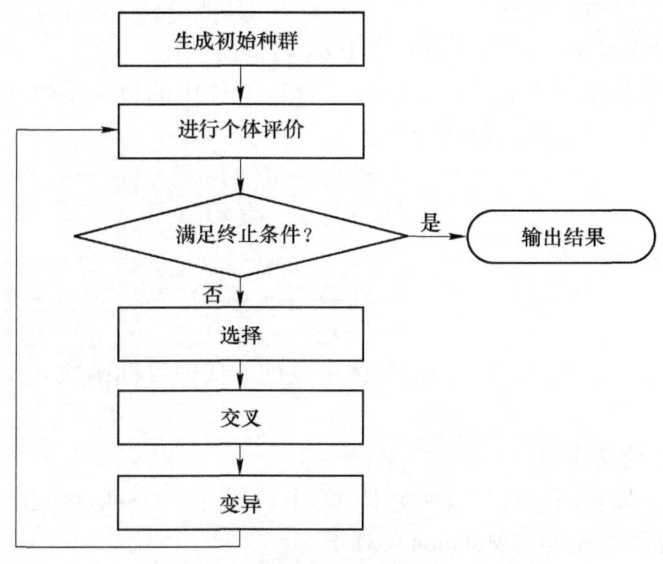

图 3-3 应用遗传算法的基本流程

3.2.3.3 应用遗传算法的关键问题

A 编码

将问题的解转换为编码表达的染色体（Chromosome）是遗传算法首先要解决的关键问题。Holland 使用了二进制字符串（Binary Strings）的形式。由于 Hamming 悬崖的存在，二进制编码对于函数优化问题存在缺陷，而且对于很多工程问题来说，很难用二进制编码表达它们的解。因此，近年来发展了多种编码方法，如实数编码、整数编码、字母排列编码等。选择合适的编码表达方法，是有效实现遗传算法的前提。

B 适应度函数

由于适应度函数计算的是个体生存的概率，因此要求非负。对于求代价函数 $g(x)$ 或者效能函数 $\mu(x)$ 的两类优化问题，可以采用如下方法保证适应度函数的非负：

(1) 最大系数法。在最小值问题中，与代价函数 $g(x)$ 对应的适应度函数 $f(x)$ 为：

$$f(x)=\begin{cases}C_{max}-g(x) & f(x)<C_{max}\\0 & \text{其他}\end{cases} \tag{3-19}$$

式中，C_{max}是最大系数，可以是前 k 代中 $g(x)$ 的最大值。

(2) 最小系数法。在最大值问题中，与效能函数 $\mu(x)$ 对应的适应度函数 $f(x)$ 为：

$$f(x) = \begin{cases} \mu(x) + C_{\min} & \mu(x) + C_{\min} > 0 \\ 0 & \text{其他} \end{cases} \tag{3-20}$$

式中，$C_{\min}$ 是最小系数，可以是前 k 代中 $\mu(x)$ 的最小值。

(3) 相对系数法。无论哪一类问题，都以群体中的目标函数 $d(x)$ 的相对值作为适应度函数。对于最大值问题有：

$$f(x) = \left\{ \frac{d(x) - d(x)_{\min}}{d(x)_{\max} - d(x)_{\min}} \right. \tag{3-21}$$

对于最小值问题有：

$$f(x) = \left\{ \frac{d(x)_{\max} - d(x)}{d(x)_{\max} - d(x)_{\min}} \right. \tag{3-22}$$

式中，$d(x)_{\max}$、$d(x)_{\min}$ 分别是当前群体中或前 k 代中目标函数 $d(x)$ 的最大值和最小值。

3.2.3.4 遗传算子

遗传算法操作包括三种遗传算子：选择（Selection）算子、交叉（Crossover）算子、变异（Mutation）算子。

A 选择算子

选择算子模仿了自然界遗传和进化中对环境适应度高的物种有更多的机会遗传到下一代的过程，又称为复制或再生（Reproduction）算子，目的是确定如何从父代群体中选择哪些个体遗传到下一代。目前常用方法有如下几种：

(1) 适应度比例法（Fitness Proportional Model）。该法也称为轮盘选择法或蒙特卡罗（Monte Carlo）法，其原则为：个体被选择的概率与其适应度大小成正比。

设群体大小为 n，个体 i 的适应度为 f_i，则 i 被选择的概率的 P_i 为：

$$P_i = \frac{f_i}{\sum_{j=1}^{n} f_j} \tag{3-23}$$

由上式可见，适应度高的个体选中的概率大，反之越小。

(2) 期望值法（Expected Value Model）。该法也称为无回放随机选择法，其基本思想是根据每个个体在下一代种群中的生存期望值来进行随机选择运算。设首先计算适应度的期望值 $\bar{f_i}$ 为：$\bar{f_i} = \frac{1}{n}\sum_{i=1}^{n} f_i$，则每个个体在下一代的生存期望数 $\overline{R_i} = \frac{f_i}{\bar{f_i}}$，按照四舍五入的原则将 $\overline{R_i}$ 圆整为整数 R_i，R_i 即为个体 i 被选中的个数，若 $R_i = 0$，则个体 i 被淘汰。

除了上述两种常用方法外，选择算子还包括最佳个体保存法（Elitist Model）、排序选择法（Rank - Based Model）、联赛选择法（Tournament Selection Model）、无回放余数随机选择（Remainder Stochastic Sampling with Replacement）、排挤法（Crowding Model）等。

B　交叉算子

交叉算子对两个相互配对的染色体按某种方式相互交换其部分基因，从而形成两个新的个体。它模仿了自然界进化过程中两个同源染色体的交配重组、形成新的染色体的过程。交叉算子的设计首先要考虑如何确定交叉点的位置，其次是如何进行部分基因的交换。这两个都需要与编码策略统一进行考虑。

常见的交叉算子有单点交叉（One - Point Crossover）、双点交叉与多点交叉（Two - Point Crossover、Multi - Point Crossover）、均匀交叉（Uniform Crossover）、算术交叉等。

C　变异算子

变异算子模仿生物体的基因突变，在遗传算法中将个体染色体编码串中某些基因座上的基因值用其他等位基因进行替换，从而生成新的染色体。变异算子在遗传算法中的作用有两个：一是改善遗传算法的局部搜索能力，加速向最优解收敛；二是使遗传算法维持群体多样性，防止出现早熟现象。显然，当搜索接近最优解时，过多地进行变异会破坏最优解，所以变异概率取很小的值。变异算子的设计首先要考虑如何确定变异点的位置，其次是如何进行基因值的替换。常用的方法有基本变异（Simple Mutation）、均匀变异（Uniform Mutation）、非均匀变异（Non - Uniform Mutation）、边界变异（Boundry Mutation）、高斯变异（Gaussian Mutation）等。

3.2.3.5　遗传算法的终止条件

有两种方法可以用来终止遗传算法的运行。

第一种方法是用终止代数，表示遗传算法运行到指定的进化代数后就停止运行，并将当前群体中的最佳个体作为所求问题的最优解输出，一般终止代数建议取值在 100 ~ 1000 之间。

第二种方法是利用某种判断准则，当判定群体已经进化成熟不再有进化趋势时就终止算法的运行。通常使用的评判规则如下：

$$E(f_i^{k+1}, f_i^k) = \frac{\max(f_i^{k+1}) - \max(f_i^k)}{\max(f_i^k)} < \varepsilon \tag{3-24}$$

式中，$E(f_i^{k+1}, f_i^k)$ 是两次迭代运算的相对误差；$\max(f_i^{k+1})$ 与 $\max(f_i^k)$ 分别是第 $k+1$ 次迭代与第 k 次迭代时各染色体的最大适应度；ε 是给定的评判标准，一般取 1‰ ~ 1% 。

如果相对误差小于给定标准，则遗传算法结束，输出最优解。

3.2.4 基于遗传算法的伙伴选择优化模型与算法设计

本章利用遗传算法来解决动态联盟中伙伴选择与优化的问题。

3.2.4.1 基于遗传算法的伙伴选择优化模型

A 编码方式

根据遗传算法，每一伙伴组合可以很自然地用图 3 -4 所示的代码串 L 表示，每一字段代表一个候选伙伴的状态。每一字段 $u_i^{(j)}$ 占一个字节，表示第 j 类型中的第 i 个候选伙伴被选中组成动态联盟，$u_i^{(j)}=0$ 表示未被选中。显然，代码串的长度取决于所考察的候选企业的个数，总的群体个数 $P=2^L$。

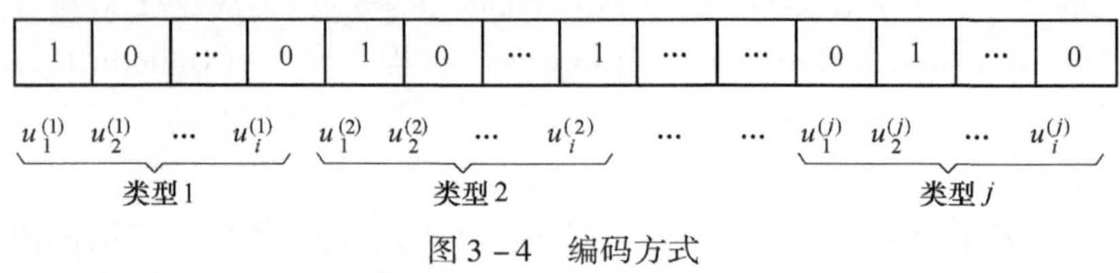

图 3 -4 编码方式

B 适应度函数 $f(t)$ 的构造

采用“理想点法”构造多目标决策问题的适应度函数。因为对于多目标决策问题，决策者虽然通常难以清晰、准确地给出各个目标的具体值，但是可以比较乐观地给出各个目标的理想值，同时给出各个目标不能忍受的“底线”值。相应地，在状态空间中可以定义一个正理想点（C^+，T^+，R^+）和一个负理想点（C^-，T^-，R^-），从而可以构造适应度函数 $f(t)$ 如下：

$$f(t)=\frac{d^-}{d^+ + d^-} \tag{3-25}$$

$$d^-(t)=\|((C(t)-C^-),(T(t)-T^-),(R(t)-R^-))\| \tag{3-26}$$

$$d^+(t)=\|((C(t)-C^+),(T(t)-T^+),(R(t)-R^+))\| \tag{3-27}$$

式中，$\|\cdot\|$ 表示取范数，t 为遗传算法中的代数，d^- 为到负理想点的距离测度，d^+ 为到正理想点的距离测度。

在实际计算中，考虑 $R(t)-R^-$、$R(t)-R^+$ 的数量级相对 $C(t)-C^-$、$C(t)-C^+$ 来说较小，以至于它们对整个适应度的影响不显著，因此修正后的距离测度函数如下：

$$d^-(t)=\|((C(t)-C^-)/C^+,(T(t)-T^-)/T^+,(R(t)-R^-)/R^+)\| \tag{3-28}$$

$$d^+(t)=\|((C(t)-C^+)/C^+,(T(t)-T^+)/T^+,(R(t)-R^+)/R^+)\| \tag{3-29}$$

进一步考虑决策者对各个目标的偏好不同，也可以分别对其进行加权处理。

3.2.4.2 遗传算子与修正机制

在遗传算法中，复制、交叉和变异算子直接影响遗传算法的效率和收敛速度。另外，考虑伙伴选择问题的具体约束条件，算法也需要加以相应改进。

(1) 复制算子。本算法先对种群中的个体按照适应度从大到小进行排序，再采用轮盘选择法，即假设每一个个体（代码串）的适应度为 $f_k(k=1,\cdots,L)$，群体总的适应度为 $\sum_{k=1}^{L} f_k$，则将比例 $f_k/\sum_{k=1}^{L} f_k$ 作为第 k 个个体的选择（复制）概率。

(2) 交叉算子。采用两点交叉算子来产生新的一代个体，每一个经过交叉的个体要进行单字段变异。典型的交叉概率 P_c 取值范围在 0.6~1.0 之间。

(3) 变异算子。鉴于本算法保留了每代的较优个体，并且在算法中增加了自定义约束，本章选择较大的变异概率 $P_m = 0.34$。

(4) 选择策略。本算法根据适应度大小从杂交变异后产生的新种群和原种群中选取前 10 个适应度大的个体，组成下一代新种群。

(5) 算法的改进：修正机制。考虑动态联盟中进行伙伴选择的约束条件，本章在选择、交叉和变异过程中增加一个修正机制，以确保每一个代码串在进行适应度评价之前满足约束条件。在这个修正机制中，每次必须根据下式作出判断：

$$u_i^{(j)} = \begin{cases} u_i^{(j)} & \forall \quad j \in [1,J] \\ & \exists \sum_{i=1}^{I} u_i^{(j)} \geqslant 3 \text{ 或} \sum_{i=1}^{I} u_i^{(j)} = 0 \\ \text{修正} & \text{否则} \end{cases} \tag{3-30}$$

式中，$u_i^{(j)}$ 表示一个经过选择（复制）、交叉或变异后的代码串（个体）。

若遗传算子产生的代码串（个体）不符合约束条件，则代码串会被重置，选择、交叉或变异过程会重新进行，直至产生的个体满足约束条件。

(6) 算法终止条件。采用相邻代适应度无显著变化（≤0.01）作为终止条件，输出群体中多个具有较优结构的个体作为最终结果以供决策者选择。

3.2.5 应用实例分析

本节以艾默生环境优化技术（沈阳）有限公司设计、生产和销售的半封闭制冷压缩机为背景，以 6S 系列中的 6SUW-400E-EWK-000 产品为研究对象。艾默生环境优化技术（沈阳）有限公司作为盟主企业，通过网络平台发布上述对象研制活动的详细情况，见表 3-1。经过一段时间，收集到其他企业和研究单位的投标信息，根据标书上的信息及这些企业在过去商业往来中的表现初步筛选出一批企业。筛选出的企业包括 2 个协同设计公司、3 个零件供应商、4 个协同制造商和5个分销商。然后进入定量优化评估阶段，评估阶段中要求每种类型至少选择1个、至多选择2个企业组成动态联盟，其目的是确定上述单位的最优组合。

包含内在成本 $C_i^{(j)}$、反应时间 $T_i^{(j)}$、风险测度 $R_i^{(j)}$ 的投标企业信息见表3－2。联结成本 $C_{i'i''}^{(j'j'')}$ 经测算列入表3－3。

表3－1 项目信息

编号	名称	盟主	起始时间	终止时间
20060602	6SUW－400E－EWK－000	EMERSON	2006－08－06	2006－09－06

项目类型	状态	项目介绍
子项承包	进行中	6SUW－400E－EWK－000的蒸发温度范围为－5～－45℃，优于R502的低成本R22低温方案，结构简单，性能可靠耐用的DTC喷液装置实现R22低温应用，针对亚太市场而开发，适用于多种环保制冷剂

表3－2 投标企业信息

单位编号	单位名称	内在成本 $C_i^{(j)}$/万元	反应时间 $T_i^{(j)}$/月	风险测度 $R_i^{(j)}$
D－1	北京和霖特科技发展有限公司	100	6.5	0.41
D－2	北京英峰达制冷设备有限公司	99	7.1	0.40
P－1	武汉雄风压缩机成套有限公司	56	2.7	0.22
P－2	上海风根压缩机制造有限公司	77	3.3	0.33
P－3	无锡市华琳制冷设备有限公司	103	4.1	0.25
P－4	中山市鸿鑫源电器有限公司	75	2.4	0.41
P－5	蚌埠联合压缩机制造公司	89	3.5	0.28
M－1	上海宏谷冷冻机有限公司	59	5.3	0.5
M－2	南京君渡制冷设备有限公司	67	5.5	0.45
M－3	天津埃斯福林空压机有限公司	50	4.5	0.35
M－4	深圳市双峰凌制冷设备厂	66	4	0.25
S－1	广州法逸贸易有限公司	80	5	0.33
S－2	无锡市华冷空调换热机械有限公司	79	3.4	0.52
S－3	东莞市生利达冷冻设备有限公司	88	3.2	0.51

表3－3 联结成本测算 万元

类型伙伴	D－1	D－2	M－1	M－2	M－3	M－4	S－1	S－2	S－3	P－1	P－2	P－3	P－4	P－5
D－1	0	1.50	2.30	3.10	0.80	0.88	4.21	2.11	3.21	2.50	1.60	4.50	1.00	0.90
D－2	1.50	0	1.30	0.56	4.07	1.83	2.00	3.80	2.90	4.01	2.30	3.30	2.10	1.30
M－1	2.30	1.30	0	0.70	1.06	2.70	3.12	2.11	1.78	1.85	1.98	3.21	2.22	1.50

续表 3-3

类型伙伴	D-1	D-2	M-1	M-2	M-3	M-4	S-1	S-2	S-3	P-1	P-2	P-3	P-4	P-5
M-2	3.10	0.56	0.70	0	1.80	2.30	1.60	3.00	1.77	1.92	2.93	2.38	3.04	2.37
M-3	0.80	4.07	1.06	1.80	0	3.50	1.84	2.11	1.58	2.06	3.41	3.22	3.54	2.73
M-4	0.88	1.83	2.70	2.30	3.50	0	1.92	4.20	2.00	3.31	1.51	1.70	1.96	2.40
S-1	4.21	2.00	3.12	1.60	1.84	1.92	0	3.92	2.41	3.24	1.71	4.03	3.51	2.76
S-2	2.11	3.80	2.11	3.00	2.11	4.00	3.92	0	2.81	3.72	3.24	3.31	4.15	3.56
S-3	3.21	2.90	1.78	1.77	1.58	2.20	2.41	2.81	0	3.92	2.34	2.77	4.71	5.08
P-1	2.50	4.01	1.85	1.92	2.06	3.31	3.24	3.72	3.92	0	4.31	3.56	3.14	4.22
P-2	1.60	2.30	1.98	2.93	3.41	1.51	2.17	3.24	2.34	4.31	0	4.31	3.11	4.15
P-3	4.50	3.30	2.31	2.38	3.22	1.70	4.03	3.31	2.77	3.56	4.31	0	3.56	3.14
P-4	1.20	1.00	2.22	3.04	3.54	1.96	3.51	4.15	4.71	3.14	3.11	3.56	0	3.47
P-5	0.90	1.30	1.50	2.37	2.73	2.40	2.76	3.56	5.08	4.22	4.15	3.14	3.47	0

由于变异概率 P_m、交叉概率 P_c 对算法的影响很大，为了确定较好的 P_m、P_c，本节针对这两者的不同组合分别进行演算，运行结果如图 3-5 所示。

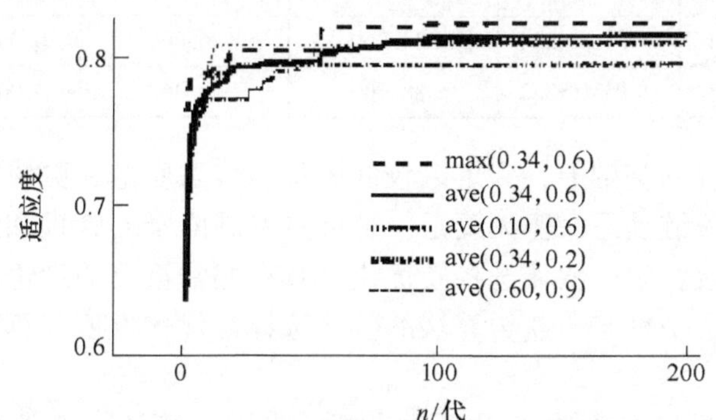

图 3-5 遗传算法不同参数的运行曲线

max（P_m，P_c）—（P_m，P_c）特定取值所对应的最大适应度曲线；

ave（P_m，P_c）—特定取值所对应的平均适应度曲线

观察图 3-5 并结合多次试验，可以发现当 P_c 取值一定时，取较小的 P_m，算法收敛速度较快，但其最优结果却是局部最优，而非全局最优；当取较大 P_m 时，由于检查机制的存在，搜索范围并不会由此增加，反而会导致算法在较低的目标水平下收敛，算法稳定性比较差。当 P_m 取值一定时，取较小的 P_c，算法要搜索到全局最优解很困难，且容易陷入局部最优；当取较大 P_c 时，最优种群包含的个体种类会减少，从而使决策者的选择余地减小。最终确定 P_m 的合适取值范围为［0.25，0.45］，本例中取定 $P_m=0.34$；P_c 的合适取值范围为［0.55，

0.8]，本例中取定 $P_c = 0.6$。最终运行结果见表 3-4。从表中可以看出，该遗传算法经过 167 代模拟，最优伙伴组合的平均适应度函数从 0.637005 上升到 0.82206，最优结构得到了保留，从而大大提高了位串（个体）的整体性能，这充分说明了该算法的有效性。最优种群中包含了多种组合，本次运行结果包含 7 种不同组合，决策者可以根据自身的偏好并考虑其他因素从中做出选择。仅根据适应度判断，最后得到的动态联盟的最优伙伴组合为 D-1、P-1、M-3、S-1 和 S-2。需要说明的一点是，由于算法中增加了修正机制，因此初始种群的平均适应度和最大适应度上升较快。而且由于加入了选择机制，这两种适应度呈上升趋势，并且在经过多次迭代后，算法最终可以收敛到一个稳定的最优解。

表 3-4 动态联盟优化结果

个体	最大适应度	组合结构	内部成本/万元	联结成本/万元	风险测度	反应时间/月
1	0.822060	D1P1M3S1S2	340.000	23.310	0.00501	19.90
2	0.819671	D2P1M3S1S2	349.000	22.970	0.00491	19.70
3	0.814412	D1P2M1S2S3	367.000	28.430	0.00472	18.70
4	0.811668	D1P5M1S2S3	379.000	27.400	0.00400	18.90
5	0.808976	D1P4M1S2S4	373.000	28.310	0.00528	18.00
6	0.808194	D2P2M1S2S4	384.000	26.960	0.00417	18.70
7	0.806117	D2P5M1S2S3	388.000	28.460	0.00393	18.70

在战略能力规划基础上，为了以较低成本、较高质量和更快的速度迎合不断变化的市场，供应链动态联盟无疑是一种极具发展前景的管理和组织模式。而在动态联盟的组成过程中，伙伴选择及优化又具有非常重要的理论和现实意义。基于此，本章提出了一种基于遗传算法的伙伴选择及优化模型与算法，该模型与算法具有以下特点：

（1）利用该模型和算法可以更加直观、自然、简洁、清晰地描述和表达动态联盟中的伙伴选择问题。

（2）算法具有全局搜索能力，因而可以克服局部最优解问题。

（3）算法具有快速性、鲁棒性，并且易于扩展到任何数量级上的供应链伙伴选择问题。

4　电子供应链的分形优化技术

目前，供应链的价值已得到公认，大多数公司都把供应链作为商业发展的核心目标。供应链网络中的成员共享资源和利益，互相信任，从而在行业和市场中占据优势。为更好地利用资源，创造更多的利润，为股东带来更大的收益，并更好地满足用户的需求，供应链管理的重点已从改进产品和服务转移到供应链优化（SCO）上。供应链管理的发展方向是外部结构的优化，供应链成员的合作以及传统网络结构的改变，供应链优化已成为企业发展的核心问题。供应链与电子商务的结合使得 SCO 得以更好的完成。

4.1　电子供应链基本介绍

4.1.1　电子供应链的概念及发展历程

所谓电子供应链，就是供应链与电子商务的自然结合，是实现成员间连接和价值链集合体与目标终端用户之间连接的手段，是供应链优化的必然结果。它将淘汰现有的旧模式，改变商业行为，并渗透到各个商业部门，成为今后市场和行业的主导力量。

表 4 – 1 描述了供应链的发展过程：在第 1 阶段，企业力求改善采办和物流工作，学习应用供应链技术，但跨职能部门和跨单位的操作还很少；在第 2 阶段，企业强化内部优化，寻求跨职能的解决方案，创建内部信息支持系统来支持供应链的进一步发展，为实施电子商务打下基础。企业只有在完成第 2 阶段的各项工作后，才能够探索供应链与电子商务的结合，从而发展电子供应链。第 3 阶段利用高级供应链管理技术创建电子网络，形成电子商务供应链系统，吸引商业顾客和终端顾客。第 4 阶段出现价值链集合体，网络成员能够共享资源。

表 4 – 1　供应链优化进程

项目	第一阶段采办和物流	第二阶段内部完美化	第三阶段网络工程	第四阶段行业领先
驱动者	VP 采办	CIO 领导	单位领导	管理小组
优势	降低成本	改进项目网上排序	最佳合作	网络优势与利润
焦点	物流管理	流程设计、系统改进	控制与服务	消费者网络
工具	分组职能优化	工作台、最佳操作	数据库、电子商务	网络与信息系统

续表 4-1

项目	第一阶段采办和物流	第二阶段内部完美化	第三阶段网络工程	第四阶段行业领先
对象	中层组织	扩展层	整个组织	全公司
方向	成本数据	过程绘图	高级成本模式	供需连接
目标	主要成本	职能部门	公司	全球
模式	无	供应链（企业内部）	公司之间	全球市场
联盟	供应商联盟	最佳合作者	公司间部分联盟	共负盈亏
培训	小组	领导	合作	联合处理
优化范围	内部优化		外部优化	

研究表明，处于第2阶段的企业可节省8%～10%的采购费用和8%～10%的物流费用，缺货和交付不及时的比率降低25%～30%。但大多数企业在发展供应链的过程中都会遇到一种阻力，即隔断内部环境和外部环境的一堵无形的“墙”。许多企业不断对其静态的经营模式进行改进，以求达到内部结构的完美化。这样尽管面对已经缩减的市场需求，它们仍然能够推出更好的产品和服务，但是这堵隔断内外部环境的墙将成为其发展的“瓶颈”。处于第2阶段的企业需要投入大量的资金，才能在内部优化上有所进步，然而这些进步在消费者眼中却显得微不足道。当一种产品的成本降低到一定程度且消费者对其满意后，应将更多的精力放在如何将这一产品送到需要它的消费者手中。这就需要利用外部的供应链网络来创造一个动态的经营模式，以求内外部平衡发展。

只有强有力的管理，才能使一个企业跨越各种障碍，实现外向型发展，即整个供应链的改善和电子商务的应用。当致力于对内部网络进行改善的企业开始利用外部资源时，其所带来的潜在利益是巨大的。网络的目的就是满足最终消费者的需求。由于创建了全新的利益格局，网络中的所有成员都将获益；由于商业客户和终端顾客可以直接在网上输入需求信息，供应链的运作方式便由向消费者“推销”的方式转变为产品需求“拉动”的方式。经验表明，只有30%追求供应链优化的公司达到了第3阶段或更高，实际上很少有公司能达到第4阶段，所以很多行业在这一阶段没有代表性的公司。在目前情况下，只要能达到第3阶段，就可以在本行业中占有优势。

电子供应链的发展过程，就是在供应链优化过程中引入电子商务的概念，并利用它的优势，来创建整个网络通信系统的过程。表4-2描述了供应链优化过程中的电子商务开发框架。

表4-2 电子商务开发框架

阶段	第1、2阶段	第3阶段	第4阶段	第4+阶段
信息技术	点方案、通知	内部网络互动	互联网	全网络通信

续表 4－2

阶段	第 1、2 阶段	第 3 阶段	第 4 阶段	第 4＋阶段
研发与服务	仅限内部	有选择的外部支持	企业联盟与 PIM	共同设计开发
采购搜寻	调整部门订货量	调整网络订货量	互联网搜寻	通过最佳成员搜寻
市场与客户服务	内部开发程序	消费者导向	联合开发消费者群	价值链反应系统
计划与生产	MRP（Ⅱ）、DRP	ERP 内部连接	联合网络计划	全方位网络优化
物流	生产推动、库存密集	内外部供应商拉动	双渠道	全网络双渠道优化
顾客服务	客户服务	呼叫中心	分割的反应系统	消费者自动反应
人力资源	内部供应链培训	网上资源培训	集团资源利用	全网络合作

表 4－2 中供应链优化进程的第 1、2 阶段为起始阶段，它是实现电子供应链和全方位网络结合体的基础，企业建立电子商务必须完成这两个阶段的工作，将互联网与先进的供应链技术结合起来。第 3 阶段将利用高级供应链管理技术创建电子网络，形成电子供应链系统，吸引商业顾客和终端顾客。第 4 阶段将出现价值链集合体，网络成员能够共享资源。第 5 阶段将出现全方位网络结合体。在电子商务的发展进程中，随着外部通讯网络作用的逐渐加强，对互联网的使用也不断广泛和深化。

发展电子供应链的关键，在于建立先进的信息通讯系统和应用先进的预测技术。通过互联网传递数据（销售、库存、顾客购买方式、交付等方面的信息），实现各成员企业信息共享，从而结成价值链集合体和全方位网络结合体，共同获取市场竞争优势。可以预见，独立的公司无论规模多大、实力多强，也无法在未来的市场竞争中获胜。未来市场属于电子供应链网络，电子供应链将是实现成员企业间连接和价值链集合体与目标终端用户之间连接的手段，是未来商务运作的成功模式。

4.1.2 电子供应链的构成

简而言之，电子供应链的构成就是高级供应链管理（ASCM）与电子商务技术与方法的有机结合，是以电子商务为手段，实现供应链管理思想与方法的集成化、网络化和电子化。在电子供应链发展的初期，引入电子商务和价值链集合体的概念，核心公司与其联盟成员之间建立了一定的信任，并形成了一个电子网络，其结构如图 4－1 所示。由于网络引入了行为费用核算办法来计算供应链系统中每一步所发生的费用，因此此时的供应链实际上已经变成了“价值链”。价值链集合体以消费者为导向，核心公司及其联盟成员将共同决定如何调整集合体的最终目标，尤其是重新定义其终端顾客或顾客群。

采购小组对网络中所有公司的主要采购项目进行统计，通过联合采购实现规

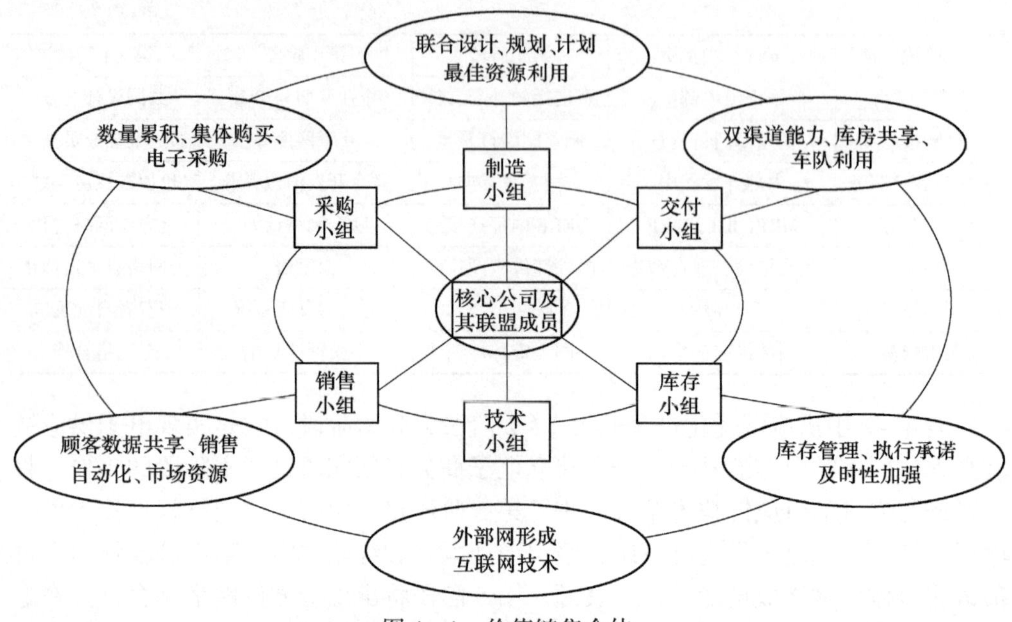

图 4－1　价值链集合体

模效益。由于联合采购方式的购买量大，并使用互联网，因此可进一步降低成本，减少费用支出。

制造小组对联合设计、使用统一的计划和时间表以及整体资源规划等问题进行研究，实现各企业 ERP 的连接。这样各成员可通过网络访问物流和生产流的全过程，评定各节点企业最适于完成的工作，并研究如何更好地利用各自的资源。

交付小组对多余的资源进行合理利用，以更好地利用整个供应链网络的库存空间、运输设备以及配送能力。在此阶段，许多方面已经实现了资源共享，并通过与第三方物流进行合作，降低成本费用支出。

库存小组对整个供应链的库存进行管理，通过降低安全库存来节约资金。由于能够获得更好的信息支持，合作者间的交付工作将得到很大的改善，因而不需要过多的库存。

技术小组的重要任务是在各种现存的应用软件和设备的基础上创建一个外部网络来实现价值链，并将各种软件系统进行集成，形成一个能够使数据在各部分顺利传递的网络。

销售小组研究关于消费者的信息，并针对目标市场和各成员共同的顾客群做出反应。网络将显示各成员所收集到的市场信息和消费者的在线情况，销售人员可根据共享数据进行相应的操作。

在电子供应链发展的高级阶段，价值链集合体更加强大，形成一个网络联盟，结合体的作用已经不仅仅是节省费用，而且还通过在网络内部实现电子商务来共同创造新的利益。在此阶段，由于新技术的采用，整个网络连接成一个整体，信息可以顺畅地在供应链各部分传递，价值链按电子商务模式运作，其结构如图 4－2 所示。

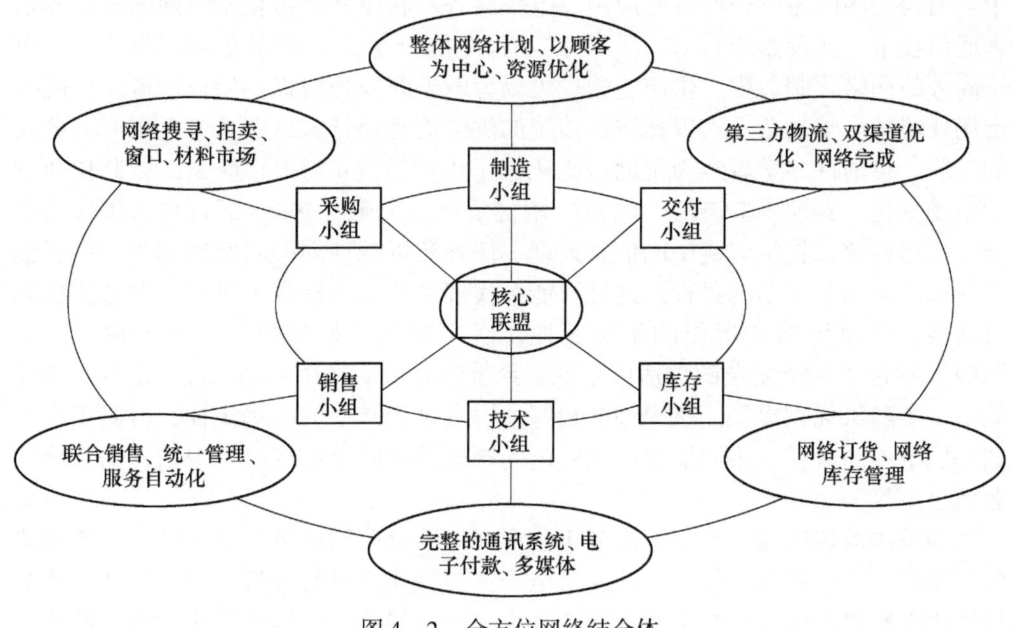

图 4－2 全方位网络结合体

采购小组利用互联网应用程序进行深入的搜寻，包括对各种拍卖信息的查询和对发展中国家市场的开发。

制造小组完全进入全网络计划的运行状态，并以消费者的反馈为导向，生产和交付在电子系统的作用下实现同步，基本上完成资源优化。

交付小组能最佳地利用内外部的资源，包括对电子供应商的利用，并有能力对整个网络的存储、运输和交付工作进行优化，通过网上数据系统，实现供应链各部分间的无缝连接。

库存小组所使用的网上系统能够显示供应链各部分的“透明库存”。该系统是一种运行于互联网上的价值链外部网，它可以保证物资流向最关键的部位。

技术小组的任务在此阶段已基本完成。整个网络的通讯系统运行良好；电子付费系统将投入使用，企业可运用电子货币进行交易；多媒体技术支持将协助各小组完成任务，全方位网络结合体已成为现实。

销售小组通过网上信息的强大支持来进行联合销售。价值链成员间实行整体规划和管理，更好地满足消费者的需求。

4.2 基于分形的供应链管理

网络化制造技术是先进制造技术发展的必由之路，在网络化制造系统结构中，值得关注的是电子商务的应用。电子商务是利用计算机技术、网络技术和远程通信技术，实现整个商务（买卖）过程中的电子化、数字化和网络化。在电子商务的网络化制造中，供应链管理可以为电子商务公司提供增值服务。但随着市场环境越来越复杂及难以预测，传统的供应链管理越来越不适应电子商务公司的发展。目前许多学者致力于动态优化电子供应链（e－SC）研究，以此快速响应市场变化、实现供应链的"动态"敏捷反应。文献［193］通过建立供应链智能多代理系统，将供应链中的信息处理、任务和资源计划等问题转化为一个智能代理间的重构和互动的过程。这种智能多代理系统虽然提高了供应链的适应性和灵活性，但也增加了运作的不确定性，使实现其目标的过程不易控制。文献［194］提出了一个复杂的自适应系统，系统针对供应链中的动态性及不确定性建立了一个随机优化模型。该模型能较好地解决供应链中的不确定性，但对于在不同环境下不同规模、不同层次的供应链问题以及供应链系统的组织结构的重构问题尚显不足。

为解决前述问题，本节提出基于分形理论的分形供应链概念，结合分形理论的自相似、自组织和自优化特性，对电子供应链建立具有分形结构的框架，该分形结构能够对供应链系统进行分布式计算，通过局部优化以致优化全局。数值实例证明分形供应链在解决SC动态、不确定性方面的优越性及其本身可作为网络化制造系统的良好支撑技术。

4.2.1 分形理论及其体系

4.2.1.1 分形的产生

1973年，美籍法国数学家曼德尔勃罗特（B. B. Mandelbrot）在法兰西学院讲课时，首次提出了分维和分形几何的设想。分形（Fractal）一词，是曼氏独创出来的，其原意为不规则、支离破碎等。分形理论以非规则和非线性物体为研究对象，主要研究和揭示复杂的自然和社会现象中所隐藏的规律性、层次性和标度不变性，是一门横跨自然科学、社会科学和思维科学的新学科，是探索复杂对象的一种新方法。分形理论自诞生以来首先被广泛应用于数学、物理学、地质学等学科那些不规则复杂结构的研究中；20世纪80年代后期又渗透到化学、材料科学、生物医学等领域；近年来开始延伸至历史、文艺、语言、社会结构、经济、管理等社会科学领域，成为非线性科学的重要前沿分支，并正处于迅猛发展中。

4.2.1.2 分形的定义

曼德尔勃罗特曾经为分形下过两个定义：

(1) 满足条件 Dim(A) > dim(A) 的集合 A，称为分形集。其中，Dim(A) 为集合 A 的 Hausdoff 维数（或分维数），dim(A) 为其拓扑维数。一般说来，Dim(A) 不是整数，而是分数。

(2) 部分与整体以某种形式相似的形，称为分形。

然而，经过理论和应用的检验，人们发现这两个定义很难包括分形如此丰富的内容。实际上，对于什么是分形，到目前为止还不能给出一个确切的定义，正如生物学中对“生命”也没有严格明确的定义一样。人们通常是列出生命体的一系列特性来说明生命的定义。对分形的定义也可作同样的处理：

(1) 分形集都具有任意小尺度下的比例细节，或者说它具有精细的结构。

(2) 分形集不能用传统的几何语言来描述，它既不是满足某些条件的点的轨迹，也不是某些简单方程的解集。

(3) 分形集具有某种自相似形式，可能是近似的自相似或者统计的自相似。

(4) 一般，分形集的“分形维数”严格大于它相应的拓扑维数。

(5) 在大多数令人感兴趣的情形下，分形集由非常简单的方法定义，可能以变换的迭代产生。

4.2.1.3 分形理论体系

分形最明显的特征是自相似性，其他的特征包括无限复杂、无限细致等。但是，分形的正式定义是依据分维（分数维）来判断的，因而在形态、结构、功能、信息、时间序列和能量等方面具有自相似的客体被称为“广义分形”。研究分形性质及其应用的学科统称为“分形理论”（Fractal Theory）。

A 分形的基本类型

(1) 简单分形。简单分形是指客体分别在空间结构、时间序列、功能、能量、信息传播等方面各自具有某种单一自相似特征。简单分形选择一个标度就足够，例如对地震的分形性，只需选择能量分形。由于简单分形只是某种合理的抽象，而且只能选取单个标度，它与事物复杂多样化分形的情况相差甚远，所以在应用上受到限制。

(2) 多重分形。多重分形描述的是多标度复合分形生长形成的复杂体系。研究非线性复杂现象，如湍流、混沌以及凝集生长等复杂现象的分形性质，必须同时选择多个标度，用多个维数来表征。所以，多重分形亦称“复杂分形”或“多标度分形”。

(3) 自仿射分形。自仿射分形是某种试图真实逼近实际分形现象而提出的一种复杂分形。自相似有一个重要的性质，即若适当地放大尺寸，则任何一个任意小的分形元和分形整体都是一致的，亦称“严格自相似”。但若相似映射沿各个方向的伸缩率不完全相同，自相似性就变得不太严格，也就是说，有些局部变化不是相似映射，但具有自仿的性质，这一类分形集称为自仿射分形。可见，自仿射分形集不及严格自相似集那样对称、规范。在自然界，实际的分形现象在不同的方向有不同的伸缩率，例如：一维布朗运动、大气环流，其大尺度的结构不再是小尺度结构的简单放大和相同生长，而是加以伸长同时沿着相异的方向压缩。由于自仿射分形在不同的方向可形成不同的生长指数，可以同时形成许多维数（如空穴维数、质量维数、盒子维数），故属于复分形中一种较特殊的分形集，它能达到与实际分形接近的程度，因此成为在应用上比较广泛适用的一大类分形集。

（4）随机分形。分形可以是严格决定的，也可以是通过大量资料的统计分析抽象得来的。自然界本身有许多实际的分形曲线，如曲折的海岸线、变化无常的布朗粒子运动轨迹、起伏不平的山脉和时过境迁的城市边界等，并不那样纯粹和清晰，而是含有许多不确定的偶然因素。它们的自相似性只存在于所谓的无标度区间之内。这种含有不确定因素的分形曲线称为随机分形，亦称“无规分形曲线”。随机分形是分析许多表面上看起来杂乱无章的现象的分形性质的一种有效途径。

B 分形的定量化方法——分维

在欧氏空间中，人们习惯把空间看成三维，把平面或球面看成二维，把直线或曲线看成一维，而认为点是零维的。通常人们习惯于整数的维数，而分形理论可把维数视为分数，描述分形的定量化参数称为分维。为了定量地描述客观事物的“非规则”程度，1919 年，数学家从测度的角度引入了维数概念，将维数从整数扩大到分数，从而突破了一般拓扑集维数为整数的界限。

分维的概念可以从以下两方面建立：

（1）首先画一条线段、一个正方形和一个立方体，它们的边长都是 1。将它们的边长二等分，此时，原图的线度缩小为原来的 1/2，原图被等分为若干个相似的图形。其线段、正方形、立方体分别被等分为 2^1、2^2 和 2^3 个相似的子图形，其中的指数 1、2、3 正好等于与图形相应的经验维数。一般说来，如果某图形是由把原图缩小为 $1/a$ 的相似的 b 个图形所组成，有 $a^D=b$、$D=\ln b/\ln a$ 的关系成立，则指数 D 称为相似性维数，D 可以是整数，也可以是分数。

（2）当画一根直线，如果用零维的点来量它，其结果为无穷大，因为直线中包含无穷多个点；如果用一块平面来量它，其结果是 0，因为直线中不包含平面。只有用与其同维数的小线段来量它才会得到有限值，而这里直线的维数为 1（大于 0、小于 2）。与此类似，对于一条由无限长的线折叠而成的 Koch 曲线（见图 4-3），显然，用小直线段量，其结果是无穷大，而用平面量，其结果是 0（此曲线中不包含平面），那么只有找一个与 Koch 曲线维数相同的尺子量它才会得到有限值，而这个维数显然大于 1、小于 2，那么只能是小数（即分数）了，所以存在分维。事实上，我们现在知道 Koch 曲线的维数是 1.2618…。

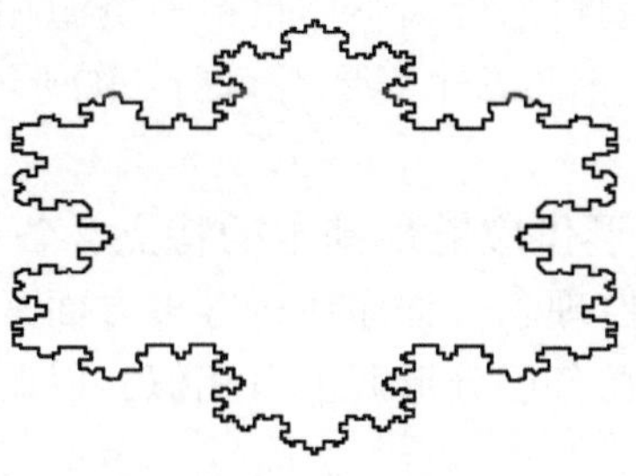

图 4-3 Koch 曲线

4.2.2 分形供应链的基本理论及结构模型

4.2.2.1 分形供应链的提出背景

面临日益复杂变化的环境，如何提高供应链对外界变化的应变速度已成为一个重要的研究方向。为解决该问题，各类供应链管理理论纷纷孕育而生，而这些理论的核心思想就是实现系统对变化的重构能力。这种思想在各种先进制造系统，如敏捷制造、仿生制造、Holon 制造中得到充分体现。其中由德国学者瓦内克（Hans-juergen Warnecke）提出的分形制造理论尤其受到特别关注。瓦内克认为企业组织由若干组成部分（称为分形元）构成，这些分形元能够自主决策，同时又能够对自身在整个组织系统中的地位和作用做出评价并进行调整。这种受目标驱动但又在整体上服务于总目标的分形组织形式使系统适应内外部环境的能力显著提高，能及时根据变化而进行恰当的调整，实现企业在复杂环境下的持续发展。分形供应链是为解决在变化的环境背景下提供不同规模、不同层次的供应链的问题而提出的，它基于分形公司理论，核心思想是实现供应链系统对外界变化的敏捷反应，并具有可重构性。

4.2.2.2 分形供应链的特点

分形供应链是一种非集中式（Decentralized）的结构，这种非递阶的扁平化结构使得供应链整体灵活度提高，组成该系统的分形元能够自主决策，同时又能够对自身在整个组织系统中的地位和作用做出评价并进行调整。每个分形供应链元都有自优化、自设计、自创新、自组织的功能，构成其相应的活动空间。在该活动空间内分形供应链可自由决定运作方式等，并受整个组织总体所完成的供应链任务目标的约束限制；同时，前述功能又都受组织总体目标所驱动。分形供应链具有层次及规模上的嵌套性，其成员间的相似性以及上下级间的自相似性构成了相对稳定的交互运作流程，降低了敏捷供应链（Agile Supply Chain）由于成员间关系过于松散而造成的接口不匹配、运作协调以及任务完成后平稳解体的难度，同时提高了对组织基础平台设施的共享性。分形供应链非递阶的扁平化结构使得系统整体灵活度提高，同时活动空间的存在框定了各分形供应链元的活动范围，保证各分形供应链元的自治度与整体目标、资源相协调，而明确的约束条件信息能使其知晓该目标在当前条件下是否可行。分形供应链具有以下几个基本特点：

（1）自相似。这是分形供应链最基本的特点，各个分形供应链元与上级或下级组织在结构形式、价值理念、程序执行等多方面具有相似性，是一种嵌套的组织结构形式，而目标也在各层分形元上自相似，以此保证整体目标能被分形元通过分工协作完成。

（2）自组织。分形供应链元根据环境参数及给定目标自主决定为完成该目标所需构建的组织规模与形式。执行中出现的问题一般在分形供应链元内部解决，整体组织为其各分形元提供必需的活动平台，如基础设施、辅助活动、知识平台等，而分形元则实行自我规划、自我决策和自我管理。

（3）自优化。分形供应链元对其程序执行流程及活动空间具有自优化能力，能够自主决定与发展内部流程，同时能根据实际情况对自我活动空间的扩大和缩小提出要求，在组织整体协调下对活动空间大小做出调整或重构。

（4）扁平化。分形供应链虽然是由分形元构成的嵌套结构，但其在决策管理、信息传递等方面与传统的递阶式"金字塔"组织结构不同，整个组织在管理模式上其实是扁平化的，这使得整体组织不仅对变化的反应速度大大提高，而且执行目标效率也能得到提高。

4.2.2.3 分形供应链构建及运作

分形供应链能对环境及目标变化做出快速的反应，通过自组织机制构建完成目标所需的分形结构并执行，在执行过程中分形元的自优化机制促使分形供应链就运行绩效做出判断，优化其整体流程。

由目标驱动的分形供应链构建、运作、评估、自优化的过程包含几条备选路径：

（1）根据初始目标形成分形元并由此构建分形供应链，在实施运作中考察该供应链模型运作绩效。

（2）如果良好，则进行自优化微调；如果不理想，则考察分形元是否位于初始活动空间内。

（3）如果分形元位于活动空间内，则考察是否需要重构分形供应链结构以更适应环境及目标；如果分形元处于活动空间外，则再次对机遇及风险进行考察，考虑是否需要改变活动空间。

（4）如果需要改变活动空间，则回到评估并构建分形元阶段；如果不需要改变活动空间，则转而考虑是否需要重构分形供应链。

4.2.2.4 分形供应链的结构模型

如上所述，"分形"一词被创造出来通过自相似特点描绘自然界中复杂的组织和结构。分形结构的模型表示由基本分形单元构建的分层结构，而分形基本单元的设计通常能反映出分层结构中任何层级的共有属性[195]，本章正是源于该思想将分形理念导入供应链管理中。

分形供应链是针对不断变化的环境背景下提供不同规模、不同层次的供应链解决方案而提出的，它基于分形公司理论，其核心思想就是实现供应链系统对外界变化的敏捷反应，并具有可重构性。通过将供应链系统划分为具有一定决策自主权的单元，采用目标驱动机制，分工协作，通过适当的组织形式适应市场需求及运作环境变化[196]。综上所述，我们将分形供应链定义为：由若干在组织形态、运作模式上具有相似性的基本分形单元组成，针对不同的环境背景及所需完成的供应链任务，通过自组织构建不同规模、层次的供应链以完成该供应链任务的全部或部分运作。定义中的基本分形单元指具有能完成特定供应链运作功能的运作单元，在组织结构及运作模式上具有一定的相对独立性和自包容性。为保持各级分形结构运行功能的一致性，结构中采用一个遗传机制处理目标信息[197]。本章以某一电子商务公司（B2C）为例，使用IDEF0方法来构建分形供应链结构框架，如图4－4所示。图中分形供应链结构类似混合控制结构，该结构可以通过动态重构流程对分形结构进行快速重组以优化高层分形的结构性能。由分形思想构建的分形供应链结构，同样具有分形概念中的自相似、自组织和自优化特性。

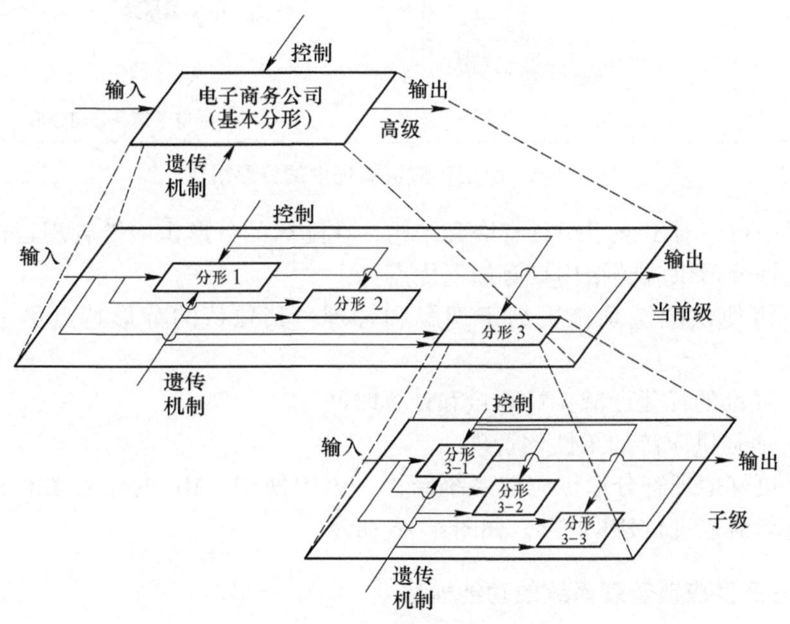

图4－4 分形供应链概念结构图

4.2.3 分形供应链管理结构

以电子商务公司为核心的分形供应链中包括客户、制造商、供应商和一个运输系统，如图 4－5 所示。图中包含 3 个分形体系，即：

（1）电子商务公司分形（高级分形）；

（2）由客户和电子商务公司的各个部门、制造商、供应商以及运输系统所组成的四个次分形（*fr*_1 ~*fr*_4）；

（3）电子商务公司中的每个部门（*fr*_ e1 ~*fr*_ e4）以及每个制造商（*fr*_ m1 ~*fr*_ m4）被看做是部门级分形。

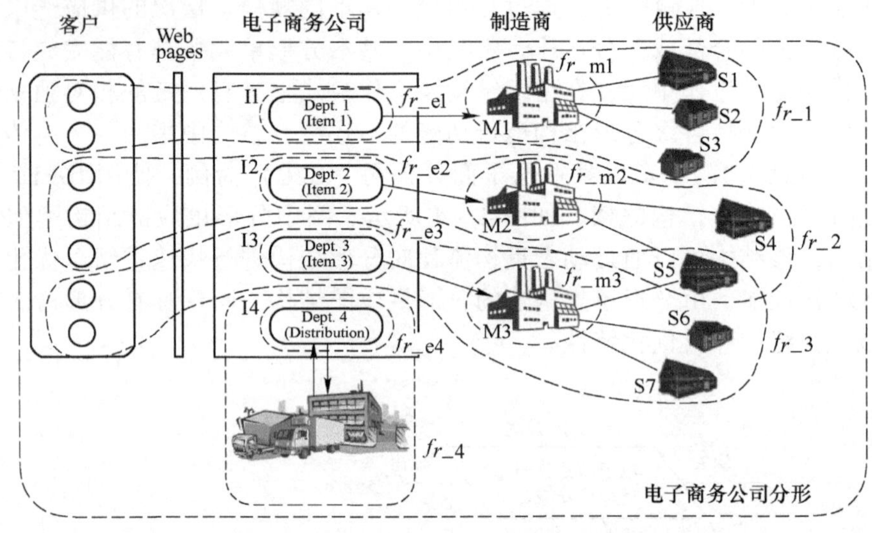

图 4－5 分形供应链管理中的分形组成

从图中可以看出该组织具有嵌套结构，在随后的分形供应链管理建模中可以看到，这种分形供应链结构具有如下优点：

（1）可使供应链系统更易于理解和管理，其独特的分形特点更适合系统开发。

（2）局部的优化会减少计算量和计算时间。

（3）增强供应链的柔性化管理。

为了更好地理解分形供应链系统结构，书中使用 UML 的序列图对分形供应链处理订单流程进行建模[198]，如图 4－6 所示。

4.2.4 分形供应链管理系统的功能模块

在分形供应链管理系统中，基本分形单元主要由五个功能模块组成，即观测器、分析器、解析器、管理器和报表设计器，如图 4－7 所示。这些模块通过相

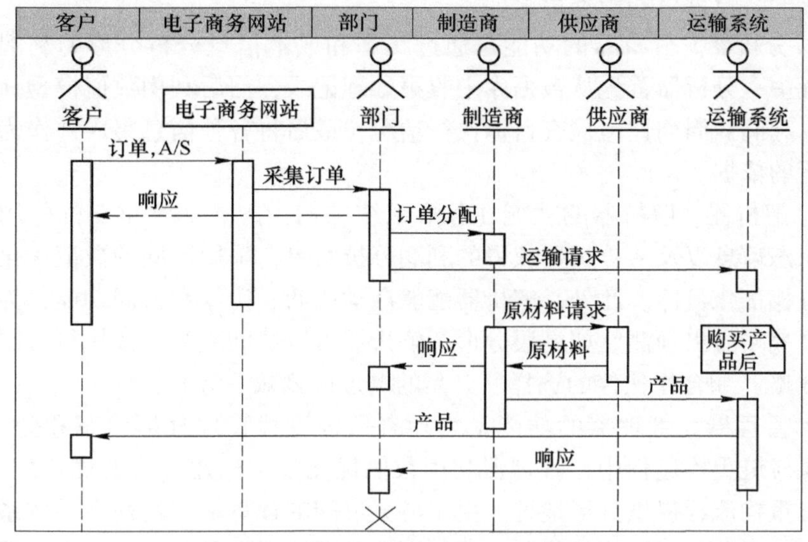

图 4－6 订单处理流程的序列图

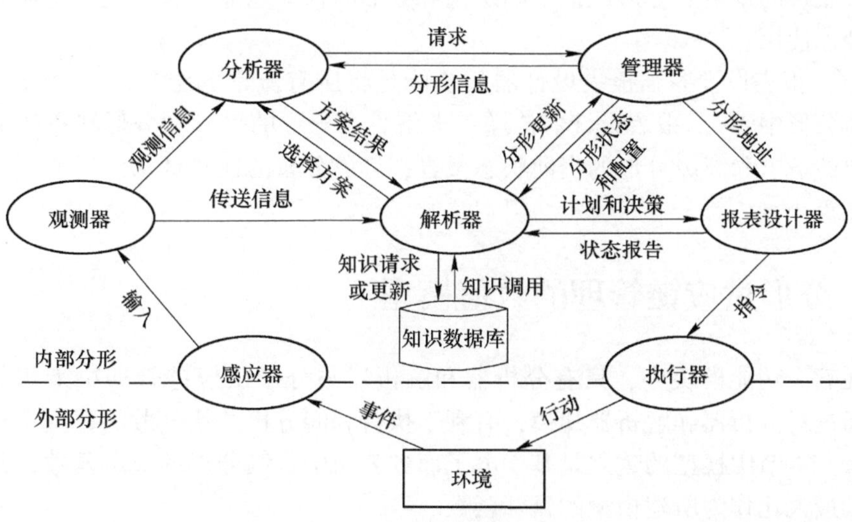

图 4－7 分形功能模块图

互协商、协作处理指派的任务，以实现各自目标。其中，分析器和解析器功能模块相对其他功能模块更为重要，它们可以在分形供应链管理中执行各种操作请求，并为系统做出必要决策。

（1）观测器。观测器的功能是用来监测单元状态，从外部分形中接收信息，并传送合成信息给其他相关分形。由于各个分形的类型及所处层级的不同，因此从外部分形获得的信息也各不相同，分形的通常输入包括状态信息、协商答复、局部目标或重构请求命令等。在低层分形中，观测器监测感观信号，即监测从网站中获取的客户订单和服务请求。

（2）分析器。分析器的功能是通过状态和成本信息分析分形的利润。在供应链管理中，分析器首先从数据库中收集处理记录，然后利用数值模型计算和分析成本、利润，周期性地检查目标执行情况，最后将各种信息集成并作为解析器优化分析的依据。

（3）解析器。解析器的功能在分形系统结构中起着非常重要的作用，它基于当前状态信息以及从分析器获得的利润分析结果，采用不同的数值优化或启发式技术寻找优化目标。此外，解析器能够启动协商、协作和协同功能，为未来的分形发展战略做出预测。如高层分形的解析器可以协助决策者或执行者制定公司目标和战略（如合作伙伴的选择、产品的增加或删减等等）。

（4）管理器。管理器的功能是为动态重构流程管理分形状态和分形地址。在分形供应链重构过程中，管理器利用数值优化技术构建分形的优化配置结构，并为动态重构流程提供分形地址。由于各分形间的计算量不均衡会导致系统执行效率降低，因此分形结构的优化配置，有利于系统平衡各分形间的工作量，抑制工作流瓶颈的发生。分形地址是确定每个分形的物理地址，这些地址将随后被报表管理器使用。

（5）报表设计器。报表设计器的功能是将所有流程的结果从一个分形传送到其他分形中[199]。报表设计器传递三类信息：分形的目标和分形状态的请求信息；协商请求和高级分形的当前状态报告；订单分布的任务请求、运输请求和客户响应等。

4.3 分形供应链管理的数值模型

在五个功能模块中，只有分析器和解析器与分形供应链管理决策相关。因此，通过对分析器和解析器建模，有利于执行利润分析并从分散的数据中获取决策变量。本节中模型的建立是基于电子商务公司中各级分形的成本函数，并以分形利润最大化作为所建模型的目标函数。

4.3.1 分析器建模

分析器是执行分形的利润分析。一个电子商务公司分析器的数值模型定义如下：

$$\begin{aligned} p_f\Big|_{f\in F_t} &= -\sum_{i=1}^{N} t_i \\ p_f\Big|_{f\in F_n} &= \sum_{i=1}^{N}\sum_{j=1}^{M} v_{ij} - \Big(\sum_{k=1}^{K}\sum_{i=1}^{N}\sum_{j=1}^{M} c_{ijk} + \sum_{i=1}^{N}\sum_{j=1}^{M} r_{ij}\Big) \end{aligned} \tag{4-1}$$

$$P = \sum_{f=1}^{F} p_f - a \tag{4-2}$$

式中，p_f 为一个部门级分形 f 的利润；i 为订单集合（$i=1, 2, \cdots, N$）；j 为一个订单中的产品集合（$j=1, 2, \cdots, M$）；k 为制造商集合（$k=1, 2, \cdots, K$）；f 为部门级分形的集合，如果 f 为处理运输系统的分形，则 $f \in F_t$（F_t 为子分形的个数），否则 f 为所有部门级分形的数量，即 $f \in F_n$（F_n 为部门级分形个数）；t_i 为订单 i 的运输成本；v_{ij} 为第 i 个订单中的 j 项产品的客户价格；c_{ijk} 为从制造商 k 处购买的第 i 个订单中的第 j 项产品的单位购买价格；r_{ij} 为第 i 个订单中的第 j 项产品的退款；P 为公司级分形的总利润；a 为管理一个公司级分形的固定费用。

式（4－1）能普遍反映图 4－5 中所有从 fr_1 到 fr_4 的部门级分形的数值模型。模型中如果分形代表的是运输系统，则它不需要考虑购买或销售产品的流程，否则，分形必须考虑这些流程以增加其利润。对于公司级分形，可以考虑利用各个子分形的分析结果，并将它们集成从而分析公司整体利润[200,201]。公司级分形的数值模型可以根据具体的情况对子分形的数值模型进行集成并修改求得，见式（4－2）。

4.3.2 解析器建模

基于分析器的结果、当前状态数据以及分形的目标，解析器可以通过求解分形的目标函数以获取重要的信息，而这些信息正是为分形做出战略决策的支持数据。本节中假设每个分形的目标是最大化利润，解析器的数值模型可以如下定义：

$$\max g_f = \alpha\left[\sum_{r=1}^{R}(d_r v_r - r_r)x_r - \sum_{k=1}^{K}\sum_{r=1}^{R} c_{rk}y_{rk}\right] - \beta\left(\sum_{\substack{u=1\\ \oplus g_m(1)\cdots g_m(k)}}^{U}\ \sum_{\substack{i=1\\ \oplus g_s(1)\cdots g_s(h)}}^{N} s_{iu}q_{iu}\right) \tag{4-3}$$

s. t.

$$g_f = g_1 \oplus g_2 \oplus \cdots \oplus g_n \oplus F_f \tag{4-4}$$

$$d_r x_r \leqslant \sum_{k=1}^{K} y_{rk},\ \forall r \tag{4-5}$$

$$r_r x_r \leqslant \gamma_r,\ \forall r \tag{4-6}$$

$$y_{rk} \leqslant \Delta_{rk},\ \forall r,k \tag{4-7}$$

$$\sum_{k=1}^{K} \operatorname{sgn}(y_{rk}) \leqslant 1,\ \forall r \tag{4-8}$$

$$\sum_{u=1}^{U} q_{iu} = 1,\ \forall i \tag{4-9}$$

$$x_r = \{1,0\},\ \forall r \tag{4-10}$$

$$y_{rk} \geqslant 0,\ \forall r,k \tag{4-11}$$

$$\max Z = \sum_{f=1}^{F} g_f - \sum_{l=1}^{L} b_l w_l \tag{4-12}$$

$$w_l = \{1,0\}, \forall l \tag{4-13}$$

式中，g_f 表示分形 f 的目标（利润）；符号“$\oplus$”表示模型的集成；$g_m(k)$ 为制造商 k 的目标模型；h 为供应商集合（$h=1, 2, \cdots, H$）；$g_s(h)$ 为供应商 h 的目标模型；u 为运输系统的集合（$u=1, 2, \cdots, U$）；s_{iu} 为订单 i 使用运输系统 u 的运输成本；r 为产品的集合（$r=1, 2, \cdots, R$）；c_{rk} 为从制造商 k 处购买产品 r 的单位购买成本；d_r 为产品 r 的需求量；v_r 为产品 r 的单位客户价格；r_r 为产品 r 的退款；α 为分形指标（如果 $f \in F_n$，则 $\alpha=1$，否则 $\alpha=0$）；β 为分形指标（如果 $f \in F_t$，则 $\beta=1$，否则 $\beta=0$）；l 为广告代理商集合（$l=1, 2, \cdots, L$）；b_l 为使用代理商 l 的费用；γ_r 为最大退款额；Δ_{rk} 为制造商 k 生产产品 r 的生产能力；q_{iu} 表示系统是否使用运输系统 u 来处理订单 i，如果是，其值为 1，否则为 0；x_r 表示公司是否销售产品 r，如果是，其值为 1，否则为 0；y_{rk} 为从制造商 k 购买产品 r 的数量；w_l 表示公司是否通过广告代理商 l 做广告，如果是，其值为 1，否则为 0；Z 为分形函数的数值模型。

式（4-3）是采用混合整数规划方法为部门级分形解析器建立的数值模型，该模型的主要目标是分形的总利润最大化，其中与多产品相关的固定和变动费用受客户需求、退款以及制造商的生产能力约束。在考虑广告因素后，调整的数值模型见式（4-12），由于分形通过遗传机制来执行，因此式（4-12）也被当做次分形利润的一种嵌套模式。对于所有分形，其数值模型中的各种因素可能依据分形具体状态和目标而被定制，因此电子商务公司的最终目标是服从相关成本约束前提下的最大化利润。

4.4　数值实例分析

对某一电子商务公司的供应链进行实例分析，表 4-3 列出了该电子商务公司网站上的交易信息，并采用图 4-5 作为其分形供应链结构，实例中忽略处理运输系统的分形（*fr*_4）以及制造商和供应商模型的集成。

表 4-3　某电子商务公司网站的交易信息

子分形	货物种类	订单/个	被订购的货物/件	退款/万元	制造商/个
*fr*_1	10	2000	2940	54	6
*fr*_2	20	4500	5860	86	13
*fr*_3	15	3200	3600	20	10

数值实例中假设最底层分形（如 *fr*_e1 ~ *fr*_e4）的优化和计算已经完成。数

值实例通过 LINDO 系统公司开发的“What's Best！4.0”软件运行。由于三个次分形优化过程中 fr_2、fr_3 与 fr_1 分析过程相似，因此实例中仅对次分形 fr_1 进行分析。

“What's Best！4.0”软件执行表4－3所提供信息，结果如图4－8所示。图4－8中1）列出了式（4－3）中决策变量 x_r 和 y_{rk} 的优化值，即厂商 $k_1 \sim k_6$ 优化地选择了其所生产产品的种类及数量，由于公司没有销售产品4，因此 x_4 的值为0。图4－8中2）～6）部分反映出执行过程中与解析器建模中各约束公式的响应

					Min.						
	Objective function value =				21425						
1)	Decision	Products in Department 1									
	Variables	r1	r2	r3	r4	r5	r6	r7	r8	r9	r10
	x_r	1	1	1	0	1	1	1	1	1	1
	k1(y_r1)	300	0	0	0	0	0	0	100	0	0
	k2(y_r2)	0	230	0	0	0	0	0	0	0	0
	k3(y_r3)	0	0	300	0	0	125	0	0	0	0
	k4(y_r4)	0	0	0	0	600	0	245	0	0	0
	k5(y_r5)	0	0	0	0	0	0	0	0	850	0
	k6(y_r6)	0	0	0	0	0	0	0	0	0	150
2)	Demands										
	d_r	300	230	300	40	600	125	245	100	850	150
	v_r	7	12	4	6	13	6	13	15	17	5
	d_r * x_r	300	230	300	0	600	125	245	100	850	150
	Const. 4	=<=	=<=	=<=	=<=	=<=	=<=	=<=	=<=	=<=	=<=
	Sum of y_rk	300	230	300	0	600	125	245	100	850	150
3)	Refunds										
	# of refund	10	11	2	5	4	1	12	0	7	2
	Unit cost for refund	6	10	3	5	3	4	8	12	2	4
	r_r	60	110	6	25	12	4	96	0	14	8
	r_r * x_r	60	110	6	0	12	4	96	0	14	8
	Const. 5	<=	<=	<=	<=	<=	<=	<=	<=	<=	<=
	Gamma r	90	115	45	10	90	25	102	60	85	30
4)	Capa([y_rk)	r1	r2	r3	r4	r5	r6	r7	r8	r9	r10
	k1	300	400	0	0	0	0	0	100	0	0
	k2	200	250	0	0	0	0	0	150	0	0
	k3	500	200	350	50	800	200	0	0	0	0
	k4	0	0	400	30	650	300	250	0	0	0
	k5	0	0	0	0	0	350	300	200	900	150
	k6	0	0	0	0	0	0	0	250	700	200
	Const. 6	r1	r2	r3	r4	r5	r6	r7	r8	r9	r10
	k1	=<=	<=	=<=	=<=	=<=	=<=	=<=	=<=	=<=	=<=
	k2	<=	<=	=<=	=<=	=<=	=<=	=<=	<=	=<=	=<=
	k3	<=	<=	<=	<=	<=	<=	=<=	=<=	=<=	=<=
	k4	=<=	=<=	<=	<=	<=	<=	<=	=<=	=<=	=<=
	k5	=<=	=<=	=<=	=<=	=<=	<=	<=	<=	<=	<=
	k6	=<=	=<=	=<=	=<=	=<=	=<=	=<=	<=	<=	<=
5)	Brand										
	Sum of	1	1	1	0	1	1	1	1	1	1
	Sign(y_rk)	=<=	=<=	=<=	<=	=<=	=<=	=<=	=<=	=<=	=<=
		1	1	1	1	1	1	1	1	1	1
6)	c_rk	r1	r2	r3	r4	r5	r6	r7	r8	r9	r10
	k1	6	11	0	0	0	0	0	12	0	0
	k2	6	10	0	0	0	0	0	13	0	0
	k3	7	10	3	5	4	4	0	0	0	0
	k4	0	0	5	5	3	5	8	0	0	0
	k5	0	0	0	0	0	5	9	14	2	5
	k6	0	0	0	0	0	0	0	13	3	4

图4－8　子分形 fr_1 的优化处理结果

情况。其中，2）反映公司从制造商处订购的产品与客户需求的响应情况，也是式(4－5)的约束情况的具体体现；3)、4）反映式（4－6)、式（4－7）满足情况；5）表示公司对产品品牌的约束，即公司通常卖给客户同一品牌的产品；6）表示从每个制造商处购买相关产品的单位价格。从整个图可以看出由于电子商务公司全部订购量非常低，而退款额却又非常高，软件所求得的目标函数值为21425千元。在对每个分形优化计算后，其结果被传送到上一级分形（电子商务公司分形）结构中。分析器将这些分散的结果整合成一个具有固定成本信息的新的集合体，并将该集合体传递给解析器。解析器通过执行其目标函数，为企业的战略决策提供重要的信息资源及决策依据（如可以为企业供应链上节点的重新选择提供决策依据)。此外，实例中分形结构的优化配置平衡了分形间的计算量，从而减少了整个供应链系统的优化时间，并且由于子分形模型的集成，整个供应链系统运作更具柔性化。

本章利用分形理论构建供应链分形结构，该分形结构能够对供应链系统进行分布式计算，通过局部优化来优化全局，具体结论如下：

（1）创新地将分形理论应用到网络化制造环境下的电子供应链中，其特有的自相似、自组织和自优化特性，改变了传统的电子供应链管理中动态优化重组方面的缺陷，数值实例也证明了分形供应链管理在供应链优化重组方面的有效性。

（2）分形供应链理论符合网络化制造模式中敏捷性特点，即灵活、快捷地应对系统的功能和运行方式，其本身也可作为网络化制造系统的良好支撑技术。

（3）未来研究的重点是提高系统功能模型的精确性，不断拓展分形供应链管理理论，以适应更加复杂多变的电子供应链管理系统。

5　供应链分销网络优化技术

面对日益增加的竞争压力和多样化的市场需求，制造业逐渐形成了多供应商、多地点制造、多客户的新供应链模式。供应链主要包括三个阶段，即采购、制造和销售。在传统制造环境下的供应链管理中，重点考虑的是对采购和制造环节的管理。进入20世纪80年代后，供应链的重心逐渐向需求方转移，供应链表现为由市场和客户需求驱动的“需求链”[202,203]。在面向客户的制造环境中，企业的驱动力已由生产转向通过分销和服务提供的附加值。因此，合理的建立供应链分销网络，加强对分销环节的管理，是提高客户满意度、增强企业竞争力的重要途径。

本章主要研究供应链分销网络中的选址－分配优化设计问题。首先，建立供应链分销网络选址－分配模型；其次，将遗传算法和模拟退火算法组合成的混合优化策略（GASA）应用到分销网络设计中的选址－分配问题中；最后，通过计算机仿真技术，实现供应链分销网络的合理优化。

5.1　企业分销网络基础

企业分销网络的设计[204,205]是供应链管理中十分重要的一类决策问题，其内容主要包括结构设计和组织管理两个方面。企业建立分销网络的途径主要通过中间分销商销售和建立企业自己的分销网络两种。企业建立分销网络时往往将这两种方式相结合起来。但由于企业建立自己的分销网络具有便于管理、可快速响应市场需求变化等优点，因此有较强经济实力的企业，通常考虑自建分销网络。在市场经济全球化的环境中，企业必须为地理分散的多个客户提供多样化的产品和服务。由于推行客户化延迟策略，分销中心没有必要存储所有顾客化的产品，只需存储通用产品组件即可，这使得企业的库存成本大为降低，分销中心的功能也发生了改变，分销网络的优化面临新的挑战。

5.1.1　企业分销网络的定义

从服务角度看，物流就是为产品的生产制造和市场营销提供服务。一般地说，物流是以产品的生产制造和市场营销为主线，以相关信息流协调供应商和客户行为的协作性竞争体系，在整个系统活动中，为生产制造、市场营销和消费者提供相应的服务[206,207]，而分销网络是市场营销的主要结构形式之一。美国营销协会把分销网络定义[208]为“公司内部的组织单位与公司外部的代理和经销商、批发商与零售商建立的一种营销网络结构，通过这种结构可以进行产品或服务的营销活动”。这里的“营销”是一个广义概念，包括买卖、运输、存储、分类、分担市场风险、提供市场信息等。任何一个提供上述一种或多种交易功能的组织单元都是分销渠道中的一员。从定义中可以看出，分销网络是一群企业或机构的集合，在从原始卖主到最终买主的营销过程中，进行产品或设施的物权交换。

5.1.2 企业分销网络的作用

现代市场环境的变化，要求企业加速资金周转，快速传递与反馈市场信息，加强生产与消费的联系，提供低成本的优质产品以满足需求、提高用户满意度。因此，必须建立敏捷而高效的分销网络。在分销网络中，物流管理的作用不再是传统的保证生产过程的连续，而是：

（1）创造用户价值，降低用户成本；

（2）协调制造活动，提高企业敏捷性；

（3）提供用户服务，塑造企业形象；

（4）提供信息反馈，协调供需矛盾。

5.1.3 分销网络成员间的关系

从系统角度来看，分销网络是参与产品和服务买卖过程的企业构成的系统。从企业经营活动一开始，管理者们就关心分销网络中顾客和供应商关系的发展和定位问题。从长期看，每一个网络成员都享受网络成功的回报或承担失败的风险。只有通过网络范围内的合作，将供应链关系中的主要参与者联系在一起，营销活动和物流配送等才能顺利进行。从这种意义上来说，网络关系等同于供应链关系。形成供应链的动机之一是要增加分销网络的竞争能力，因此各成员之间的合作是必不可少的。这是因为：现代企业的生产从大批量生产转向精细的准时化生产，这时的物流，包括采购与供应，都需要跟着转变运作方式，实行准时供应和准时采购等。顾客需求的瞬时化，要求企业能以最快的速度把产品送到用户的手中。所有这一切都要求企业的物流系统具有和制造系统协调动作的能力，以提高供应链的敏捷性和适应性。物流分销网络是分销网络的主要形式，由物流运输网络、物流信息网络、物流客户网络和物流管理网络构成。

（1）物流运输网络。物流运输网络是指由一个物流企业的配送中心和仓储中心、运输工具、运输线路等组成的运输网络。节点之间的连接是物理连接，如铁路网络、公路网络、航空网络、水运网络等等。

（2）物流信息网络。物流信息网络是指一个物流企业建立的有关用户需求信息、市场动态、企业内部业务处理情况等信息共享的网络，是依靠现代信息网络技术建立起来的运输节点间的信息网络。

(3) 物流客户网络。物流客户网络是指由物流企业所服务的对象组成的一个虚拟网络。用户越多，物流用户网络越大。一旦用户与物流企业达成了长期合作协议，它即被锁定。

(4) 物流管理网络。物流管理网络是指由物流企业一个统一的指挥中心和多个操作中心所组成的网络。真正的现代物流必须是一个指挥中心、一个利润中心，企业的组织、框架、体制等形式都要与一个中心相符。

对于整个物流网络来说，运输网络是物理基础，信息网络是信息基础，客户网络是服务对象，管理网络则是控制保证，四者必须协同工作。

5.2 分销网络中的选址-分配问题研究

分销网络是指由供应点、分销中心和需求点（客户区）等物流节点所组成的分层销售网络。分销网络规划优化问题主要包括：

(1) 设施选址，即物流设施数量、位置、容量等的决策优化；

(2) 服务分配，即确定物流设施与服务对象的对应关系；

(3) 路径安排，即为每个设施的用户安排成本最低的运输路径。

在分销网络优化过程中，若不考虑服务分配，则分销网络规划优化问题称为纯设施选址问题[209]（Facility Location Problem）；若同时考虑设施选址和服务分配问题，则分销网络规划优化问题称为设施选址-服务分配问题[210~215]（Location-Allocation Problem）；若同时考虑设施选址、服务分配和路径安排问题，则分销网络规划优化问题称为设施选址-路径安排问题（Location-Routing Problem, LRP）[216]；上述三类问题统称选址理论。选址理论的研究最早可以追溯到1909年Alfred Weber对单一仓库选址问题的研究。1964年，Hakimi关于选址问题一般情况的研究使得选址理论重新受到关注。20世纪80年代以后，现代物流理念的产生和LRP问题研究的兴起，使得选址理论更加丰富。纯设施选址问题可以分为以下三类：

(1) P-中位数问题[217]（P-median Problem、Min-sum Problem）。P-median问题是由Hakimi提出的，这类问题的优化目标为客户（需求点）到服务设施的总加权距离（距离×需求）最小化。P-median问题用于分析需求对服务水平不很敏感的选址问题是适当的。对于网络上的确定型P-median问题，若只考虑需求点与服务设施两类节点时，则问题的一般形式可以用整数线性规划来表示。进一步，对于给定节点数为N、设施候选节点数为P的网络，若P不确定则该问题为NP-hard问题。

（2）需求覆盖问题（Covering Problem）。需求覆盖问题[218]在衡量服务设施选址效果时引入覆盖的概念。若某个节点上的需求在规定的时间内能够被服务，则该节点被服务设施所覆盖。以最小数量的设施满足既定服务需求的选址问题，称为集合覆盖问题；以既定数量的设施来尽量满足尽可能多服务需求的选址问题，称为最大覆盖问题；这两类问题统称覆盖问题。对于简单的需求覆盖问题可以使用整数线性规划求解。如果考虑更加一般的选址问题时，则很难用数学模型表示。一般网络的集合覆盖问题和最大覆盖问题与 P－median 问题一样，都是 NP－hard 问题。

（3）P－中心问题。研究如何使任意需求点到距离其最近服务设施的最大距离最小化的设施选址问题称为 P－中心问题[219]。若设施的候选位置仅限于给定网络的定点之上，则该问题被称为定点中心问题；若候选位置可以位于网络的任意位置，则相应的问题称为完全中心问题。根据 Daskin 的观点，对于给定网络的确定型 P－中心问题，可以用整数线性规划表示。进一步，若 P 不确定，则该问题为 NP－hard 问题。

近年来，选址理论发展迅速，特别是计算机的应用，促进了物流系统选址理论的发展，这为不同方案的可行性分析提供了强有力的工具。分销网络的优化方法大体上有以下几类：

（1）专家选择法。专家选择法是以专家为索取信息的对象，运用专家的知识和经验，考虑选址对象的社会环境和客观背景，直观地对选址对象进行综合分析研究，寻求其特性和发展规律，并进行选择的一类选址方法。专家选择法中最常用的有因素评分法和德尔菲法。

（2）解析法。解析法是通过数学模型进行物流网点布局的方法。这种方法首先根据问题的特征、外部条件以及内在的联系建立数学模型或者是图的模型，然后对模型求解以获得最佳布局方案。采用这种方法的优点是能够获得较为精确的最优解，缺点是对一些复杂问题建立恰当的模型比较困难，因而在实际应用中受到很大的限制。解析法中最常用的有重心法和线性规划法。

（3）模拟法。模拟法是将实际问题用数学方法和逻辑关系表示出来，然后通过模拟计算及逻辑推理确定最佳布局方案。这种方法的优点是比较简单，缺点是选用这种方法进行选址，分析者必须提供预定的各种网点组合方案以供分析评价，从中找出最佳组合。因此，其决策的效果依赖于分析者预定的组合方案是否接近最佳方案。

（4）启发式法。启发式法是一种逐次逼近的方法。它是对某种方案进行反复判断，实践修正，直到满意为止。这种方法的优点是模型简单，需要进行方案组合的个数少，因而容易寻求最佳的答案。缺点是这种方法得出的答案很难保证是最优化的，一般情况下只能得到满意的近似解。

分销网络优化常用的算法可分为两类：精确求解算法和启发式算法。具体算法见表5－1。传统优化算法有牛顿法、拉格朗日法、共轭梯度法、单纯形法等。它们对目标函数或变量要求严格，只有在目标函数满足特定的条件下才可以保证求得全局最优解。而分销网络设计问题是一类多目标、多约束、多变量的非线性规划问题，为NP－hard 问题。传统优化算法由于自身的缺陷，不太适合求解这样一类问题。本章采用遗传算法与模拟退火算法组成的混合优化策略解决供应链分销网络优化问题。

表5－1 分销网络优化常用的算法

种 类	算 法	适用范围
精确算法	直接树状搜索 动态规划 整数规划 分枝定界法 非线性规划	小规模问题的求解
启发式算法	禁忌搜索算法 人工神经网络算法 模拟退火算法 遗传算法 GASA 混合智能算法 拉格朗日松弛算法 路线扩展交换算法 费用减低－插值算法	大规模问题的求解

5.3 分销网络问题描述及模型建立

5.3.1 问题描述

分销网络结构设计问题主要研究如何合理地设计分销网络，即考虑几个工厂生产的产品来服务一组在地理位置上分散的客户群，企业需要决定如何在最小的生产、运输成本下，选择分销中心的地点，确定其容量及各工厂的生产水平，安排各设施（工厂、分销中心、客户区）间的运输流量等问题。

国外许多学者都将供应链分销网络优化作为其研究重点。例如，Cohen 和 Lee 提出了一个整数规划模型来描述制造、分销网络的决策行为[177]；Brown 探讨了多产品的销售网络，并用混合整数规划模型求解了工厂开工与关闭、设备在各工厂的分配及产品从工厂向顾客的配送等问题[220]；Van Roy 探讨了多层生产及销售网络[221]。国内有些学者也对分销网络优化问题[222～224]做了大量的实质性研究。

5.3.2 二级分销网络的选址－分配模型

假设某制造型企业有 m 个分散分布的工厂，工厂 i 的生产能力为 W_i，$i=1$，2，…，m。产品准备销往 n 个城市，城市 j 的产品需求量为 R_j，$j=1$，2，…，n。当企业进行分销网络设计时，必须从这些城市中选出若干个城市建立分销中心，其余的为分销点。根据各城市的地价得知城市 j 建立分销中心时，其运营成本费为 s_j，$j=1$，2，…，n；若城市 j 为分销点时，其建立和经营分销点的运营成本为 c_j。已知工厂和各个城市的地理坐标（x_i，y_i），可以求得它们之间的距离和运输成本。建立如下数学模型：

$$\min Z = \sum_{i=1}^{m} t_i + \sum_{j=1}^{n} t_j + \sum_{j=1}^{n} [s_j\xi_j + c_j(1-\xi_j)] \quad (5-1)$$

$$t_i = \sum_{j=1}^{n} t_0 d_{ij} u_{ij} \quad (5-2)$$

$$t_j = \sum_{k=1}^{n} t_0 d_{jk} y_{jk} R_k \quad (5-3)$$

$$\sum_{j=1}^{n} u_{ij} \leqslant W_i \quad (5-4)$$

$$\sum_{j=1}^{n} y_{jk} = 1 \quad (5-5)$$

$$d_{ij} = \sqrt{(x_i-x_j)^2+(y_i-y_j)^2}, u_{ij} \geqslant 0; \xi_j, y_{jk} \in \{0,1\}; \forall i,j,k \quad (5-6)$$

上述公式中，式（5－1）表示目标函数极小化运输费和分销中心、分销点运营成本的总和；式（5－2）表示从工厂至分销中心的运输成本；式（5－3）表示从分销中心至分销点的运输成本；式（5－4）表示能力约束，工厂的供给量不能超过它的生产能力，其中，u_{ij}表示工厂 i 供给分销中心 j 的供应量；式(5－5)表示仅由一个分销中心给某个分销点供货；式（5－6）表示计算两点之间的距离，其中，y_{jk}为0－1变量，决定是否由第 j 个分销中心供给第 k 个城市分销点，ξ_j 也为0－1变量，决定第 j 个城市是作为分销中心或分销点。

式（5－1）的目标是：

（1）确定建立分销中心的城市，以及每个分销中心负责的分销点供货；

（2）根据需求情况合理地安排各工厂的生产，同时安排运输流；

（3）在满足市场需求并不超过各工厂生产能力的前提下，极小化运输费和分销中心、分销点运营成本的总和。

针对上述问题，本章根据分销网络中的选址－分配问题的特点，将 GASA 混合优化算法应用到分销网络的选址－分配问题中，并进行优化仿真计算。

5.4 模拟退火算法

5.4.1 模拟退火算法基础

模拟退火算法（Simulated Annealing，SA）的思想最早是由 Metropolis 等人（1953）提的。SA 算法是基于 Monte Carlo 迭代求解策略的一种随机寻求优化算法，其出发点是基于物理中固体物质的退火过程与优化过程的相似性。模拟退火算法从某一较高的初温出发，伴随温度参数的不断下降，结合概率突跳特性在解空间中随机寻找目标函数的全局最优解，即在局部优解能概率性地跳出并最终趋于全局最优。模拟退火算法是一种通用的优化算法，目前已在工程中得到了广泛应用，如生产调度、控制工程、机器学习、神经网络、图像处理等领域[225]。本节从优化流程、操作、算法理论与技术等方面介绍模拟退火算法。

简单而言，物理退火过程由以下三部分组成：

（1）加温过程。其目的是增强粒子的热运动，使其偏离平衡位置。当温度足够高时，固体将熔解为液体，从而消除系统原先可能存在的非均匀态，使随后进行的冷却过程以某一平衡态为起点。熔解过程使系统能量也随着温度的升高而增大。

（2）等温过程。物理学的知识告诉我们，对于与周围环境交换热量而温度不变得封闭系统，系统状态的自发变化总是朝自由能减少的方向进行，当自由能达到最小时，系统达到平衡态。

（3）冷却过程。其目的是使粒子的热运动减弱并逐渐趋于有序，系统能量逐渐下降，从而得到能量的晶格结构。

固体在恒定温度下达到热平衡的过程可以用 Monte Carlo 方法加以模拟。该方法虽然简单，但必须大量采样才能得到比较精确的结果，因而计算量很大。鉴于物理系统倾向于能量较低的状态，而热运动又妨碍它准确落到最低态的图像，采样时着重取那些有重要贡献的状态即可较快达到较好的结果。因此，Metropolis 等人在 1953 年提出了重要性采样法，即以概率接受新状态。具体而言，在温度 t，由当前状态 i 产生新状态 j，两者的能量分别为 $C(S_i)$ 和 $C(S_j)$，若 $C(S_j) > C(S_i)$ 则接受新状态 j 为当前状态；否则，若概率 $P_r = \exp\frac{C(S_j) - C(S_i)}{kt}$ 大于 $[0, 1)$ 区间内的随机数则仍旧接受新状态 j 为当前状态，若不成立则保留状态 i 为当前状态，其中 k 为 Boltzmann 常数。当这种过程多次重复，即经过大量迁移后，系统趋于能量较低的平衡态，各状态的概率分布将趋于某种正态分布。同时，这种重要采样过程在高温下可接受与当前状态能量差较大的新状态，而在低温下基本只能接受与当前能量差较小的新状态，这与不同温度下热运动的影响完全一致，而且当温度趋近于零时，就不能接受比当前状态能量高的新状态。这种接受准则通常称为 Metropolis 准则。

标准模拟退火算法的流程如图 5－1 所示。

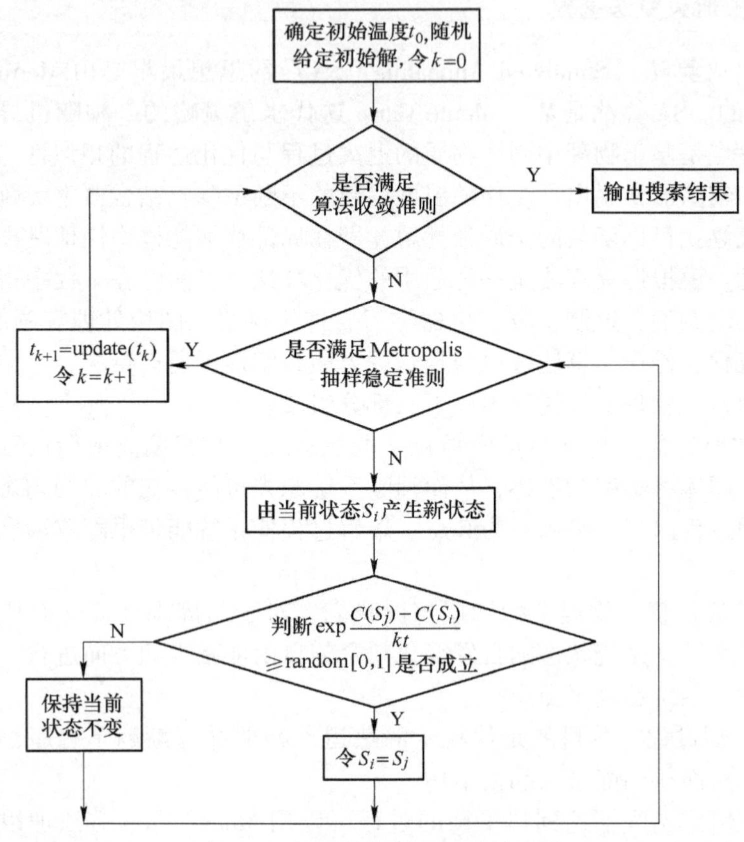

图 5－1 标准模拟退火算法的流程

从图 5－1 可知，新状态产生函数、新状态接受函数、退温函数、抽样稳定准则和退火结束准则以及初始温度是直接影响算法优化结果的主要环节。模拟退火算法的实验性能具有质量高、稳定性强、通用易实现的优点。但是，为寻求到最优解，算法通常要求较高的初温、较慢的降温速率、较低的终止温度以及各温度下足够多次的抽样，因而模拟退火算法优化过程往往较长，这也是 SA 算法的最大的缺点。因此，在保证一定优化质量的前提下提高算法的搜索效率，是对 SA 进行的主要改造内容。

从算法流程上看，模拟退火算法包括三函数、两准则，即状态产生函数、状态接受函数、状态更新函数、内循环终止准则和外循环终止准则，这些环节的设计将决定 SA 算法的优化性能。此外，初温的选择对 SA 算法性能也有很大影响。

理论上，SA 算法的参数只有满足算法的收敛条件，才能保证实现算法依概率 1 收敛到全局最优解。然而，某些收敛条件无法严格实现或条件可以实现但是由于实际应用的效果不理想而不采用，因此，至今 SA 算法的参数选择依然是一个难题，通常只能依据一定的启发式准则或大量的实验加以选取。

（1）状态产生函数。设计状态产生函数的出发点是应该尽可能保证产生的候选解遍及全部解空间。通常，状态产生函数由两部分组成，即产生候选解的方式和候选解产生的概率分布。前者决定由当前解产生候选解的方式，后者决定在当前解产生候选解的状态概率。候选解的产生方式由问题的性质决定，通常在当前状态的邻域结构内以一定概率方式产生，而邻域函数和概率方式可以多样化设计，其中概率分布可以是均匀分布、正态分布、指数分布、柯西分布等。

（2）状态接受函数。状态接受函数一般以概率的方式给出，不同接受函数的差别主要在于接受概率的形式不同。设计状态接受概率应该遵循以下原则：

1）在固定温度下，接受使目标函数值下降的候选解的概率要大于使目标函数值上升的候选解的概率。

2）随着温度的下降，接受使目标函数值上升的解的概率要逐渐减小。

3）当温度趋于零时，只能接受目标函数值下降的解。

状态接受函数的引入是 SA 算法实现全局搜索的最关键因素，但实验表明，状态接受函数的具体形式对算法性能的影响不显著。因此，SA 算法中通常采用 $\exp\frac{\Delta C}{kt}$作为状态接受函数。

（3）初温。初始温度 t_0、温度更新函数、内循环终止准则和外循环终止准则通常被称为退火历程（Annealing Schedule）。

实验表明，初温越高，获得高质量解的几率越大，但花费的计算时间将增加。因此，初温的确定应同时考虑优化质量和优化效率。确定初温常用的方法包括：

1）均匀抽样一组状态，以各状态目标值的方差为初温。

2）随机产生一组状态，确定两两状态间的最大目标值差 $|\Delta_{max}|$，然后依据差值，利用一定的函数确定初温。譬如，$t_0=\Delta_{max}/\ln p_r$，其中 p_r 为初始接受概率。若取 p_r 接近 1，且初始随机产生的状态能够在一定程度上表征整个状态空间时，算法将以几乎等同的概率接受任意状态，完全不受极小解的限制。

3）利用经验公式给出。

（4）温度更新函数。温度更新函数即温度的下降方式，用于在外循环中修改温度值。目前，最常用的温度更新函数为指数退温，即 $t_{k+1}=\lambda t_k$，其中 $0<\lambda<1$ 且其大小可以不断变化。

（5）内循环终止准则。内循环终止准则或称 Metropolis 抽样稳定准则，用于决定在各温度下产生候选解的数目。抽样稳定准则的作用包括：

1）检验目标函数的均值是否稳定。

2）连续若干步的目标函数值变化较小。

3）按一定的步数抽样。

（6）外循环终止准则。外循环终止准则即算法终止准则，用于决定算法何时结束。设置温度终值 t_e 是一种简单的方法。SA 算法的收敛性理论中要求 t_e 趋于零，这显然是不实际的。通常的做法包括：

1）设置终止温度的阈值。

2）设置外循环迭代的次数。

3）算法搜索到的最优值连续若干次保持不变。

由于算法的一些环节无法在实际设计算法中实现，因此 SA 算法往往得不到全局最优解，或算法结果存在波动性。许多学者试图给出选择“最佳”SA 算法参数的理论依据，但所得结论与实际应用还有一定距离，特别是对连续变量函数的优化问题。目前，SA 算法参数的选择仍然依赖于一些启发式算法准则和待求问题的性质。SA 算法的通用性很强，算法易于实现，但要真正取得质量和可靠性高的结果，克服计算时间较长、效率较低的缺点，并适用于规模较大的问题，尚需大量工作。

5.4.2 模拟退火算法的改进

在确保一定要求的优化质量基础上，本节通过提高模拟退火算法的搜索效率来对 SA 算法进行改进，改进的方案包括：

（1）设计合适的状态产生函数，使其根据搜索进程的需要表现出状态的空间分散性或局部区域性。

（2）设计高效的退火历程。

（3）避免状态的迂回搜索。

（4）采用并行搜索结构。

（5）为了避免陷入局部极小，改进对温度的控制方式。

（6）选择合适的初始状态。

（7）设计合适的算法终止准则。

此外，对模拟退火算法的改进也可以通过增加某些环节来实现，主要包括：

（1）增加升温或重升温过程。在算法进程的适当时机适当地提高温度，可以激活各种状态的接受概率以调整搜索过程中的当前状态，避免算法在局部极小解处的停滞不前。

（2）增加记忆功能。为避免搜索过程中由于执行概率接受环节而遗失当前遇到的最优解，可以通过增加存储环节来将最优解记录下来。

（3）增加补充搜索过程。在退火过程结束后以搜索到的最优解为初始状态再次执行模拟退火过程或局部趋化性搜索。

（4）对每一当前状态采用多次搜索策略以降低接受区域内的最优化状态，而非标准 SA 算法单次比较方式。

（5）结合其他搜索机制的算法，如遗传算法搜索等。

（6）上述各方法的综合应用。

模拟退火算法在局部极小解处有机会跳出并最终趋于全局最优化的根本原因是算法通过概率判断来接受新状态，这在理论上已经得到严格证明，即当初温充分高、降温足够慢、每一温度下抽样足够多、最终温度趋于零时，算法最终以概率 1 收敛到全局最优解。但由于全局收敛条件难以实现，并且“概率接受”可能使得当前状态比搜索轨迹中的某些中间状态还要差，因此实际算法往往最终得到近似最优解，甚至可能比中间经历的最好解差，而且搜索效率较差。

为了不遗失最优的状态，并提高搜索效率，改进的做法是：在算法搜索过程中保留中间的最优解，并及时更新；设置双阈值使得在尽量最优性的前提下减少计算量，即在各温度下当前状态连续用 Metropolis 抽样稳定准则进行判断，若在退温过程中所得的最优解均不变，则认为算法收敛。

5.4.3 并行模拟退火算法

基于并行计算和分布计算技术的发展，并行计算法的设计已成为智能计算研究的重要内容。目前，并行算法的设计主要采用如下策略：

（1）修改现有的串行算法的结构。

（2）针对并行计算机的结构特点直接设计并行程序。

通常，并行算法的设计需要考虑存储区的分配、同步处理、数据集成与通信等环节。就模拟退火算法而言，由于算法初始和结束阶段与整个进程具有一定的独立性，抽样过程与退火工程也具有一定的独立性，因此，模拟退火算法比较容易实现并行优化方式。直观且可行的解决方案包括：

（1）操作并行。操作并行就是将整个算法的各个执行环节分别分配给不同的处理机去完成，如将状态生成函数、目标值计算、准则判断等指定给不同的处理机执行。由于各环节是串行执行的，因此各处理机必须按确定的方式执行，这无疑使整个搜索进程受到很大的限制，而且花费大量的通信时间。

（2）进程并行。进程并行包括全过程并行和子进程并行两种方式。全过程并行就是算法首先产生一组初始状态，然后将各状态发送给不同的处理机，各处理机独立地进行整个模拟退火搜索过程，最后经汇总比较得到最终结果。显然，这仅仅是利用空间资源来弥补单机串行搜索的不足，而非真正的并行方式。子进程并行就是首先由多个处理机同时独立地执行算法的某些进程，然后经综合后继续执行算法的其他环节。譬如，多个处理机分别对当前状态执行抽样过程，当所有抽样过程结束后，经综合得到新的当前状态。其中，各处理机可采用不同的状态产生函数、接受函数，甚至不同的控制参数，从而使整个系统的灵活性增强，充分发挥各处理机的作用，实现并行策略的优越性。

(3) 空间并行。空间并行就是将整个搜索空间分解成若干个子区域，各区域分别由不同的处理机执行 SA 的搜索过程，综合后最终得到原问题的优化结果。由于各处理机的搜索空间缩小了，因此对各子问题的搜索效率和可靠性可得到提高，从而改善对原问题的优化质量与效率。然而，当问题不适合分解或分解不当时，子问题的独立优化将难以反映问题的整体特性。

5.4.4 改进后的模拟退火算法的实现

下面介绍改进后的模拟算法对检验函数的优化。

初始温度对产生最优解的质量和效率有着很大影响。初温越大，获得高质量解的几率越大，但花费的计算时间将增加。较为灵活的确定初温的方式是随机产生一组状态，用这组状态的目标函数值最大差值 Δ_{max} 依据 $t_0 = -\Delta_{max}/\ln p_r$，求得初温。$p_r(p_r \in (0, 1))$ 可以调节设定优化过程使用的初温，p_r 值越小，初温越高；p_r 值越大，初温越低。根据检验函数的范围在 $|X| \leqslant 3$、$|Y| \leqslant 3$，选取 20 组状态，p_r 值取 0.1，选取情况见表 5-2。

20 组随机状态函数值的极大是 9.376031238，极小值是 -5.741140932，差值为 15.11717217。根据 $t_0 = -\Delta_{max}/\ln p_r$ 得初温为 6.5653。根据随机生成的 20 组解所计算得来的温度进行运算，其温度为 6.5653。在第一次进行 Metropolis 抽样中的 20 次抽样结果如图 5-2 所示。由于设置随机解的搜索空间的步长是 0.1，所以随机解和当前接受解两条线基本重合。但是可以看出有些随机解大于当前解，这是由于大于当前解的随机解是以一定随机概率方式接受的。这样保证远远大于当前解的随机解不被接受，同时为了避免陷入局部最优而接受适当大于当前解的随机解，而最优解始终保持全局最优。从图 5-3 中可以看出，由于其温度较高，当前接受解的突跳性很强，从这个现象可以看出，在初温较高时，算法在解空间的搜索范围很大、突跳性很强，这样有利于在解空间中搜索到最优解，同时也不容易陷入局部最优解。随着温度的降低，当前解的变化范围减小，不断向最优解靠近。

表 5-2 随机选取解的坐标及目标函数值

序 号	X 坐标	Y 坐标	目标函数值
1	1.233285069	0.200544119	3.436635191
2	0.477111697	-1.262625217	-5.172193259
3	-1.188311934	1.648440599	4.004324474
4	-2.915894151	1.564341545	0.003449365

续表 5 – 2

序　号	X 坐标	Y 坐标	目标函数值
5	1. 886940122	1. 2542274	0. 6196501
6	–2. 727883458	–0. 515803814	–0. 099400318
7	2. 175716043	1. 742880106	0. 130396589
8	–0. 758782983	2. 771718979	0. 64909393
9	2. 228675008	–2. 662578821	–0. 007154711
10	2. 697339892	–0. 815887928	0. 066828993
11	0. 149210572	1. 602669954	9. 376031238
12	–2. 67897284	0. 554749489	–0. 093857826
13	–0. 187799335	–1. 211007357	–5. 741140932
14	0. 736180186	0. 886927128	2. 232757984
15	–1. 417242408	–1. 323947668	–1. 579665983
16	1. 978809714	1. 947612762	0. 182105394
17	0. 534978032	2. 916558981	0. 33292607
18	2. 465785861	–1. 638803959	0. 004191895
19	1. 17069304	2. 880019426	0. 127266022
20	–1. 536411881	0. 203238487	–2. 279994332

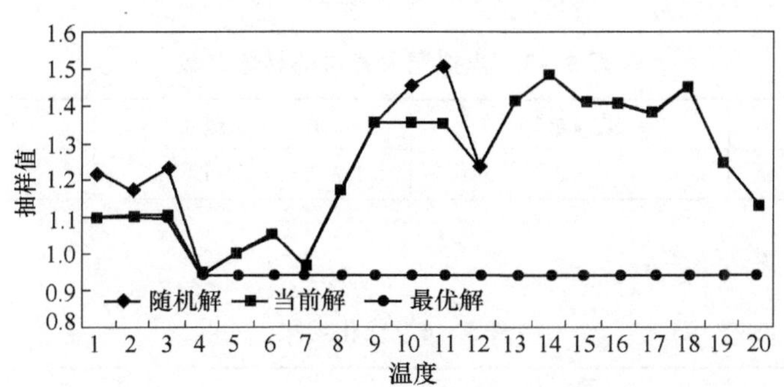

图 5 – 2　第一次 Metropolis 抽样结果

当温度不断降低时，接受解的突跳性减弱，最优解也基本趋于稳定。通过相关软件计算可以知道，在温度为 0. 70494371971072 时最优解已经基本达到全局最优解的水平。

通过图 5 – 4 可以看出，算法中随着温度的降低优化所得的最优解快速趋向全局最优解。在经过大概 25 次退温后基本已经得到最优解。

以上模拟退火算法的具体参数见表 5 – 3。

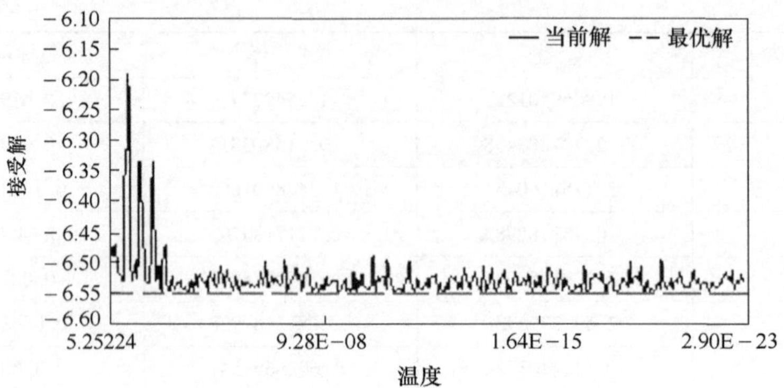

图 5-3 当前解和最优解与温度的关系

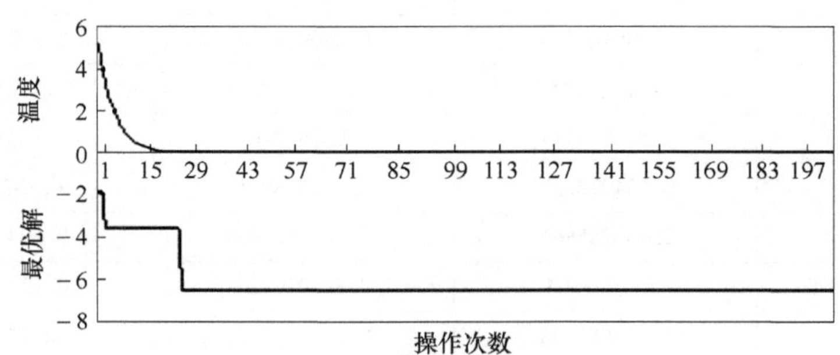

图 5-4 温度与最优解的关系

表 5-3 模拟退火算法的具体参数

初始温度	退温系数	最大搜索空间	搜索步长
6.5653	0.8	$\lvert X\rvert \leqslant 3$，$\lvert Y\rvert \leqslant 3$	0.1

优化结果见表 5-4。

表 5-4 优化结果

最优解值	X	Y	终止温度
-6.55113317149592	0.228316918730018	-1.62555288320558	1.74354013211998E-19

5.5 GASA 混合算法分析

在第 3 章中曾经介绍过遗传算法的一些特点，这里不再赘述。本节利用遗传算法和模拟退火算法作为子算法，基于广义邻域搜索算法的统一结构来构造GASA混合优化策略，以提高算法的优化性能。

5.5.1 混合优化策略的关键问题

（1）问题分解与综合的处理。空间的分解策略有利于利用空间资源克服问题求解的复杂性，它也是提高优化效率的有效次优化手段。分解的层次数与问题的规模和所采纳的算法有关。由于不同算法在适用域上存在差异，实际求解时要求子问题的规模适合于所采纳的子算法进行高效优化，同时应考虑各子问题的分布能保证逆向综合时取得较好的优化度。例如，对平面大规模行商问题，若以 SA 为算法，研究表明，将子问题的规模设置在 50 点以内，并采用平面邻近分割或聚类的分解方法是比较有效的。

（2）子算法和邻域函数的选择。子算法和邻域函数的选择与问题的分解具有关联性。为了提高整体优化能力，在对问题合理分解后，在进程层次上要求采用的各种子算法和邻域函数在机制和结构上具有互补性，使算法整体同时具备高效的全空间搜索能力和局部趋化能力。例如，并行搜索和串行搜索机制相结合、全局遍历性与局部搜索相结合、大范围迁移和小范围摄动的邻域结构相结合等。

（3）进程层次上算法转换接口的处理。算法的接口问题，即在子算法确定后如何将它们在优化结构上融合，是提高优化效率和能力的主要环节。为此，首先对算法的优化行为和搜索效率进行深入的定性分析，并对问题的特性有一定的先验知识。当一种算法或邻域函数无助于明显改善整个算法的优化性能时，如优化质量长时间得不到明显提高，则考虑切换到另一个搜索策略。但是，用严格的定量指标来准确衡量算法的动态优化能力和趋势具有一定难度。并且，完全定量且一成不变的接口处理，将难以适应优化过程的动态演变。合理的处理手段应是基于规则自适应动态变化的。为了研究混合算法的整体性能，如收敛性等，在理论上将涉及切换系统的研究内容，实际应用时也需要做广泛和深入的研究。

（4）优化过程的数据处理。优化信息和控制参数在各算法间需要进行合理的切换，以适应优化进程的切换。特别是不同搜索方式的算法间当前状态的转换和各子问题的优化信息交换与同步处理要处理好。原则上，这些问题属于技术层面的问题，应视所用算法、编程技术和计算机类型作出具体设计。

总之，通过对上述关键问题的合理和多样化处理，可以构造出各种复合化结构的高效混合优化策略。

5.5.2 GASA 混合优化策略的构造出发点

（1）优化机制的融合。理论上，GA 和 SA 两种算法均属于基于概率分布机制的优化算法。不同的是，SA 通过赋予搜索工程一种时变且最终趋于零的概率突跳性，可有效避免陷入局部最小并最终趋于全局最优化；GA 则通过概率意义下的基于“优胜劣汰”思想的群体遗传操作来实现优化。在选择优化机制上如此差异的两种算法进行混合，有利于丰富优化过程中的搜索行为，增强全局和局部意义下的搜索能力和效率。

（2）优化结构的互补。SA 算法采用串行优化结构，而 GA 采用群体并行搜索。两者相结合，能够使 SA 成为并行 SA 算法，提高其优化性能；同时 SA 作为一种自适应变概率的变异操作，增强和补充了 GA 的进化能力。

（3）优化操作的结合。SA 算法的状态产生和接受操作每一时刻都保留一个解，缺乏冗余和历史搜索信息；而 GA 的复制操作能够在下一代中保留种群中的优良个体，交叉操作能使后代在一定程度上继承父代的优良模式，变异操作能够加强种群中个体的多样性。这些不同作用的优化操作相结合，丰富了优化过程中的邻域搜索结构，增强了全空间的搜索能力。

（4）优化行为的互补。由于 GA 复制操作对当前种群外的解空间无搜索能力，种群中各个体分布“畸形”时交叉操作的进化能力有限，小概率变异操作很难增加种群的多样性。所以，若算法收敛准则设计不好，则 GA 经常会出现进化缓慢或“早熟”收敛的现象。而 SA 的优化行为对退温历程具有很强的依赖性，而理论上的全局收敛对退温历程的限制条件很苛刻，因此，SA 优化时间性能较差。若两算法结合，既可控制算法收敛性，又可以避免出现“早熟”收敛现象，并行化的抽样过程可提高算法的优化时间性能。

（5）削弱参数选择的苛刻性。SA 和 GA 对算法参数具有很强的依赖性，参数选择不合适将严重影响优化性能。SA 的收敛条件导致算法参数选择较为苛刻，甚至不实用；而 GA 的参数又没有明确的选择指导，设计算法时均需要通过大量的试验和经验来确定。GA 和 SA 相混合，可使算法各方面的搜索能力均有所提高，因此对算法参数的选择不必过分严格。研究表明，混合算法在采用单一算法参数时，优化性能和稳定性均有大幅度提高，尤其是对于较大规模的复杂问题。

5.5.3　GASA 混合优化策略的流程和特点

基于上述出发点，构建一类高效 GASA 混合优化策略，其结构流程如图 5－5 所示。此 GASA 混合算法的特点归纳如下：

（1）GASA 混合策略是一个标准 GA、SA 以及并行 SA 算法的统一结构。在 GASA 混合策略中若去掉有关 SA 的操作，则混合策略转化为 GA 算法；若去掉 GA 的进化操作，则转化为并行 SA 算法；进一步，若设置种群数为 1，则转化为标准 SA 算法。

（2）GASA 混合策略是一个两层并行搜索结构。进程层次上，混合算法在各温度下串行地依次进行 GA 和 SA 搜索，是一种两层串行结构。其中，SA 的初始解来自 GA 的进化结果，SA 经 Metropolis 抽样过程得到的解又成为 GA 进一步优化的初始种群。空间层次上，GA 提供了并行搜索结构，使 SA 转化成为并行 SA

算法，因此混合算法始终进行群体并行优化。

（3）GASA 混合策略利用了不同的邻域搜索结构。混合算法结合了 GA 和 SA 搜索，优化过程中包含 GA 的复制、交叉、变异和 SA 的状态产生函数等不同的邻域搜索结构。复制操作有利于优化过程中产生优良模态的冗余信息，交叉操作有利于后代继承父代的优良模式，高温下的 SA 操作有利于优化过程中状态的全局大范围迁移，变异和低温下的 SA 操作有利于优化过程中状态的局部小范围趋化性移动，从而增强了算法在解空间中的搜索能力和效率。

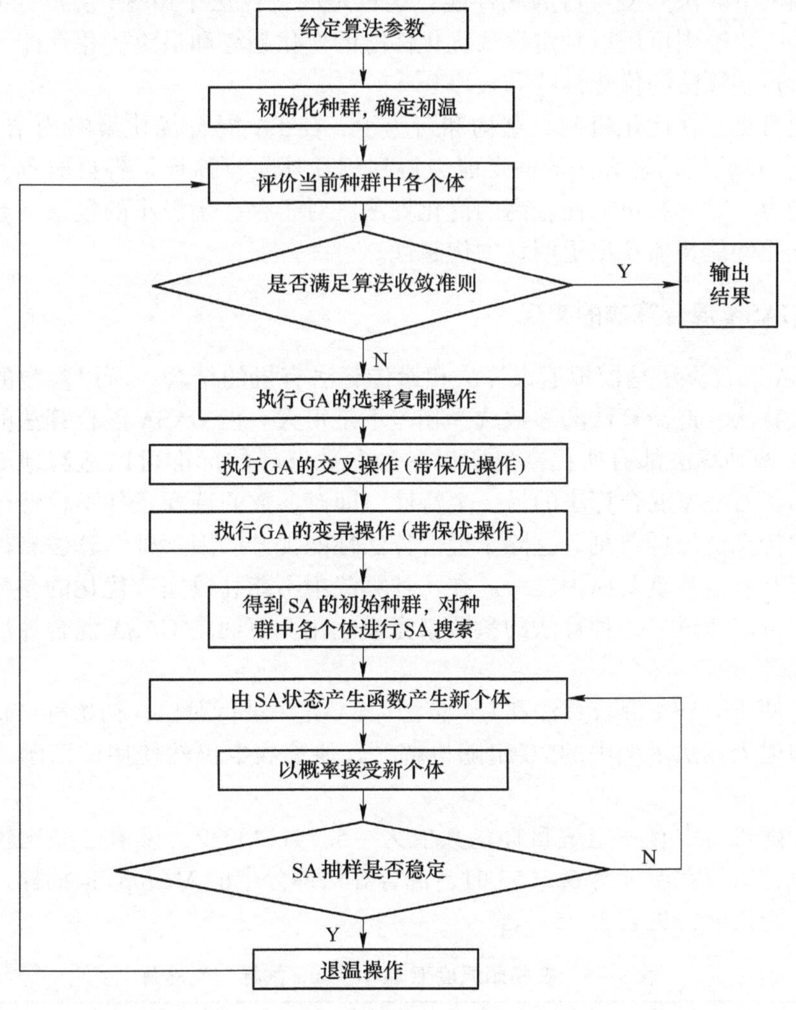

图 5－5　GASA 混合算法策略流程

（4）GASA 混合策略的搜索行为是可控的。混合策略的搜索行为可通过退温历程（即初温、退温函数、抽样次数）加以控制。控制初温可控制算法的初始搜索行为；控制温度的高低可控制算法突跳能力的强弱，高温下的突跳性有利于避免陷入局部最小，低温下的趋化性寻优有利于提高局部搜索能力；控制温度的下降速率可控制突跳能力的下降幅度，影响搜索过程的平滑性；控制抽样次数可控制各温度下搜索能力。这种可控性增强了克服 GA 易“早熟”收敛的能力。算法实施时，退温历程还可以引入可变抽样次数、“重升温”等高级技术。

（5）GASA 混合策略利用了双重准则。理论上，抽样稳定和算法终止准则均由收敛条件决定。但是，这些条件往往不实用。在设计算法时，抽样稳定可用以判定各温度下算法的搜索行为和性能，这也是混合算法中由 SA 切换到 GA 的条件；算法终止准则可用以判定算法优化性能的变化趋势和最终优化性能。两者结合可同时控制算法的优化性能和效率。

由此可见，在优化机制、结构和行为上，GASA 混合优化策略均结合了 GA 和 SA 的优点，使两种算法的搜索能力得到相互补充，弥补了各自弱点，它是一种优化能力、效率和可靠性较高的优化算法。对于存在多极小的复杂问题，混合策略的优化性能将体现出更明显的优越性。

5.5.4 GASA 混合算法的实现

GASA 混合算法是模拟退火算法和遗传算法有机的结合，所以参数的选择和模拟退火算法、遗传算法的参数选择相差不是很大。但 GASA 混合算法的性能比 GA 和 SA 两种算法都有所提高，所以各种参数选择的标准可以适当地降低。这也体现出了 GASA 混合算法的另一个特性，即对参数的选择条件不再像模拟退火算法和遗传算法那样苛刻。这除了混合算法性能提升的因素外，算法有机结合后参数功能互补也是重要原因之一。在一种算法中不能高效完成优化的参数，在混合算法中可以通过另一种算法的参数来完成优化。下面是 GASA 混合算法的具体实现过程。

为了便于 GASA 混合算法和 GA 算法、SA 算法进行对比，初始种群仍然使用前面模拟退火算法示例中的 20 组随机解，其他参数也仍然使用前面示例中所使用的参数。

由于随机解中有一组解目标函数值为 -5.741140932，该值已经比较接近全局最优解，所以在温度为 6.5653 时，混合算法部分中的 Metropolis 抽样过程只产生了 5 个随机解，见表 5-5。

表 5-5 在初始温度下 Metropolis 抽样产生的解

序 号	X 坐标	Y 坐标	目标函数值
1	0.226300637	-1.624170359	-6.551058556
2	0.228342999	-1.625848314	-6.5511318

续表 5－5

序　号	X 坐标	Y 坐标	目标函数值
3	0.228420714	－1.625327138	－6.551132627
4	0.228513427	－1.625567637	－6.55113276
5	0.228292207	－1.625703153	－6.551132914

由此可以看出 GASA 混合算法可以快速地收敛到全局最优解。从图 5－6 中可以看出：GASA 混合算法在第 10 代就已收敛到全局的最优解，这个数字远远小于前面的遗传算法中的 300 代。温度如图 5－7 所示，达到最优解的温度也由前面模拟退火算法的 1.74354013211998E－19 变为 0.451164。虽然这些参数不是最终算法的终止参数，但是在达到这些参数以后的优化过程不再产生任何优于当前最优解的解。由于 GASA 混合算法的参数与前面模拟退火示例算法的参数选取一样的值，这导致了大量的计算没有产生更优的解，这也表明 GASA 混合算法的参数选择可以使用要求更低的参数。选择较高温度的目的是为了在更大的解空间内进行搜索，不至于陷入局部最小。由于遗传算法的机制引入，温度已经不再是控制搜索范围的唯一参数，即使选择较低的温度，通过遗传算法种群中的其他个体值也可以实现不陷入局部最小。同时，模拟退火算法的引入，加大了遗传算法的产生新解的能力。在 Metropolis 抽样的前提下产生新解，保证了新解的全局最优性。GASA 混合算法大大降低了遗传算法对遗传代数参数的依赖性，同时也大大减少了计算量和计算时间。

以上 GASA 混合算法的具体参数见表 5－6。

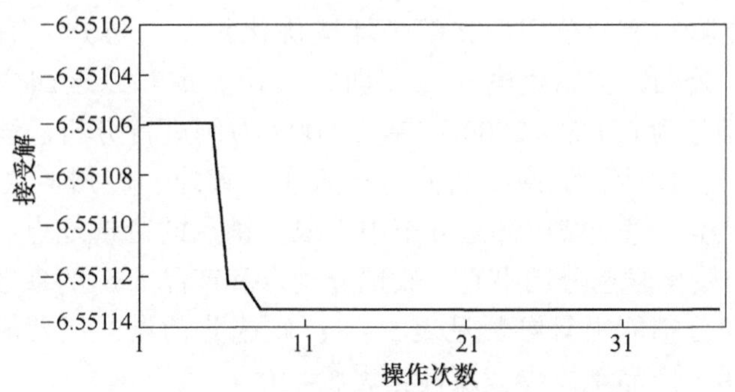

图 5－6　遗传变异操作次数与接受解的关系

表 5－6　GASA 混合算法的具体参数

初始温度	退温系数	最大搜索空间	搜索步长	遗传概率	变异概率	遗传操作代数
6.5653	0.8	$\|X\| \leq 3$，$\|Y\| \leq 3$	0.1	0.8	0.1	300

优化结果见表 5－7。

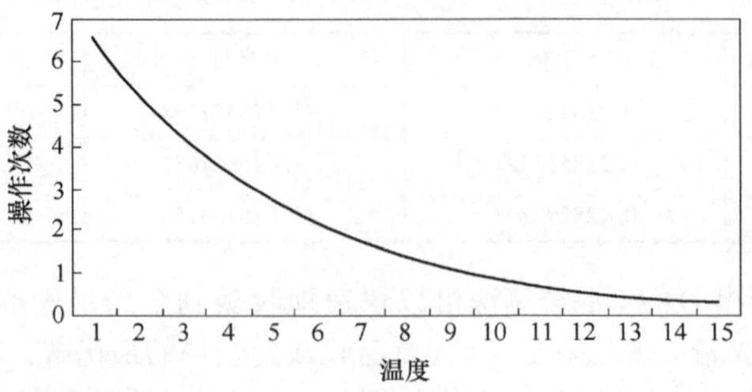

图 5 -7 遗传变异操作次数与温度的关系

表 5 -7 优化结果

最优解值	X	Y
-6.55113317149592	0.228316918730018	-1.62555288320558

从以上优化过程和结果对比中可以看出，GASA 混合算法在优化性能方面不是将模拟退火算法和遗传算法简单相加，而是将两者有机结合。

5.6 应用实例分析

5.6.1 初始化

目前，艾默生公司在空调压缩机领域在华共设置四个工厂，分别为艾默生环境优化技术（沈阳）有限公司、艾默生环境优化技术（苏州）有限公司、艾默生电气（青岛）公司、艾默生电气（深圳）公司。本章以这四个工厂均生产的 S6 系列压缩机型号为 6SLW - 2500 - EWK - 000 为例进行分析。该产品拟供应中国的天津、武汉、长沙、济南、淄博、石家庄、大连、广州、兰州、重庆等 10 个城市。如前所述，每个城市都是分销中心或分销点的待选地点。通过计算机产生随机数据来初始化候选分销中心、候选分销点和产品工厂的参数。候选分销中心的运营成本和分销能力等参数见表 5 - 8；候选分销点的运营成本与需求能力等参数见表 5 - 9；产品工厂参数属性见表 5 - 10。

表 5 -8 候选分销中心属性参数

城市序号	坐标 X	坐标 Y	运营成本/元	分销能力/件
0	820	359	8686	2161
1	814	906	9107	2434
2	597	724	8927	1729
3	919	392	8671	1857

续表 5-8

城市序号	坐标 X	坐标 Y	运营成本/元	分销能力/件
4	854	198	8675	2510
5	408	601	8853	1948
6	993	222	8875	2108
7	432	375	8704	2378
8	596	431	8697	2238
9	502	45	9440	2612

表 5-9 候选分销点属性参数

城市序号	坐标 X	坐标 Y	运营成本/元	分销能力/件
0	820	359	2868	686
1	814	906	3107	1107
2	597	724	2927	927
3	919	392	2671	671
4	854	198	2697	697
5	408	601	2853	853
6	993	222	2875	875
7	432	375	2704	704
8	596	431	2675	675
9	502	45	3440	1440

表 5-10 产品工厂属性参数

工厂序号	坐标 X	坐标 Y	生产能力/件
0	665	142	3166
1	388	255	2492
2	766	783	3602
3	824	220	3205

5.6.2 计算结果与分析

基于前述 GASA 混合算法求解问题的思路，确定实现步骤如下：

（1）给定群体规模 maxpop，k：=0；初始温度 t_k：= t_0，群体 $pop(k)$。

（2）若满足停止规则，停止运算；否则，在群体 $pop(k)$ 中每一个染色体 $i \in pop(k)$ 的领域中随机选择一状态 $j \in N(i)$，按模拟退火的概率

$$A_{ij}(t_k) = \min\left\{1, \exp\left[-\frac{f(j) - f(i)}{t_k}\right]\right\} \tag{5-7}$$

接受和拒绝 j。式中 $f(i)$ 为状态 i 的目标值。这一阶段共需要 max*pop* 次迭代，选出新群体 new*pop*1（$k+1$）。

（3）在 new*pop*1（$k+1$）中计算适应函数

$$f_i(t_k) = \exp\left(-\frac{f(i) - f_{\min}}{t_k}\right) \tag{5-8}$$

式中，$f_{\min}$ 是 new*pop*1（$k+1$）中的最小值。由适应函数确定的概率分布从 new*pop*1（$k+1$）中随机选 max*pop* 个染色体形成种群 new*pop*2（$k+1$）。

（4）按照遗传算法进行交配得到 crossover（$k+1$），再变异得到 mut *pop*（$k+1$）。

（5）$t_{k+1} := d(t_k)$，$k := k+1$，$pop(k) = \mathrm{mut}pop(k)$，返回步骤（2）。

本例中设定种群规模为 100；遗传代数为 100；交叉概率为 0.8；变异概率为 0.1；初始退火温度为 100；终止退火温度为 0.5；退温系数为 0.8。经过 100 代的 GASA 混合遗传模拟退火计算得到目标函数的最优值为 $f^* = 66407.08$。根据计算结果，得到表 5－7、表 5－8 所示的优化结果。其中表 5－7 表明，在第 1、4、7 和 9 号城市建立分销中心；在第 0、2、3、5、6、8 号城市建立分销点。需要说明的是：在建立分销中心的城市点，它首先满足该城市自身的需求，然后满足分销点城市的需求。另外根据计算结果，确定分销中心与分销点产品供应关系（见表 5－11）和工厂与分销中心的产品供应关系（见表 5－12），并依据上述计算结果安排生产和运输。

表 5－11 分销中心与分销点的供应关系

分销点 \ 分销中心	1	4	7	9
0		☆		
2	☆			
3		☆		
5			☆	
6				☆
8			☆	

注：☆表示两者之间存在供应关系。

表 5－12 工厂与分销中心的供应关系

工厂 \ 分销中心	1	4	7	9
0				2315 件
1		2254 件		
2	2304 件			
3			2032 件	

本章建立了供应链分销网络选址 – 分配模型，并将 GASA 混合智能算法应用到分销网络设计中的选址 – 分配问题中，具体结论如下：

（1）选址 – 分配问题是一个具有离散分布特性的分销网络设计问题，本章根据分销网络中的选址 – 分配问题的特点，把 GASA 混合算法应用到分销网络的选址 – 分配问题上，优化设计分销网络结构并最小化供应链成本。

（2）GASA 混合优化策略结合了 GA 和 SA 的优点，使两种算法的搜索能力得到相互补充，弥补了各自弱点。对于存在多极小的复杂问题，混合策略的优化性能将体现出更明显的优越性。

（3）GASA 混合优化算法较好地解决了二级分销网络这样一个既有选址又有分配的选址 – 分配问题，可以作为企业分销渠道设计的参考。该算法也可应用于电子商务中的建模与优化问题中，比如电子商务中的物流配送，这些可以留待今后进一步探讨。

6　网络化制造模式下的供应链不确定性需求预测与控制

NM 模式下的供应链运作由于一些不确定性需求因素的影响和干扰，很有可能出现不稳定的症状。因此，如何控制不确定需求关乎系统运行的稳定性。本章采用自回归综合移动平均方法（ARIMA）和 BP 神经网络相结合的方法预测不确定需求下的产品需求，为企业决策提供依据；同时，在不确定性需求的前提下，为供应链运作中的决策变量制定相应的控制策略，消除不确定需求的影响，保证库存、生产的稳定性。

6.1　不确定性需求预测

NM 模式下的供应链是由诸多经物流、信息流和资金流连接在一起的企业和组织所组成的网络。由于这些企业和组织相互之间不具备从属关系，而且系统中的物流、信息流等又存在着非线性反馈、延迟和相互作用，这些均从客观上造成了供应链系统的不确定性。

6.1.1　需求不确定性与需求预测概念

6.1.1.1　需求不确定性

近年来，供应链的不确定性受到越来越多的学者的关注。不确定性是指事物或过程不具有确定的性质，或是确定性的缺乏，即事物或过程具有一定的规律性、真理性或完备性，但同时又具有一种不肯定性。

供应链中的需求不确定性是指供应链系统内部或者外部存在的，对供应链的性能有直接影响，导致对运作中库存、生产等决策变量造成不稳定的情况。这里需要注意的是，不确定性需求可以来自供应链内部或外部。外部主要是客户需求的随机性和动态性，内部主要是分销商由于安全库存问题对制造商订货的不确定性。

6.1.1.2　需求预测

需求预测就是根据过去和现在的信息，运用已有的知识、经验和科学方法，对未来的发展趋势进行预先估计和推测。供应链需求预测的目的是把未来的生产行为引向市场需求，按最优化的要求对生产活动进行提前规划和控制，以便企业对自身的生产能力和外部市场环境进行动态协调，根据需要制订生产计划和原材料采购指标。

需求预测是企业决策及制订计划的重要依据之一，它有利于减少风险、避免盲目性，从而对供应链运作管理中的不确定性因素加以控制，为供应链运作管理的合理决策提供科学依据。

6.1.2 不确定性需求的表现形式与控制手段

6.1.2.1 不确定性的表现形式

供应链的运作是基于客户需求这种拉动式的生产方式进行的，经过生产过程生产出各种半成品和最终产品，而后将零部件和产品送至客户。这里，客户的含义不仅包括最终产品的外部使用者，而且也包括内部诸如分销商、零售商等中间层级的供应链成员。需求的不确定性主要体现在以下方面：

（1）客户不确定性。客户不确定性主要表现在需求预测的偏差、购买力的波动、心理和个性特征不同等方面。通常需求会按照一定的规律运行或表现出一定的规律特征，但是无法确切地预测需求的波动和顾客心理反应。在供应链中，不同的节点企业相互之间的需求预测的偏差，会进一步加剧供应链的放大效应及信息的扭曲。

（2）衔接不确定性。成员之间衔接的不确定性可以说是供应链需求不确定性的一种隐含表现形式，主要表现在合作性上。成员间为了自身利益，往往忽略供应链整体的利益。这主要表现在成员间不进行有效的需求信息共享，导致制订最优策略的失败。因此，为了消除衔接不确定，需要加强企业之间或部门之间的合作。

（3）运作不确定性。系统运作不稳定性是组织内部缺乏有效的控制机制所导致，控制失效是组织内部和外部不确定需求的根源。为了消除运行中的不确定性，需要加强对组织的控制，提高系统的稳定性。

（4）系统自身的不确定性。由于供应链系统本身的可靠性，机器的故障、计划执行的偏差等，运作过程中库存、生产量等决策变量具有不确定性。生产过程的复杂性使生产计划并不能精确地反映企业的实际生产条件和预测生产环境的改变，计划与实际执行存在偏差，导致整个供应链供需之间失衡。

6.1.2.2 需求不确定性控制手段

（1）共享需求数据的预测方法。在预测需求量时，一种抵消需求不确定性的方式就是供应链上的所有企业共享一组数据来做预测。通常最精确的需求数据来自离最终消费者最近的供应链成员，在 NM 模式下供应链可以利用互联网来共享这组数据。产品需求预测管理的主要来源是历史资料的分析、市场分析、季节因素、政府行为等等，通常一次预测不可能准确，但经过多次预测循环并加以总结后，预测会接近实际需求量。预测是制订生产、销售计划的依据，也是阻止“牛鞭效应”的方法。

(2) 建立生产、订货与库存的控制策略。需求的不确定性常常会导致供应链运作过程中，制订相关决策变量困难。如生产量或订货量过多，可能会出现库存积压、资金占用，造成资源浪费；如订货或库存过少，也可能出现供不应求，导致机会收益损失。因此，在不确定性需求下，需要制订合理的生产、订货与库存之间的控制策略，减弱不确定性带来的影响，保证供应链系统稳定的运行。

6.2 基于 ARIMA 和 BP 神经网络组合的供应链需求预测

传统预测方法可以分为定性预测方法和定量预测方法。其中定性预测方法包括典型调查法、抽样调查法、直接调查法和间接调查法；定量预测方法包括时间序列法和因果分析法两大类。时间序列方法包括移动平均法、指数平滑法、生命周期分析法、趋势曲线分析法、ARIMA 等。因果分析法采用预先确定的表示预测变量和输入原因指标因素之间因果关系的模型进行预测，各类数量经济学模型均属于此类。

现代预测方法[226~229]是随着人工智能研究的兴起而出现的，它包括人工神经网络法（ANN)、模糊数学法、专家系统法、支持向量机法等，其中最常用的是 ANN 法。

综合这些研究方法，可以发现大多数方法或侧重于线性预测，或侧重于非线性预测。实际上，由于 NM 模式下的供应链产品需求数据具有更复杂的特性，既有线性趋势，又有非线性趋势，如要对需求不确定进行较好的控制，必须采用一种有效的组合预测方法。本章考虑 BP 神经网络强大的非线性处理能力和 ARIMA 精确的线性优化能力，将两者结合对供应链运作中的不确定性需求进行合理的预测，并作为下一步供应链系统中预测子系统开发的理论基础。

6.2.1 基于 ARIMA 的需求预测

ARIMA 模型是一种精确度较高的线性时间序列预测方法，是 20 世纪 70 年代美国学者 Georage Box 和英国统计学家 Gwilym Jenkins 所建立的 B - J 方法的进一步发展和改进。它把回归分析应用于时间序列，不同于通常因果分析中的普通最小二乘法。对于有趋势的非平稳时间序列，经差分后消除其趋势，满足平稳条件，再使用 B - J 方法，即 ARIMA 模型。

ARIMA 模型可以对供应链需求中的线性规律进行较好的拟合。本章首先利用 ARIMA 模型对需求数据进行线性预测，得到相应的预测结果，其与实际结果之差供 BP 神经网络作进一步误差预测分析。

6.2.1.1 ARIMA 模型

ARIMA 模型的表达式为：

$$\phi_p(B)\nabla^d x_t = u_0 + \theta_q(B)\varepsilon_t \tag{6-1}$$

式中，x_t 为原始序列；ε_t 为白噪声序列，服从独立正态分布 $N(0,\sigma^2)$；B 为后移算子；$\phi_p(B)$ 为自回归算子，$\phi_p(B) = 1 - \phi_1 B - \phi_2 B^2 - \cdots - \phi_p B^p$；$\theta_q(B)$ 为移动平均算子，$\theta_q(B) = 1 - \theta_1 B - \theta_2 B^2 - \cdots - \theta_q B^q$；$u_0$ 为一常数。

由此，ARIMA 模型也可以表示为：

$$x_t = \phi_1 x_{t-1} + \phi_2 x_{t-2} + \cdots + \phi_p x_{t-p} + \varepsilon_t - \theta_1\varepsilon_{t-1} - \theta_2\varepsilon_{t-2} - \theta_q\varepsilon_{t-q} \tag{6-2}$$

ARIMA 有三个主要的参数：自回归阶数 p、差分次数 d、移动平均阶数 q，因此，模型通常可以表示为 ARIMA（p，d，q）。

$\nabla^d = (1-B)^d$ 是 d 阶差分，通过差分处理使得序列平稳化。将平稳化的序列定义为 z_t。$d=1$，进行一次差分处理，即令 $z_t(1) = \nabla x_t = x_t - x_{t-1}$；$d=2$，进行两次差分处理，即令 $z_t(2) = \nabla^2 x_t = \nabla z_t(1) = z_t(1) - z_{t-1}(1)$；$d=n$，进行 n 次差分处理，$z_t(n) = \nabla^n x_t = z_t(n-1) - z_{t-1}(n-1)$，依此类推。

6.2.1.2 ARIMA 建模流程

NM 模式下，ARIMA 时间序列预测的建模过程可以描述如下：

（1）数据收集。供应链联盟企业基于 Web 系统进行需求数据的共享，网络系统整合零售商、分销商、制造商等提交的数据，以历史数据的形式呈现出原始的数据序列。

（2）数据的预处理。建立 ARIMA 模型要求时间序列是平稳随机过程，因此在建模之前必须检验时间序列数据的平稳性。数据的预处理包括零均值化处理和差分平稳化处理，这一步骤是使该序列满足时间序列建模的前提条件，此外也有利于提高预测的精度。

（3）模型结构辨识。非平稳的时间序列经过差分变换后，ARIMA 建模的关键是确定阶次。这里主要用样本的自相关函数（Auto Correlation Function，ACF）和偏自相关函数（Partial Auto Correlation Function，PACF）把握模型大致的方向，为目标时间序列定阶。

（4）模型检验。在进行定阶和参数估计后，对所建立的模型进行适用性检验，通过对原时间序列与所建模型之间的误差序列是否具有随机性的检验来实现。若模型误差是白噪声，则建模通过；否则需要重新进行定阶和参数估计。

（5）利用所建立的合适的模型导出其预测模型，应用于实际预测。

6.2.1.3 ARIMA 模型识别

任何时间序列数据都可以被看做是由一个随机过程（Stochastic or Random Process）产生的结果，如果一个随机过程的均值和方差在时间过程上都是常数，并且在任何两时期之间的协方差值仅依赖于改良时期间的距离或滞后，而不依赖于计算这个协方差的实际时间，就称它为平稳的，这种随机过程称为弱随机过程（Weakly Stationary Stochastic Process）。NM 模式下，产品需求具有多渠道的特点，因此一般来说，其时间序列数据具有不平稳性，需要进行平稳处理。

平稳性的检验方法很多，简单的要数以 ACF 和 PACF 为依据，把滞后 k 的 ACF 记作 ρ_k，并定义为：

$$\rho_k = \frac{\gamma_k}{\gamma_0} \tag{6-3}$$

式中，γ_k 为滞后 k 的协方差，γ_0 为方差。

因为协方差和方差都使用相同的测量单位，故 ρ_k 是一个无因次的数或纯数，它将落在 -1 和 +1 之间。由于实际上对于一个随机过程只有一个样本，所以只能计算样本的自相关函数 $\hat{\rho}_k$。当然这必须首先计算滞后 k 的样本协方差 $\hat{\gamma}_k$ 和样本方差 $\hat{\gamma}_0$

$$\hat{\gamma}_k = \frac{1}{n}\sum(x_t - \bar{x})(x_{t-k} - \bar{x}) \tag{6-4}$$

$$\hat{\gamma}_0 = \frac{1}{n}\sum(x_t - \bar{x})^2 \tag{6-5}$$

式中，n 为样本含量；$\bar{x}$ 为样本均值。

滞后 k 的样本自相关函数为 $\hat{\rho}_k = \frac{\hat{\gamma}_k}{\hat{\gamma}_0}$。$\hat{\rho}_k$ 的统计显著性可以通过它的标准误差来判断。Barlett 曾表明，如果一个时间序列是纯随机的，也就是说它表现为白噪声时，则它的样本自相关系数近似地遵循以零为均值、$1/n$ 为方差的正态分布。

偏自相关是指对于时间序列 x_t，在给定的 $x_{t-1}, x_{t-2}, \cdots, x_{t-k+1}$ 的条件下，x_t 与 x_{t-k} 之间条件相关关系，其相关程度用偏自相关系数 $\hat{\rho}_{kk}$ 度量：

$$\hat{\rho}_{kk} = \begin{cases} \gamma_1 & k = 1 \\ \dfrac{\gamma_k - \sum\limits_{j=1}^{k-1}\phi_{k-1,j}\gamma_{k-j}}{1 - \sum\limits_{j=1}^{k-1}\phi_{k-1,j}\gamma_j} & k > 1 \end{cases} \tag{6-6}$$

式中，$-1 \leqslant \hat{\rho}_{kk} \leqslant 1$。

当自相关函数 ACF 呈现缓慢递减时，说明该序列为非平稳时间序列；当序列的 ACF 呈现快速递减时，说明该序列为平稳的时间序列。

6.2.1.4 ARIMA 阶数确定

确定数据是否平稳后，需要确定模型阶数 p 和 q。经过尝试，得到 NM 模式下各个 ARIMA（p，d，q）需求预测模型，依据赤池信息原则（Akaike Information Critertion，AIC）可选择原序列预测的最优模型。

NM 模式下，预测模型要求 AIC 相关参数越小越好，其评价模型如下：

$$AIC(k) = -2\ln L + 2k \tag{6-7}$$

$$\ln L = -\frac{n}{2}\ln 2\pi\hat{\sigma}_\varepsilon^2 S(\phi,\sigma,\theta) \tag{6-8}$$

式中，L 为极大似然函数；n 为观测值数目；k 为参数个数；$\hat{\sigma}_\varepsilon^2$ 为残差项方差。

对上式的对数似然函数取最大值，可得 $\max\ln L = -\frac{n}{2}\ln\hat{\sigma}_\varepsilon^2 - \frac{n}{2}(1 + \ln 2\pi)$，由此，AIC 可简化为：

$$AIC(k) = n\ln\hat{\sigma}_\varepsilon^2 + 2k \tag{6-9}$$

从式（6-9）可以看出，AIC 的大小取决于 $\hat{\sigma}_\varepsilon^2$ 和 k 的值。残差项的方差越小，k 的值越小，AIC 的值就越小。

6.2.1.5 ARIMA 模型诊断和检验

为了能使 ARIMA 预测模型有较准确的预测性能，需要对其实际预测情况作分析，这包括模型诊断和检验。

A 应用于残差的自相关检验

设 $\omega_t = \nabla^d x_t$，假设模型 $\phi(B)\tilde{\omega}_t = \theta(B)\varepsilon_t$ 已被拟合出，并得到参数的最大似然估计 $(\hat{\phi},\hat{\theta})$，则残差为：$\hat{\varepsilon}_t = \hat{\theta}^{-1}(B)\hat{\theta}(B)\hat{\omega}_t$。由 $\hat{\theta}(B)\hat{\varepsilon}_t = \hat{\phi}(B)\hat{\omega}_t$ 递推算出：

$$\hat{\varepsilon}_t = \hat{\omega}_t - \sum_{j=1}^{p}\hat{\phi}_j\hat{\omega}_{t-j} + \sum_{j=1}^{q}\hat{\theta}_j\hat{\varepsilon}_{t-j} \tag{6-10}$$

递推时的 ε 和 ω 的初值，可以用零初值（条件方法）或反相预报初值（精确方法）。如果模型是合适的，则有：

$$\hat{\varepsilon}_t = \varepsilon_t + o\left(\frac{1}{\sqrt{n}}\right) \tag{6-11}$$

当序列的长度增大时，$\hat{\varepsilon}_t$ 就越来越接近于白噪声 ε_t。

标准差 $n^{-1/2}$ 对于 $r_k(\varepsilon)$ 是合适的，而在此基础上来评价自相关估计值 $r_k(\hat{\varepsilon})$ 从理论值（0）偏离的统计显著性却可能是很危险的。在任何情况下对于低阶滞后会发生方差减小，而且在低阶滞后的 $r_k(\hat{\varepsilon})$ 可能会高度相关，尽管如此，这些影响在高阶滞后会很快地消失。因此，以 $n^{-1/2}$ 作为 $r_k(\hat{\varepsilon})$ 的标准差会低估低阶滞后时自相关对零明显偏离的统计显著性，但通常可以对一般和较高的滞后使用。

B 利用残差修正模型

当某个拟合模型的残值自相关函数表明模型不适当时，就应该考虑对模型进行修正。这主要包括两个步骤。

步骤 1：假设正确的模型是 $\phi(B)\tilde{\omega}_t = \theta(B)\varepsilon_t$，而采用的不正确的模型为 $\phi(B)\tilde{\omega}_t = \theta(B)\alpha_t$，于是不正确模型的残值 α_t 是相关的，且因为 $\alpha_t = \theta_0^{-1}(B)\theta(B)\phi_0(B)\phi^{-1}(B)\varepsilon_t$，所以 α_t 的自协方差生成函数为

$\rho_{\varepsilon}^{2}[\theta_0^{-1}(B)\theta_0^{-1}(F)\theta(B)\theta(F)\theta_0(B)\theta_0(F)\phi^{-1}(B)\phi^{-1}(F)]$。

步骤2：假设来自模型 $\phi_0(B)\nabla^{d_0}x_t=\theta_0(B)\alpha_t$ 的残值 α_t 显示出非随机性。利用 α_t 的自相关函数及 $\bar{\phi}(B)\nabla^{d}\alpha_t=\bar{\theta}(B)\varepsilon_t$，可以得到一个新模型：$\phi_0(B)\bar{\phi}(B)\nabla^{d_0}\nabla^{\bar{d}}x_t=\theta_0(B)\bar{\theta}(B)\varepsilon_t$。这样就可以对该模型进行拟合及诊断检验。

6.2.2 基于 BP 神经网络的需求预测

BP（Back Propagation）神经网络是 Rumelhart Hinton 和 Williams 提出的一种人工神经网络的误差反向传播训练算法，简称 BP 网络[230]。该算法系统地解决了多层网络中隐含单元的连接权的学习问题。BP 神经网络是神经网络中采用误差反传算法作为其学习算法的前馈网络，也是目前应用最为广泛和成功的一种人工神经网络。

BP 神经网络适用于非线性的预测，即实际需求数据具有非线性规律时，可以采用 BP 神经网络，此时的预测结果会比较准确。本章用 BP 神经网络对 ARIMA 预测误差的非线性数据进行预测。

6.2.2.1 BP 神经网络的结构

目前，在众多神经网络中，误差反向传播（Error Back Proporgation）网络由于其良好的逼近能力和成熟的训练方法而得到了最为广泛的应用。BP 神经网络由 Rumelhart 等人于 1985 年建立，它是一种多层前馈神经网络，由一个输入层、一个输出层和若干个隐含层所组成[231]。位于同一层的单元之间不允许有连接，各层的单元只能向高层的单元输出激活信号。BP 算法是用于前馈多层网络的学习算法，前馈多层网络的结构一般如图 6－1 所示。

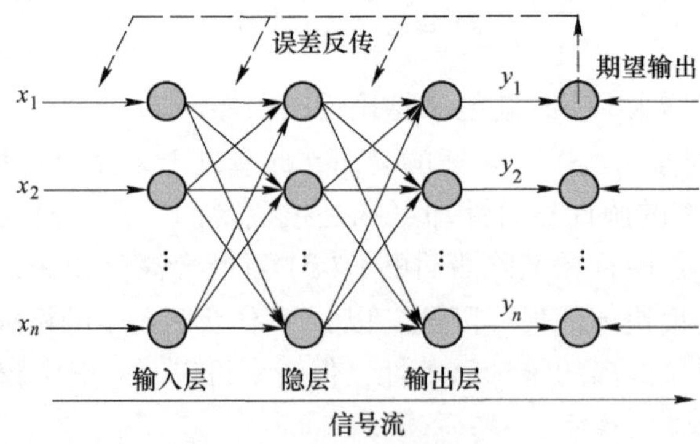

图 6－1 BP 神经网络结构

6.2.2.2 BP 神经网络的模型描述

BP 神经网络的具体数学模型从以下几个方面说明。

（1）传递函数。它是反映下层输入对上层节点刺激脉冲强度的函数，又称刺激函数，可以为 Sigmoid 函数、正切函数或线性函数，一般取为（0，1）内连续取值 Sigmoid 型函数：

$$f_{(x)} = \frac{1}{1 + e^{-x}} \tag{6-12}$$

（2）误差计算模型。它是反映神经网络期望输出与计算输出之间误差大小的函数。第 j 个单元节点的输出的误差表示为：

$$E_k = \frac{1}{2}\sum_{k=1}^{n}(y_{jk} - T_{jk})^2 \tag{6-13}$$

单元节点总误差表示为：

$$E = \frac{1}{2n}\sum_{k=1}^{n} E_k \tag{6-14}$$

式中，T_{jk} 是节点 j 的期望输出值；y_{jk} 是节点 j 实际输出值。

（3）中间层节点数学模型。

$$O_{jk}^1 = f(\sum w_{ij}^1 x_j) \tag{6-15}$$

式中，O_{jk}^1 表示中间层上输入第 k 个样本时，第 j 个节点的输出；x_j 为第 j 个节点输入；w_{ij}^1为输入层到中间层的权值。

（4）输出节点数学模型。

$$O_{jk}^2 = f(\sum w_{ij}^2 O_{jk}^1) \tag{6-16}$$

式中，O_{jk}^2 表示输出层上输入第 k 个样本时，第 j 个节点的输出；w_{jk}^2 为中间层到输出层的权值。

（5）修正权值。

$$w_{ij} = w_{ij} + \mu \frac{\partial E}{\partial w_{ij}} \tag{6-17}$$

6.2.2.3 BP 神经网络的改进原理

BP 神经网络由于存在学习过程的误差[232,233]问题，因此如何将误差最小化便成为 BP 算法改进的目标。尤其在 NM 模式下运作复杂，误差的减小可以为供应链运作带来更好的保障，因此本章对 BP 神经网络进行改进设计，并对改进原理进行分析。BP 算法从本质上说可以认为是优化算法中最速下降法的一个变种，本章在算法学习过程中，通过多个样本的反复训练向减少误差的方向修正权值，达到算法改进的目的。

首先重新定义学习误差函数 E 为期望输出值与实际输出值之差的平方和：

$$E = \frac{1}{2N}\sum_{k=1}^{N}(u_k - \hat{u}_k)^2 \tag{6-18}$$

式中，$\hat{u}_k$ 为网络的期望输出；u_k 为网络的实际输出。

学习过程即调整各层神经元的偏移值及各层神经元之间的连接权值，使误差 r 极小化。可利用非线性规划中的最速下降法，使权值沿误差函数的负梯度反向改变：

$$\Delta w_{ji} = -\varepsilon \frac{\partial r}{\partial w_{ji}} \tag{6-19}$$

式中，ε 为迭代步长。

设有 m 层神经网络，如果在输入层加入输入模式 P，第 k 层 i 单元输入为 u_i^k，输出为 v_i^k，由于 $k-1$ 层的第 j 个神经元到 k 层的第 1 个神经元的连接权为 w_{ji}，则神经元 i 的输入输出关系为：

$$v_l^k = f(u_l^k) \tag{6-20}$$

$$u_l^k = \sum_j w_{ji} v_j^{k-1} \tag{6-21}$$

上式说明神经元 i 的输入为它与前一层神经元之间连接权的函数，因而

$$\frac{\partial r}{\partial w_{ji}} = \frac{\partial r}{\partial u_i^k} \cdot \frac{\partial u_i^k}{\partial w_{ji}} = \frac{\partial r}{\partial u_i^k} \cdot \frac{\partial}{\partial w_{ji}}\left(\sum_j w_{ji} v_j^{k-1}\right) = \frac{\partial r}{\partial u_i^k} \cdot v_j^{k-1} \tag{6-22}$$

由式（6－22）可知：

$$d_i^k = \frac{\partial r}{\partial u_i^k} = \frac{\partial r}{\partial v_i^k} \cdot \frac{\partial v_i^k}{\partial u_i^k} = \frac{\partial r}{\partial v_i^k} \cdot f'(u_i^k) \tag{6-23}$$

由于 $f(u_i^k)$ 为 Sigmoid 函数，因此

$$f'(u_i^k) = \frac{1}{[1+\exp(-u_i^k-\theta_i)]^2} \cdot \exp(-u_i^k-\theta_i) \cdot (-1) = f(u_i^k)[1-f(u_i^k)] \tag{6-24}$$

式（6－24）即 $f'(u_i^k) = v_i^k(1-v_i^k)$，于是得：

$$\frac{\partial r}{\partial u_i^k} = \frac{\partial r}{\partial v_i^k} \cdot v_i^k(1-v_i^k) \tag{6-25}$$

对于不同层，$\partial r/\partial u_i^k$ 可以分以下几种情况：

（1）如果 i 是输出层（第 m 层）的神经元，$k=m$ 则 i 神经元上的输出 T_i 已知，因此

$$\frac{\partial r}{\partial v_i^k} = (v_i^m), d_i^m = v_i^m(1-v_i^m)(v_i^m-T_i) \tag{6-26}$$

（2）如果 i 不在输出层，则有 $\frac{\partial r}{\partial v_i^k} = \sum_l \frac{\partial r}{\partial u_i^{k+1}} \frac{\partial u_i^{k+1}}{\partial v_i^k} = \sum_l d_l^{k+1} w_{li}$，于是

$$d_i^k = v_i^k(1-v_i^k)\sum_l d_l^{k+1} w_{li} \tag{6-27}$$

可以看出 k 层误差信号 d_i^k 正比于下一层的误差 d_i^{k+1}，权值的修正公式为：

$$\Delta w_{ji} = -\varepsilon d_i^k v_j^{k-1} \tag{6-28}$$

权值 w_{ji} 的修正是始于输出层的反向传播的递归过程，通过多个样本的反复训练向减少误差的方向修正权值。如果将神经元的偏移值也视为变量，其修正过程与连接权的修改类似。

该算法可以视为优化算法中的最速下降法。为了防止在迭代的后期由于迭代呈“之”字形搜索影响收敛速度，应适当调整学习步长 ε ，以防止前后两个迭代方向正交。此外，为了进一步增强学习过程的稳定性，还可以增加对迭代过程的记忆项，即 $\Delta w_{ji}^{l+1} = -\varepsilon d_i^k v_j^{k-1} + \alpha \Delta w'_{ji}$。其中，$\Delta w'_{ji}$ 表示前一次迭代的迭代方向，α 为相应的步长。

6.2.2.4 改进的 BP 神经网络算法及流程

算法中不但包含对各层神经元之间连接权值的调整，也包含对输入层、输出层及隐藏层的所有神经单元偏置值的修改。值得注意的是，为了利用输入层神经元的非线性映射能力，本章将学习样本的输入作为输入层神经元的输入值，而不作为输入层神经元的输出。学习样本时，反复迭代直到对所有学习样本都收敛为止。算法描述如下：

步骤 1：选定初始权向量 w^0 ，允许误差 $\varepsilon > 0$。计算梯度向量 g_k 的初始值 g_0，即 $g_0 = \nabla E(w^0)$ ，令 $d_0 = -g_0$ 。

步骤 2：给定迭代次数 k。

步骤 3：令 $w^{k+1} = w^k + \alpha_k d^k$ 。

步骤 4：求 α_k : $\min\{E(w^k + \lambda d^k)\}, \lambda > 0$ 。

步骤 5：计算新的梯度向量 $g_{k+1} = \nabla E(w^{k+1})$ 。

步骤 6：计算误差因子 $\beta_k = \dfrac{(g_{k+1} - g_k)^{\mathrm{T}} g_{k+1}}{\| g_k \|}$ 。

步骤 7：计算新的共轭梯度方向 $d_{k+1} = -g_{k+1} + \beta_k d_k$ 。

步骤 8：如果 $E > \varepsilon$ 或 $k \leqslant K$，则令 $k = k + 1$，转向步骤 4；否则停止，并把 w^{k+1} 作为目标函数 E 的最小点。BP 算法的流程框图如图 6－2 所示。

6.2.2.5 供应链预测的 BP 神经网络构建

为了应用神经网络对供应链需求进行预测，在选定所要设计的神经网络的结构之后（其中包括的内容有网络的层数、每层所含的神经元的个数和神经元的激活函数），首先应考虑神经网络的训练过程。这里，我们应用神经网络工具箱叙述 BP 网络的训练步骤。

步骤 1：用小的随机数对每一层的权值 w 和偏差 b 初始化，以保证网络不被大的加权输入饱和，同时还进行以下参数的设定或初始化：

（1）设定期望误差最小值 *err_goal*。

（2）设定最大循环次数 *max_epoch*。

（3）设置修正权值的学习速率 lr 一般选取 $lr = 0.01 \sim 0.7$。

（4）从 1 开始的循环训练：*for_epoch* = 1：*max_epoch*。

步骤 2：计算网络各层输出矢量 $A1$ 和 $A2$ 以及网络误差 E。

$A1$ = tan*sig*（$w1 * p$，$b1$）；

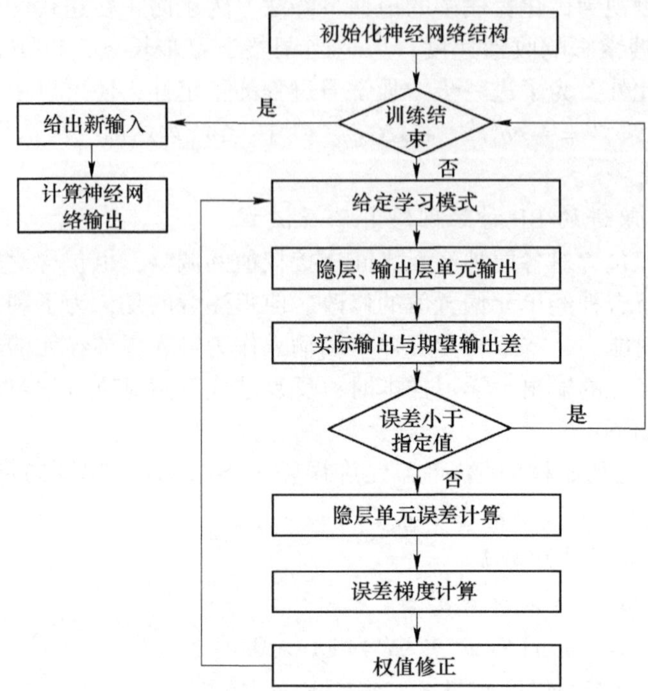

图 6-2 BP 算法流程框图

$A2 = purelin\ (w2 * A1,\ b2)$;

$E = T - A$;

步骤 3：计算各层反向传播的误差变化 $D2$ 和 $D1$，并计算各层权值的修正值及新的权值。

$D2 = deltalin(A2, E)$;

$D1 = deltalan(A1, D2, w2)$;

$[dw1, db1] = learnbp(p, D1, lr)$;

$[dw2, db2] = learnbp(A1, D2, lr)$;

$w1 = w1 + dw1; b1 = b1 + db1$;

$w2 = w2 + dw2; b2 = b2 + db2$;

步骤 4：再次计算权值修正后的误差平方和。

$SSE = sumsqr(T - purelin(w2 * \mathrm{tansig}(w1 * p, b1), b2))$;

步骤 5：检查 SSE 是否小于 *err_goal*，若是，训练结束；否则继续。

以上就是 BP 网络利用神经网络工具箱训练的过程，所有的学习规则与训练的全过程，还可以用函数 *trainbp* 来代替。*trainbp* 函数的使用同样需要定义有关的参数，显示间隔次数、最大循环次数、目标误差和学习速率，在调用 *trainbp* 函数后，返回训练的权值、循环训练的总数和最终误差。

6.2.3 基于 ARIMA 和 BP 神经网络组合的供应链需求预测模型

由于 NM 模式下的供应链产品需求不确定性较传统供应链的更加复杂，不确定性需求既有线性趋势，又有非线性趋势，单纯使用 BP 神经网络和 ARIMA 模型都有可能导致误差过大。因此，可以先使用 ARIMA 模型预测产品历史需求数据，使其线性规律信息包含在 ARIMA 模型的预测结果中，这时非线性规律包含在 ARIMA 模型的预测误差中。然后，用 BP 神经网络预测 ARIMA 模型的误差，使非线性规律包含在 BP 神经网络的预测结果中，并用 ARIMA 的预测结果与 BP 神经网络的预测相加得到组合预测模型的预测值[234]。

6.2.3.1 组合模型描述

把一组时间序列数据 x_t 看成是由线性自相关结构 L_t 与非线性结构 N_t 两部分组成的，即

$$x_t = L_t + N_t \tag{6-29}$$

ARIMA 与 BP 组合模型预测共有 3 个步骤。

步骤 1：用 ARIMA 模型对 x_t 进行预测。设预测结果为 $\hat{L}_t$，原序列与 ARIMA 模型预测结果的残差为 ε_t，即

$$\varepsilon_t = x_t - \hat{L}_t \tag{6-30}$$

序列 $\{\varepsilon_t\}$ 中隐含了原序列中的非线性关系：

$$\varepsilon_t = f(\varepsilon_{t-1}, \varepsilon_{t-2}, \cdots, \varepsilon_{t-n}) + \zeta_t \tag{6-31}$$

式中，ζ_t 为随机误差。

步骤 2：用 BP 神经网络模型对 $\{\varepsilon_t\}$ 进行预测，即用 BP 神经网络来逼近非线性函数 f，并设预测结果为 $\hat{N}_t$。

步骤 3：用两种模型进行组合预测，结果为：

$$\hat{x}_t = \hat{L}_t + \hat{N}_t \tag{6-32}$$

式（6-32）是 ARIMA 与 BP 神经网络组合模型的最终预测结果。从预测过程看，ARIMA 模型用于线性部分预测，而 BP 神经网络模型用于非线性部分预测。通过对 ARIMA 和 BP 神经网络模型的综合运用，这两种模型的长处得到了发挥，从而提高了预测准确度。组合模型预测流程如图 6-3 所示。

6.2.3.2 组合模型仿真计算及分析

本章以某公司 2011 年 3 月到 2015 年 2 月（时间序列 1~48）的产品平均销售数据为依托，对产品时间需求模型进行识别，同时通过神经网络的训练对需求过程的误差加以控制。产品销售数据见表 6-1。

通过 ARIMA 模型首先预测 2011 年 3 月到 2015 年 2 月产品需求的线性规律，并通过 BP 神经网络预测 ARIMA 线性预测中的非线性误差。在此基础上将两者预

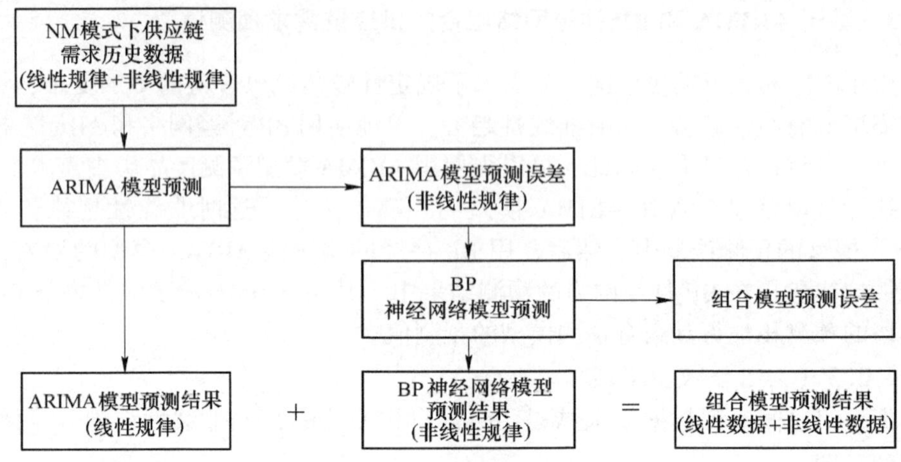

图6－3 组合模型预测流程

测进行组合得到新的预测结果。将2011年3月到2015年2月产品需求预测结果与实际结果比较，得出组合模型预测的实际效果，分析其准确性，并对2015年3月和4月的需求数据进行预测。

A 供应链需求ARIMA模型建立

步骤1：历史数据平稳化。

根据表6－1中的产品需求数据，用图6－4表示产品需求时间序列趋势。从图6－4可以看出产品需求总的趋势是逐渐增加，但有的月份也存在局部下降，并且增长（下降）的幅度不同，这说明该时间序列既存在上升趋势又存在方差不齐。因此，需要对其进行平稳化处理。

表6－1 产品销售数据表

时间/月	1	2	3	4	5	6	7	8
产品需求量/万件	1.50	1.57	1.60	1.52	1.63	1.65	1.72	1.69
时间/月	9	10	11	12	13	14	15	16
产品需求量/万件	1.75	1.84	1.78	1.86	1.94	1.97	1.98	2.06
时间/月	17	18	19	20	21	22	23	24
产品需求量/万件	2.00	2.16	2.27	2.31	2.29	2.43	2.53	2.66
时间/月	25	26	27	28	29	30	31	32
产品需求量/万件	2.72	2.66	2.77	2.83	2.90	2.95	2.98	2.93
时间/月	33	34	35	36	37	38	39	40
产品需求量/万件	3.03	3.12	3.15	3.20	3.16	3.31	3.23	3.34
时间/月	41	42	43	44	45	46	47	48
产品需求量/万件	3.48	3.56	3.72	3.73	3.86	3.94	3.93	3.98

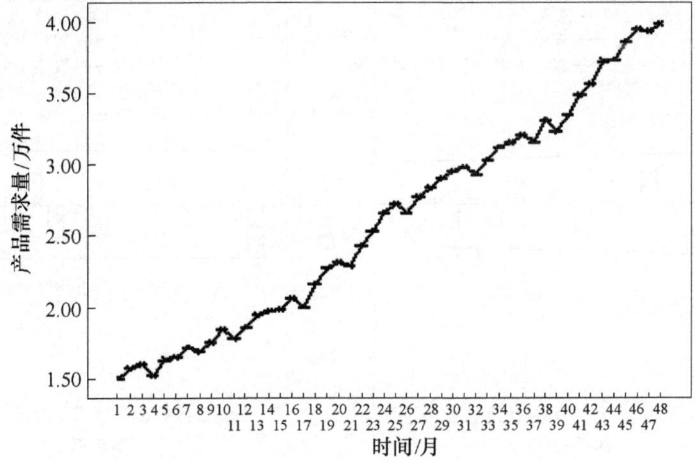

图 6－4　产品需求－时间序列图

图 6－5 为对原始数据进行了一次差分的转换图。从图中可以看出，原始数据经过一次差分后已经基本平稳化，所以设定 ARIMA 模型参数 $d=1$，对应的一阶差分序列自相关和偏自相关如图 6－6、图 6－7 所示。

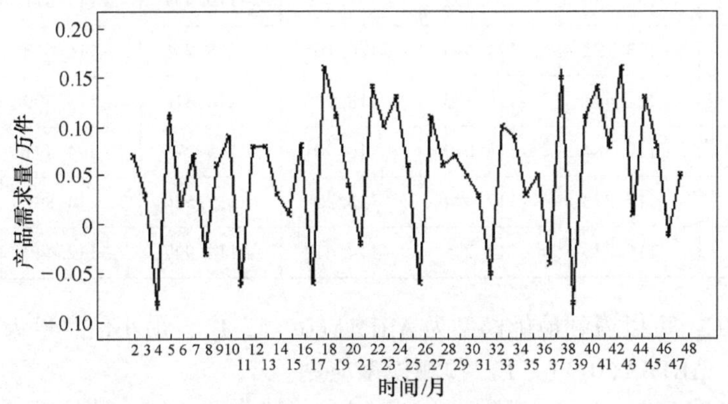

图 6－5　一阶差分时间序列图

从图 6－6、图 6－7 可知，经过一阶差分处理后，自相关和偏自相关系数均落入了置信区间，说明新序列具有平稳性。

步骤 2：模型阶数确定。

在 ARIMA 模型中，AR 是自回归项，MA 为移动平均项，若自相关函数在滞后数为 p 后截尾、偏相关函数在滞后数为 q 后截尾，则阶数分别为 p 和 q；经逐次尝试不同的 p、q 值，得到各个 ARIMA 模型的 AIC 参数（见表 6－2），依据 AIC 进行选择，作为原序列预测的最优模型。

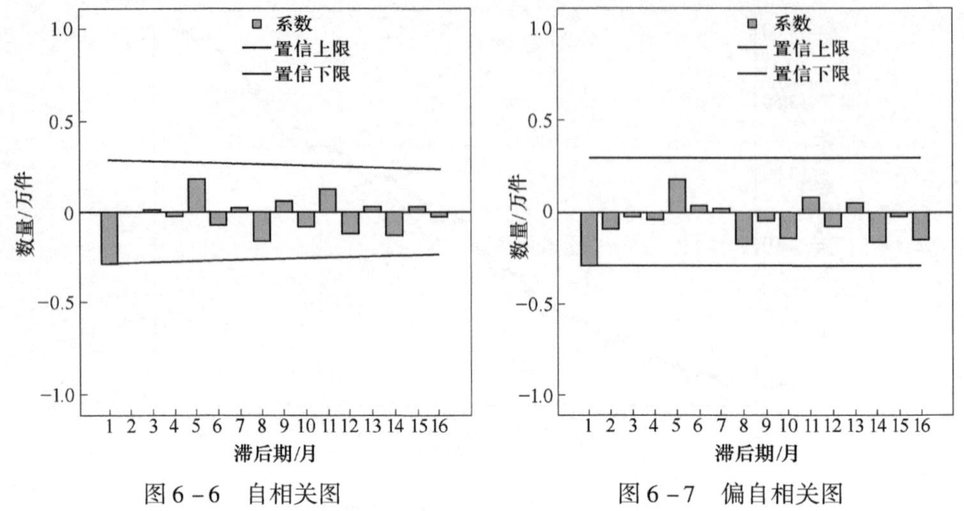

图 6－6 自相关图　　　　图 6－7 偏自相关图

表 6－2 最小信息量表

AR \ MA	MA(0)	MA(1)	MA(2)	MA(3)	MA(4)	MA(5)
AR(0)	－121.130	－123.492	－121.446	－119.457	－117.871	－116.871
AR(1)	－123.122	－121.445	－120.105	－118.936	－116.613	－116.311
AR(2)	－121.441	－119.376	－118.980	－116.816	－113.509	－114.145
AR(3)	－119.384	－118.049	－116.901	－115.225	－114.441	－114.572
AR(4)	－117.333	－117.394	－115.208	－115.520	－114.892	－112.631
AR(5)	－116.835	－114.745	－114.612	－114.947	－112.440	－107.884

根据 AIC，可以得到最优模型为 ARIMA(0，1，1)，最小信息量为－123.492。

步骤 3：ARIMA(0，1，1) 预测模型应用。

利用 ARIMA(0，1，1) 模型对 2011 年 3 月到 2015 年 2 月的需求数据进行拟合，并对 2015 年 3 月和 4 月的需求数据进行预测。

B　BP 神经网络预测 ARIMA 误差

通过 ARIMA(0，1，1)，可以对表 6－3 中的月需求数据进行预测，这里我们预测到时间序列 42。随后，采用 BP 神经网络对 ARIMA(0，1，1) 模型预测误差进行预测。设置 BP 神经网络结构如下：采用三层 BP 网络，其中输入节点 3 个，隐层节点 12 个，输出节点 1 个；训练样本（见表 6－3）采用滚动预测方法，即每 5 个月的产品需求为输入特征函数，下个月的需求值为期望输出，选择表 6－3 前 20 组数据作为训练样本，21～42 组数据作为检验样本。

表 6-3 训练样本

数据组/月	1	2	3	4	5	6	7
输入数据	0.01711	-0.01809	-0.13839	0.01473	-0.02837	0.00842	-0.08031
	-0.01809	-0.13839	0.01473	-0.02837	0.00842	-0.08031	-0.01750
	-0.13839	0.01473	-0.02837	0.00842	-0.08031	-0.01750	0.03175
	0.01473	-0.02837	0.00842	-0.08031	-0.01750	0.03175	-0.10316
	-0.02837	0.00842	-0.08031	-0.01750	0.03175	-0.10316	-0.00450
期望输出	0.00842	-0.08031	-0.01750	0.03175	-0.10316	-0.00450	0.02573
数据组/月	8	9	10	11	12	13	14
输入数据	-0.01750	0.03175	-0.10316	-0.00450	0.02573	-0.01500	-0.04748
	0.03175	-0.10316	-0.00450	0.02573	-0.01500	-0.04748	0.01256
	-0.10316	-0.00450	0.02573	-0.01500	-0.04748	0.01256	-0.10904
	-0.00450	0.02573	-0.01500	-0.04748	0.01256	-0.10904	0.07369
	0.02573	-0.01500	-0.04748	0.01256	-0.10904	0.07369	0.07970
期望输出	-0.01500	-0.04748	0.01256	-0.10904	0.07369	0.07970	0.01154
数据组/月	15	16	17	18	19	20	21
输入数据	0.01256	-0.10904	0.07369	0.07970	0.01154	-0.06935	0.06586
	-0.10904	0.07369	0.07970	0.01154	-0.06935	0.06586	0.06730
	0.07369	0.07970	0.01154	-0.06935	0.06586	0.06730	0.09774
	0.07970	0.01154	-0.06935	0.06586	0.06730	0.09774	0.03707
	0.01154	-0.06935	0.06586	0.06730	0.09774	0.03707	-0.10152
期望输出	-0.06935	0.06586	0.06730	0.09774	0.03707	-0.10152	0.02600
数据组/月	22	23	24	25	26	27	28
输入数据	0.06730	0.09774	0.03707	-0.10152	0.02600	0.01508	0.02174
	0.09774	0.03707	-0.10152	0.02600	0.01508	0.02174	0.00378
	0.03707	-0.10152	0.02600	0.01508	0.02174	0.00378	-0.02173
	-0.10152	0.02600	0.01508	0.02174	0.00378	-0.02173	-0.10955
	0.02600	0.01508	0.02174	0.00378	-0.02173	-0.10955	0.01354
期望输出	0.01508	0.02174	0.00378	-0.02173	-0.10955	0.01354	0.04126
数据组/月	29	30	31	32	33	34	35
输入数据	0.00378	-0.02173	-0.10955	0.01354	0.04126	-0.01024	-0.00602
	-0.02173	-0.10955	0.01354	0.04126	-0.01024	-0.00602	-0.09473
	-0.10955	0.01354	0.04126	-0.01024	-0.00602	-0.09473	0.06808
	0.01354	0.04126	-0.01024	-0.00602	-0.09473	0.06808	-0.11202
	0.04126	-0.01024	-0.00602	-0.09473	0.06808	-0.11202	0.02278
期望输出	-0.01024	-0.00602	-0.09473	0.06808	-0.11202	0.02278	0.09410

续表 6－3

数据组/月	36	37	38	39	40	41	42
输入数据	－0. 09473	0. 06808	－0. 11202	0. 02278	0. 09410	0. 05595	0. 12426
	0. 06808	－0. 11202	0. 02278	0. 09410	0. 05595	0. 12426	－0. 00480
	－0. 11202	0. 02278	0. 09410	0. 05595	0. 12426	－0. 00480	0. 07564
	0. 02278	0. 09410	0. 05595	0. 12426	－0. 00480	0. 07564	0. 05030
	0. 09410	0. 05595	0. 12426	－0. 00480	0. 07564	0. 05030	－0. 04747
期望输出	0. 05595	0. 12426	－0. 00480	0. 07564	0. 05030	－0. 04747	－0. 01744

设定误差为 1E－14，这里给出时间序列 49 与 50 的 BP 神经网络训练结果如图 6－8 和图 6－9 所示。

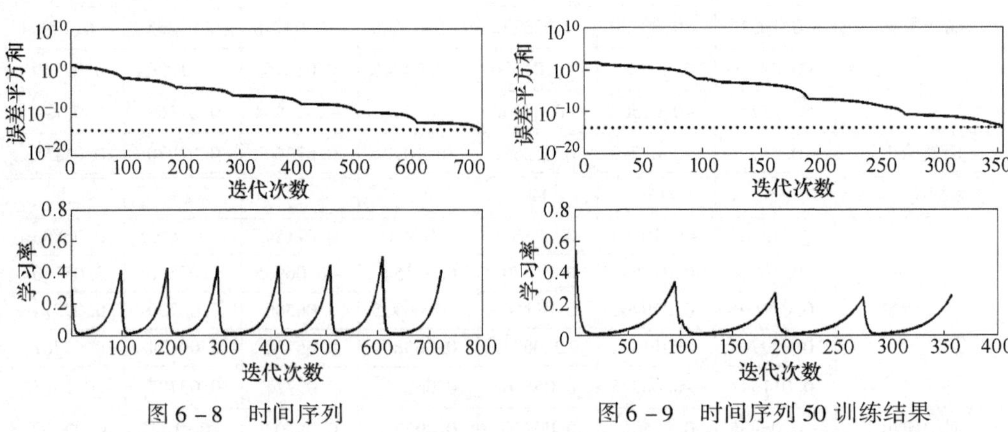

图 6－8 时间序列　　图 6－9 时间序列 50 训练结果

将 ARIMA(0, 1, 1) 模型预测结果、BP 神经网络误差预测结果以及组合模型预测结果整理成表 6－4。

表 6－4 三种模型预测结果比较 万件

时间序列	销售量	ARIMA 模型		BP 神经网络	组合模型预测	
		预测值	绝对误差	ARIMA 误差预测	预测值	绝对误差
1	1. 50	—	—	—	—	—
2	1. 57	1. 55289	0. 01711	—	—	—
3	1. 60	1. 61809	－0. 01809	—	—	—
4	1. 52	1. 65839	－0. 13839	—	—	—
5	1. 63	1. 61527	0. 01473	—	—	—
6	1. 65	1. 67837	－0. 02837	—	—	—
7	1. 72	1. 71158	0. 00842	—	—	—
8	1. 69	1. 77031	－0. 08031	—	—	—

续表6-4

时间序列	销售量	ARIMA模型		BP神经网络	组合模型预测	
		预测值	绝对误差	ARIMA误差预测	预测值	绝对误差
9	1.75	1.76750	-0.01750	—	—	—
10	1.84	1.80825	0.03175	—	—	—
11	1.78	1.88316	-0.10316	—	—	—
12	1.86	1.86450	-0.00450	—	—	—
13	1.94	1.91427	0.02573	—	—	—
14	1.97	1.98500	-0.01500	—	—	—
15	1.98	2.02748	-0.04748	—	—	—
16	2.06	2.04744	0.01256	—	—	—
17	2.00	2.10904	-0.10904	—	—	—
18	2.16	2.08631	0.07369	—	—	—
19	2.27	2.19030	0.07970	—	—	—
20	2.31	2.29846	0.01154	—	—	—
21	2.29	2.35935	-0.06935	—	—	—
22	2.43	2.36414	0.06586	—	—	—
23	2.53	2.46270	0.06730	—	—	—
24	2.66	2.56226	0.09774	—	—	—
25	2.72	2.68293	0.03707	—	—	—
26	2.66	2.76152	-0.10152	—	—	—
27	2.77	2.74400	0.02600	0.0215	2.76550	0.0045
28	2.83	2.81492	0.01508	0.0071	2.82202	0.00798
29	2.90	2.87826	0.02174	0.0143	2.89256	0.00744
30	2.95	2.94622	0.00378	0.0016	2.94782	0.00218
31	2.98	3.00173	-0.02173	-0.0312	2.97053	0.00947
32	2.93	3.03955	-0.10955	-0.0870	2.95255	-0.02255
33	3.03	3.01646	0.01354	0.0082	3.02466	0.00534
34	3.12	3.07874	0.04126	0.0264	3.10514	0.01486
35	3.15	3.16024	-0.01024	0.0032	3.16344	-0.01344
36	3.20	3.20602	-0.00602	-0.0051	3.20092	-0.00092
37	3.16	3.25473	-0.09473	-0.023	3.23173	-0.07173
38	3.31	3.24192	0.06808	0.0406	3.28252	0.02748
39	3.23	3.34202	-0.11202	-0.0784	3.26362	-0.03362
40	3.34	3.31722	0.02278	0.0097	3.32692	0.01308

续表 6-4

时间序列	销售量	ARIMA 模型		BP 神经网络	组合模型预测	
		预测值	绝对误差	ARIMA 误差预测	预测值	绝对误差
41	3.48	3.38590	0.09410	0.0328	3.41870	0.0613
42	3.56	3.50405	0.05595	0.0912	3.59525	-0.03525
43	3.72	3.59574	0.12426	0.0644	3.66014	0.05986
44	3.73	3.73480	-0.00480	0.0021	3.73690	-0.0069
45	3.86	3.78436	0.07564	0.0569	3.84126	0.01874
46	3.94	3.88970	0.05030	0.0431	3.93280	0.0072
47	3.93	3.97747	-0.04747	-0.0311	3.94637	-0.01637
48	3.98	3.99744	-0.01744	-0.0055	3.99194	-0.01194
49		4.03823		-0.0282	4.01859	
50		4.09112		-0.0037	4.09216	

用 ARIMA 模型和组合模型得到的预测结果与实际需求数据的对比如图 6-10 所示。从图中可以看出组合模型的预测结果更贴近于实际需求情况。

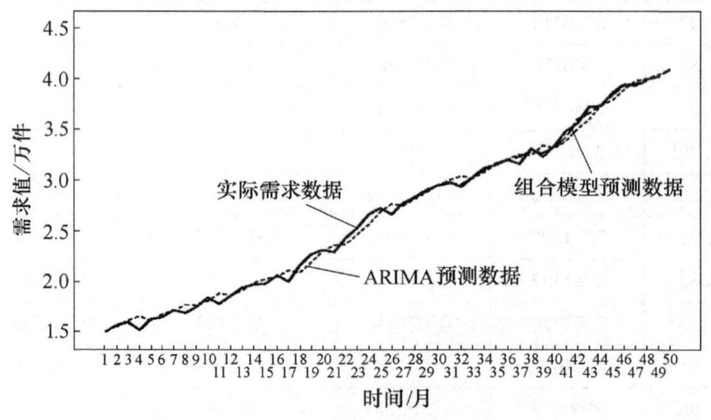

图 6-10 预测结果与实际需求数据比较

C 预测结果分析

NM 模式下供应链不确定性需求预测具有重要的意义，通过对该企业 2011 年 2 月至 2015 年 3 月的实际需求数据分析和拟合，可以得到如下结论：

（1）符合企业实际情况。该企业自 2011 年 2 月至 2015 年 3 月需求实际情况与预测结果基本符合，呈现缓慢增长的趋势，说明本章提出的组合预测模型具有实际的应用价值，可以为企业运作中的生产、库存等决策提供支持。

（2）组合模型的预测结果更加准确。从表 6-4 可以看出，基于 ARIMA 和 BP 神经网络的组合预测模型预测值与实际值的误差比单独使用 ARIMA 的误差要小，绝对值最大误差为时间序列 37 的 -0.07173，绝对值最小误差为时间序列 36 的 -0.00092；单纯用 ARIMA 模型预测误差较大，其绝对值最大误差为时间序列 4 的 -0.13839，绝对值最小误差为时间序列 30 的 0.00378。因此，可以认为本章提出的组合预测模型效果比单独的模型预测更加有效。

（3）组合模型更有利于长期预测。从表 6-4 可以看出，组合模型的预测结果与实际需求数据间的平均百分比绝对误差$\left(\frac{1}{n}\sum_{t=1}^{n}\frac{|x_t - \hat{x}_t|}{x_t}\times 100\right)$最小，这表明组合模型的预测效果比较平稳，具有长期预测能力；对于非平稳、随机性较强的产品需求序列，ARIMA 模型的预测效果较差，因此使用 ARIMA 模型只适合进行短期的预测（1~2 个月），若进行长期预测则性能更差。

6.3 网络化制造模式下的供应链需求不确定性控制

通过供应链需求预测，供应链系统可以制订相应的生产和订货策略。然而，仅仅通过需求预测制订 NM 模式下的供应链运作策略（包括生产、库存、订货等）是远远不够的。客户需求存在许多不确定性因素，相关的扰动将导致需求预测的不准确性，因此，需要采用一定的控制手段对这些扰动加以控制。需求的不确定性扰动常称为牛鞭效应。

6.3.1 需求不确定性扰动——牛鞭效应

6.3.1.1 牛鞭效应定义

牛鞭效应是供应链中需求波动逐级放大的现象（见图 6-11），它是供应链结构中重要的性能指标，也是供应链运营中最为重要的绩效指标。1961 年 Forrester 和 1984 年 Burbidge 对物流系统中需求放大现象做过观察记录，并以此为根据，考虑如何减弱牛鞭效应。1997 年，Lee 明确提出牛鞭效应的概念，认为供应链中以订单形式传送的信息会被扭曲，误导上游成员生产和库存决策。

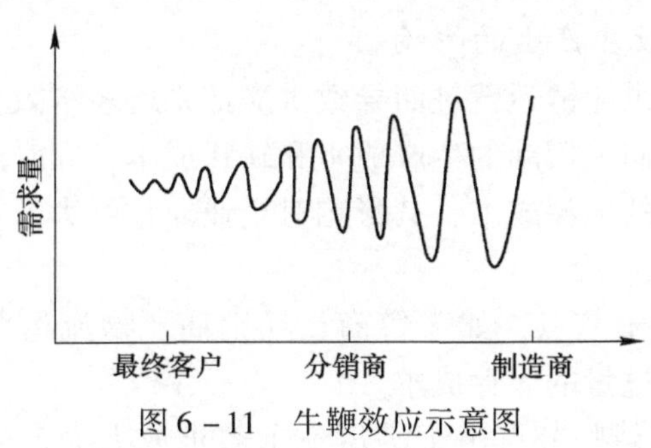

图 6-11 牛鞭效应示意图

牛鞭效应广泛存在于供应链管理系统中，它的存在会影响供应链运营，进而影响供应链系统的经济效益。在供应链管理的订货供应过程中，末端需求波动沿供应链向上游增加，这样就会导致供应链中供应、制造、销售各个环节库存量和库存费用增加，导致供应链运作的不通畅，使得分销中心库存冗余和制造商生产过量。

牛鞭效应问题的研究重点在于，如何通过减弱牛鞭效应来提高整个供应链系统涉及企业的经济效益。其研究意义在于，如何设计减弱和控制牛鞭效应的策略，为实际供应链系统高效经济运行提供优化方案。

6.3.1.2 牛鞭效应产生的原因

牛鞭效应的产生有多种原因，包括需求预测、订货间隔期、订货批量、供应短缺和价格波动。由于本章是在需求预测的基础上进行牛鞭效应的控制策略研究，所以着重分析需求预测如何导致牛鞭效应。

在供应链运作中，通常上游管理者总是直接将来自直接下游的需求信息作为自己需求预测的依据，并在此基础上安排生产调度，协调生产能力，控制库存和生产资源。而下游决策者在进行需求预测时，需要根据新数据的出现，连续修正未来需求预测，这样，送到上游企业的订单既反映了经过修正的未来库存补给量，也包含了必要的安全库存量。在交货提前期里，保持数周的安全库存也是习以为常的，其结果是预期的订单数量比需求数量变化更大。对于上游企业来说，如果其仍然调整需求预测和安全库存，那么他向其上游企业订货的数量可能会发生更大的波动。

因此，再精确的预测方法由于实际运作中一些安全性考虑和一些人为因素的干扰都会引起牛鞭效应，但好的预测方法导致的牛鞭效应可能会较小。多数标准的预测方法的一个重要特征是每次观测到新的需求时就修改预测，因此，当决策者在每个周期结束时观察到最新需求的时候，就会根据这一最新需求来修改他的需求预测，然后用修改后的预测来修改其订货点。然而，正是由于对预测的修改和每个周期内订货点的修改导致了牛鞭效应的产生。

6.3.1.3 牛鞭效应产生的影响

牛鞭效应会影响供应链运营进而导致供应链系统经济效益损失。牛鞭效应的放大率提高，将引起向上摆动的生产成本和缺货成本，同时也会导致向下摆动的库存持有成本和无形的损耗成本，其影响对企业非常巨大。通过总结，牛鞭效应的负面影响有：

（1）在供应链各个节点，如零售商、经销商、物流运营商和生产商，为了抑制需求放大，需要过量的库存成本。

（2）当供应链的某些节点由于满足不了需求放大而产生缺货的情况，或者比较低的效率满足不了需求放大时，会使顾客服务水平下降。

（3）由于需求放大引起的库存短缺，会引起缺货成本。

（4）为了满足被放大的峰值需求，决策者制定了最优的投资决策或生产计划。当通过供应链的业务流程再造峰值需求可以被精确预测时，这些决策或生产计划对企业可能是一种误导。

（5）需求放大引起供应链的变化，会引起运输计划的多次变动，这种变动会产生次优的运输策略而增加运输成本。

（6）牛鞭效应引起的需求放大现象会引起生产者频繁地变更生产计划，这实际上是完全不必要的，而且将导致企业利润下降。

6.3.2　供应链系统中的牛鞭效应描述

需求预测虽然考虑了一些需求中的干扰项，但对于供应链中的牛鞭效应问题显然是不够的。我们将供应链末端需求分为两部分：确定性需求和不确定性扰动需求。确定性需求部分除了通过预测 x_t 以外，还需要通过相应的已有订单统计加以确定。不确定性扰动需求是由于存在的一些非可控的因素造成的，这其中既包括企业内部因素，也包括企业外部因素。这些不确定因素将直接导致供应链各级库存以及生产成本的增加。尤其在 NM 模式下，供应链系统需要快速响应客户需求，因此，必须通过相应的控制方法对不确定因素加以约束，以避免供应链系统的不稳定性。

6.3.2.1　传统供应链结构模型

A　模型描述

传统供应链系统（见图6－12）考虑由制造商和分销商组成的二级供应链系统，构建供应链标称系统：

$$y_{r,k+1} = y_{r,k} + u_{r,k} - x_{r,k} \tag{6-33}$$

$$y_{m,k+1} = y_{m,k} - \zeta^{\mathrm{T}} u_{r,k} + u_{m,k} \tag{6-34}$$

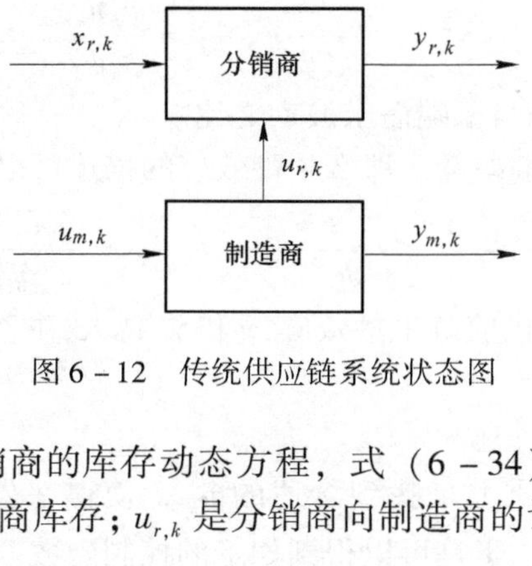

图6－12　传统供应链系统状态图

式（6－33）为分销商的库存动态方程，式（6－34）是制造商的库存动态方程。式中，$y_{r,k}$ 为分销商库存；$u_{r,k}$ 是分销商向制造商的订货量；$x_{r,k}$ 为客户需求量，n 维向量；$y_{m,k}$ 为制造商库存；$u_{m,k}$ 是制造商生产量；$\zeta^{\mathrm{T}}u_{r,k}$ 是对分销商订货量的集结，其中 ζ 为 n 维列向量。基于此，式（6－33）、式（6－34）可以用矩阵形式表示：

$$\begin{bmatrix} y_{r,k+1} \\ y_{m,k+1} \end{bmatrix} = \begin{bmatrix} y_{r,k} \\ y_{m,k} \end{bmatrix} + \begin{bmatrix} I_{n\times n} & 0 \\ -\zeta^{\mathrm{T}} & 1 \end{bmatrix} \begin{bmatrix} u_{r,k} \\ u_{m,k} \end{bmatrix} + \begin{bmatrix} -x_{r,k} \\ 0 \end{bmatrix} \tag{6-35}$$

将其用标准形式表示，即形成供应链系统标称形式：

$$y_{k+1} = y_k + \Gamma u_k + x_k \tag{6-36}$$

其中，
$$\Gamma = \begin{bmatrix} I_{n\times n} & 0 \\ -\zeta^{\mathrm{T}} & 1 \end{bmatrix}_{(n+1)\times(n+1)}, \quad x_k = \begin{bmatrix} -x_{r,k} \\ 0 \end{bmatrix}$$

式中，库存变量 y_k 为状态变量，需求变量 u_k 为控制变量。

实际上，供应链系统受到末端需求不确定性扰动时，其影响将向前端传递，我们将末端的这种扰动计为 $A\psi_k$。受到扰动后的库存变量和需求变量变为 y'_k 和 u'_k，供应链实际系统可以表示为：

$$y'_{k+1} = y'_k + \Gamma u'_k + x_k + A\psi_k \tag{6-37}$$

式中，$A = \begin{bmatrix} A_1 & 0 \\ 0 & 0 \end{bmatrix}_{(n+1)\times(n+1)}$，$A_1$ 为 n 维矩阵。

进一步考察供应链系统库存偏差 $\tilde{y}_k$ 和需求偏差 $\tilde{u}_k$：

$$\tilde{y}_k = y'_k - y_k \tag{6-38}$$

$$\tilde{u}_k = u'_k - u_k \tag{6-39}$$

此时，供应链的偏差系统可以表示为：

$$\tilde{x}_{k+1} = \tilde{x}_k + \Gamma \tilde{u}_k + A\psi_k \tag{6-40}$$

B 牛鞭效应定量描述

对于牛鞭效应，传统的供应链方法主要采用前端订货需求与末端客户需求波动之比描述，即

$$\gamma^2 = \frac{\tilde{u}_{r,k}{}^2 + \tilde{u}_{m,k}{}^2}{(\psi_k)^2} = \frac{\tilde{u}_k^{\mathrm{T}}\tilde{u}_k}{\psi_k^{\mathrm{T}}\psi_k} \tag{6-41}$$

式中，γ 为前端订货波动与末端需求波动之比。

如果同时考虑库存偏差量，那么牛鞭效应的描述可以如下式所示：

$$\gamma'^2 = \frac{\tilde{u}_{r,k}{}^2 + \tilde{u}_{m,k}{}^2 + \tilde{y}_{r,k}{}^2 + \tilde{y}_{m,k}{}^2}{\psi_k{}^2} = \frac{\tilde{u}_k^{\mathrm{T}}\tilde{u}_k + \tilde{y}_k^{\mathrm{T}}\tilde{y}_k}{\psi_k^{\mathrm{T}}\psi_k} \tag{6-42}$$

参数 γ 和 γ' 描述了供应链牛鞭效应，γ 和 γ' 越大，牛鞭效应越强；γ 和 γ' 越小，则牛鞭效应越弱。

C 牛鞭效应控制机理

牛鞭效应的控制实质上是找到合适的 $\tilde{u}_k$，使得在外界扰动剧烈的情况下，牛鞭效应尽可能的减弱，于是可以得到如下的控制函数：

$$\min_{\tilde{u}_k} \max_{\psi_k} Z = \frac{1}{2}\sum_{k=0}^{N}(y_k^{\mathrm{T}}y_k + u_k^{\mathrm{T}}u_k - \alpha^2\psi_k^{\mathrm{T}}\psi_k) \tag{6-43}$$

式中，α 是关于扰动 ψ_k 的加权因子。

对于供应链偏差系统公式（6-38）和式（6-39），需要求得解（$\tilde{u}_k, \psi_k$），使得 Z 最小。

6.3.2.2 NM 模式下的供应链结构模型

NM 模式突破了传统制造的思路，除了传统的销售渠道外，还可以通过 Web 系统实现协同设计制造及供货销售，此时传统的供应链系统结构将不能满足分析的需求。NM 模式下供应链系统状态如图 6-13 所示。

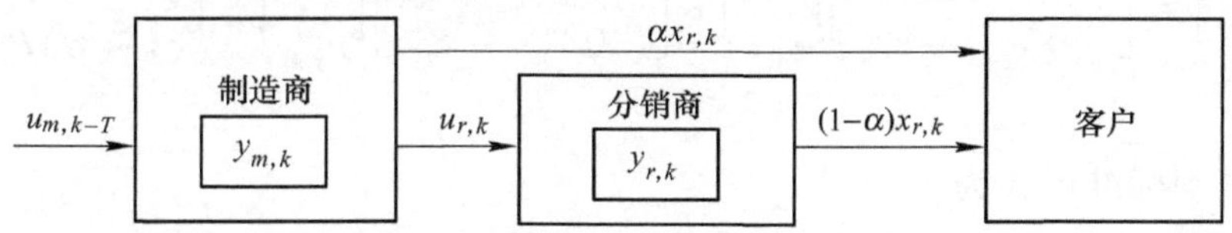

图 6-13 NM 模式下供应链系统状态图

A 模型描述

由于 NM 模式需要满足客户个性化的需求，对于个性化要求高的订单而言，需要合作企业协同完成，以达到高效率地响应客户需求，生产过程基本不出现时滞现象。因此，NM 模式下的供应链系统不考虑时滞问题。

由状态变量、控制变量等描述的供应链系统状态方程如下：

$$y_{m,k+1} = y_{m,k} + u_{m,k} - u_{r,k} - \alpha x_k \tag{6-44}$$

$$y_{r,k+1} = y_{r,k} + u_{r,k} - (1-\alpha)x_k \tag{6-45}$$

式中，$y_{m,k}$ 为状态变量，表示制造商库存；$u_{m,k}$ 是制造商生产量；$y_{r,k}$ 为状态变量，表示分销商库存；$u_{r,k}$ 是分销商对制造商的订货量；x_k 是客户需求，不确定扰动变量；α 为基于 Web 系统的销售系数（$0 < \alpha < 1$）。

式（6-44）和式（6-45）为供应链系统标量方程，采用偏差量描述（即系统实际运作量与标称量之差）。这两个式子可以用矩阵形式表示：

$$\begin{bmatrix} y_{m,k+1} \\ y_{r,k+1} \end{bmatrix} = \begin{bmatrix} 1 & 0 \\ 0 & 1 \end{bmatrix}\begin{bmatrix} y_{m,k} \\ y_{r,k} \end{bmatrix} + \begin{bmatrix} 1 & -1 \\ 0 & 1 \end{bmatrix}\begin{bmatrix} u_{m,k} \\ u_{r,k} \end{bmatrix} + \begin{bmatrix} -\alpha \\ -(1-\alpha) \end{bmatrix} x_k \tag{6-46}$$

写成标准形式为：

$$y_{k+1} = \boldsymbol{\Gamma} y_k + \boldsymbol{K} u_k + \boldsymbol{M} x_k \tag{6-47}$$

式中，$\boldsymbol{\Gamma} = \begin{bmatrix} 1 & 0 \\ 0 & 1 \end{bmatrix}$，$\boldsymbol{K} = \begin{bmatrix} 1 & -1 \\ 0 & 1 \end{bmatrix}$，$\boldsymbol{M} = \begin{bmatrix} -\alpha \\ -(1-\alpha) \end{bmatrix}$，$y_{k+1}^{\mathrm{T}} = (y_{m,k+1}, y_{r,k+1})$，$u_k^{\mathrm{T}} = (u_{m,k}, u_{r,k})$。

由于牛鞭效应会导致企业成本增加、利润下降，因此需要分析 NM 模式下的系统的信号输出——供应链系统利润，以通过抑制牛鞭效应保证供应链系统达到预期的利润水平。这里进行如下规定：$c_{m,w}$ 为制造商单位库存成本；$c_{m,p}$ 为制造商单位生产成本；P_m 为制造商基于网络 Web 系统的销售价格；$c_{r,w}$ 为分销商单位库存成本；$c_{r,o}$ 为分销商单位定购成本；P_r 为分销商销售价格。于是，可以得到 NM 模式下的供应链系统中制造商和分销商利润为：

$$Z_{m,k} = \alpha P_m x_k + c_{r,o} u_{r,k} - c_{m,w} y_{m,k} - c_{m,p} u_{m,k} \tag{6-48}$$

$$Z_{r,k} = (1-\alpha) P_r x_k - c_{r,w} y_{r,k} - c_{r,o} u_{r,k} \tag{6-49}$$

式（6－48）和式（6－49）用矩阵形式表示为：

$$\begin{bmatrix} Z_{m,k} \\ Z_{r,k} \end{bmatrix} = \begin{bmatrix} -c_{m,w} & 0 \\ 0 & -c_{r,w} \end{bmatrix} \begin{bmatrix} y_{m,k} \\ y_{r,k} \end{bmatrix} + \begin{bmatrix} -c_{m,p} & c_{r,o} \\ 0 & -c_{r,o} \end{bmatrix} \begin{bmatrix} u_{m,k} \\ u_{r,k} \end{bmatrix} + \begin{bmatrix} \alpha P_m \\ (1-\alpha) P_r \end{bmatrix} x_k \tag{6-50}$$

于是，得到标准形式为：

$$Z_k = A y_k + P u_{k-T} + B u_k + C x_k \tag{6-51}$$

式中，$A = \begin{bmatrix} -c_{m,w} & 0 \\ 0 & -c_{r,w} \end{bmatrix}$，$B = \begin{bmatrix} -c_{m,p} & c_{r,o} \\ 0 & -c_{r,o} \end{bmatrix}$，$C = \begin{bmatrix} \alpha P_m \\ (1-\alpha) P_r \end{bmatrix}$，$Z_k^{\mathrm{T}} = (Z_{m,k}, Z_{r,k})$，$y_k^{\mathrm{T}} = (y_{m,k}, y_{r,k})$。

至此，得到 NM 模式下的供应链动态系统，式（6－47）、式（6－51）分别为该系统的状态方程和利润函数方程。

B 牛鞭效应的衡量与控制

NM 模式下的供应链动态系统由于存在需求不确定性等干扰因素，所以需要通过系统的鲁棒控制使供应链系统稳定运行。通过鲁棒控制，找到合适的控制变量 u_k 以达到抑制系统时滞 T 和不确定需求 x_k 干扰的目的。

这里，由于系统要求达到一定的利润水平，因此采用利润水平 Z_k 与外部需求 x_k 之比来描述牛鞭效应的抑制程度，这个比值越小越好，用符号 ξ 表示。

$$\frac{\| Z_k \|_2}{\| x_k \|_2} \leqslant \xi \tag{6-52}$$

式中，$\| \cdot \|_2$ 是函数的 L_2 范数，比值描述了系统输出和输入的增益。

为了求解由式（6－47）和式（6－51）描述的系统鲁棒控制策略，我们给定常数 ξ（ξ 越小，则系统性能越优），正定对称矩阵 X 以及矩阵 Y、J、L，并给出如下定理。

定理：如果存在 ξ、X、Y、J、L 使得以下线性矩阵不等式（LMI）成立，那么供应链系统（6－47）和（6－51）是具有范数界 ξ 可正定的，状态反馈控制率 $u_k = LX^{-1} y_k$。

$$\begin{bmatrix} G_{11} & G_{12} & G_{13} & 0 & 0 & 0 \\ G_{21} & G_{22} & 0 & G_{24} & G_{25} & G_{26} \\ G_{31} & 0 & G_{33} & G_{34} & 0 & 0 \\ 0 & G_{42} & G_{43} & G_{44} & 0 & 0 \\ 0 & G_{52} & 0 & 0 & G_{55} & 0 \\ 0 & G_{62} & 0 & 0 & 0 & G_{66} \end{bmatrix} < 0 \tag{6-53}$$

式中，$G_{11} = -X, G_{12} = \Gamma X + KL, G_{13} = M; G_{21} = X\Gamma^{\mathrm{T}} + L^{\mathrm{T}}K^{\mathrm{T}}, G_{22} = -X, G_{24} = XA^{\mathrm{T}} + L^{\mathrm{T}}B^{\mathrm{T}}, G_{25} = L^{\mathrm{T}}, G_{26} = X; G_{31} = M^{\mathrm{T}}, G_{33} = -\xi^2 I_{i\times i}$（$I$ 为 $i \times i$ 维单位矩阵），$G_{34} = C^{\mathrm{T}}; G_{42} = AX + BL, G_{43} = C, G_{44} = -I_{j\times j}; G_{52} = L, G_{55} = -J; G_{62} = X, G_{66} = -Y$。

6.3.3 实例仿真分析

以某集团公司为例，分析其在销售压缩机时的鲁棒控制问题。在 NM 模式下，企业通过 Web 网络系统以及传统的销售渠道进行销售。相关参数（由于属于企业核心机密，本书对其进行了无量纲化处理）如下：该集团核心制造企业某机械有限公司（制造商）库存成本 $c_{m,w} = 0.015$，制造成本 $c_{m,p} = 0.68$，基于 Web 系统售价 $P_m = 0.92$，Web 系统销售系数 $\alpha = 0.685$；集团下属相关分销公司库存成本 $c_{r,w} = 0.045$，订购成本 $c_{r,o} = 0.77$，分销公司售价 $P_r = 0.98$，传统渠道销售系数 0.315。通过 MATLAB 中的 LMI 工具箱求解，得到稳定供应链系统时的相关矩阵为：

$$L = \begin{bmatrix} -1.2909 & -0.5505 \\ 0.1063 & -0.4657 \end{bmatrix}, X = \begin{bmatrix} 1.9944 & 0.1305 \\ 0.1305 & 1.3520 \end{bmatrix}$$

$$Y = \begin{bmatrix} 9.6336 & 0.4260 \\ 0.4260 & 9.7252 \end{bmatrix}, J = \begin{bmatrix} 7.0723 & 0.6521 \\ 0.6521 & 6.9457 \end{bmatrix}$$

系统通过迭代 3 次，得到最优的 $t = -0.1137$，此时系统对不确定性干扰的抑制率为 $\xi = 1.3$，鲁棒状态反馈控制策略为 $u_k = \begin{bmatrix} -0.6246 & -0.3469 \\ 0.0763 & -0.3518 \end{bmatrix} y_k$。

此时，系统库存可以表示为：

$$\begin{bmatrix} y_{m,k+1} \\ y_{r,k+1} \end{bmatrix} = \begin{bmatrix} 0.2991 & 0.0049 \\ 0.0763 & 0.6482 \end{bmatrix} \begin{bmatrix} y_{m,k} \\ y_{r,k} \end{bmatrix} + \begin{bmatrix} -0.685 \\ -0.315 \end{bmatrix} x_k$$

系统利润表示为：

$$\begin{bmatrix} Z_{m,k} \\ Z_{r,k} \end{bmatrix} = \begin{bmatrix} 0.468479 & -0.034994 \\ -0.05875 & 0.225886 \end{bmatrix} \begin{bmatrix} y_{m,k} \\ y_{r,k} \end{bmatrix} + \begin{bmatrix} 0.6302 \\ 0.3087 \end{bmatrix} x_k$$

假设系统初始状态时的相关参数为：$y_{m,0} = 10$，$y_{r,0} = 5$；系统标称值 $y_{m,k} = 30$，$y_{r,k} = 20$，$u_{m,k} = 35$，$u_{r,k} = 15$；外部需求分为三类来讨论：正态函数、均匀

分布函数以及周期性变动函数。仿真结果采用实际运作量，实际运作量等于偏差量加标称值。

6.3.3.1 需求为正态分布函数

当外部不确定需求输入为正态分布函数时，$x_k \sim N(u,\sigma^2)$，假设 $u=10$，$\sigma=0.2$，仿真结果如图6－14～图6－16所示。

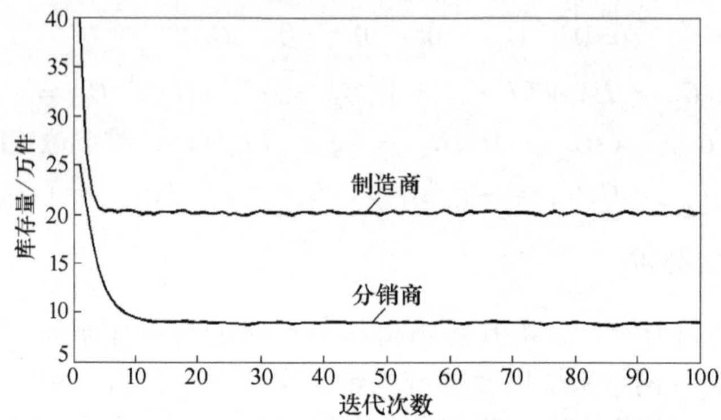

图6－14 正态分布下供应链库存仿真结果

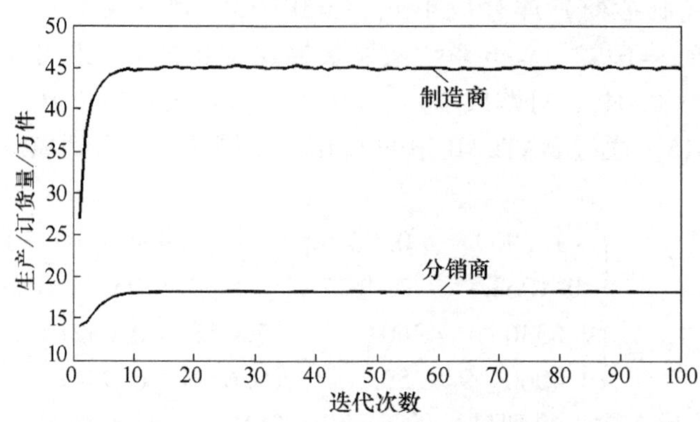

图6－15 正态分布下供应链生产及订购仿真结果

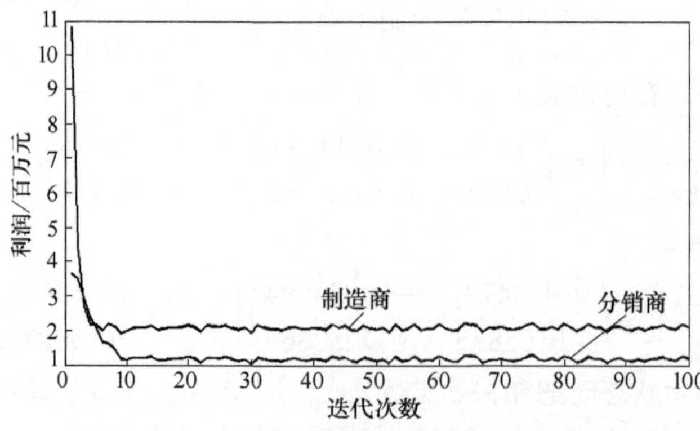

图6－16 正态分布下供应链利润仿真结果

系统通过100次迭代后，在需求为正态分布的条件下，就库存来说，制造商实际库存基本稳定在20万件左右，而分销商则基本稳定在9万件左右；对于生产量和订购量，制造商实际生产量基本稳定在45万件左右，而分销商订货则基本稳定在18万件左右；制造商利润基本稳定在2百万元左右，分销商利润则稳定在1百万元左右。

6.3.3.2　需求为均匀分布函数

当外部不确定需求输入为均匀需求函数时，$x_k \sim U[10,11]$，仿真结果如图6-17~图6-19所示。

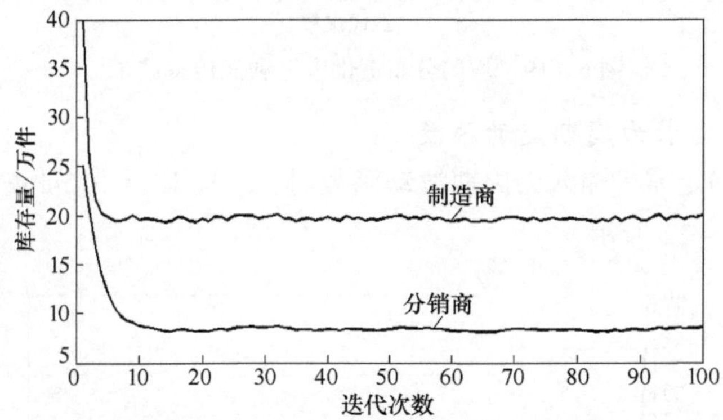

图6-17　均匀分布下供应链库存仿真结果

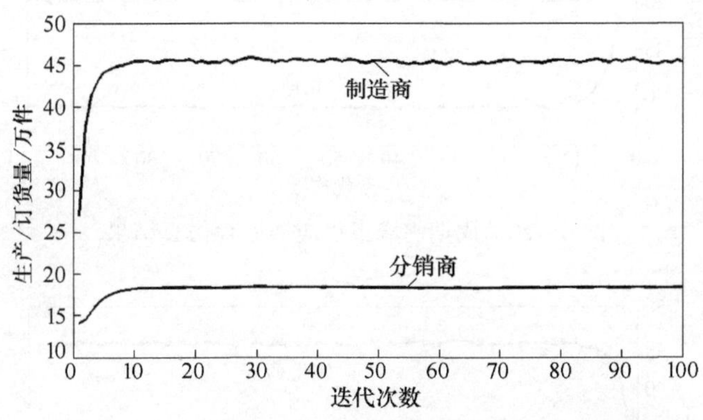

图6-18　均匀分布下供应链生产及订购仿真结果

系统通过100次迭代后，在均匀分布需求条件下，制造商实际库存基本稳定在20万件左右，而分销商则基本稳定在8万件左右；对于生产量和订购量来说，制造商实际生产量基本稳定在45万件左右，$k=100$时，$u_{m,k}=45.3508$，而分销商订货则基本稳定在18万件左右，$k=100$时，$u_{r,k}=18.2790$；制造商利润基本稳定在2百万元左右，$k=100$时，$Z_{m,k}=2.2067$，分销商利润则稳定在1.3百万元左右，$k=100$时，$Z_{r,k}=1.2606$。

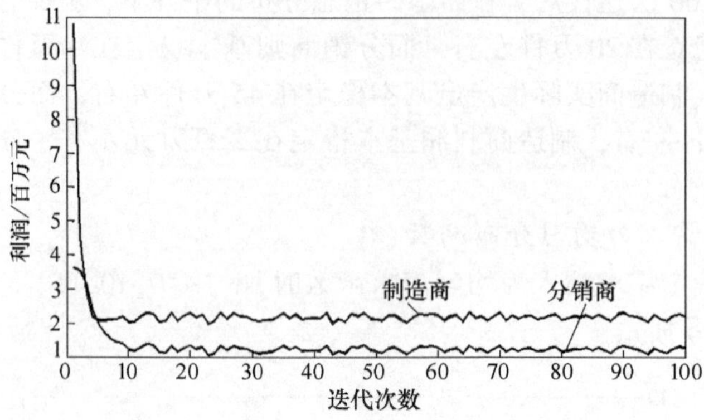

图6-19 均匀分布下供应链利润仿真结果

6.3.3.3 需求为周期变动函数

当外部不确定需求输入为周期波动函数时，$x_k = 10 + 0.5\sin k$，仿真结果如图6-20～图6-22所示。

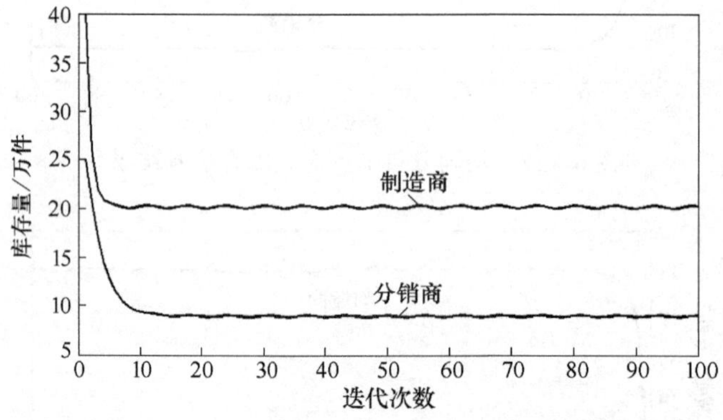

图6-20 周期需求下供应链库存仿真结果

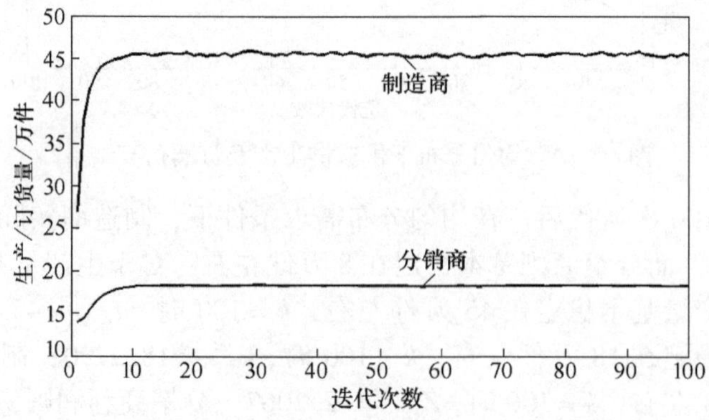

图6-21 周期需求下供应链生产及订购仿真结果

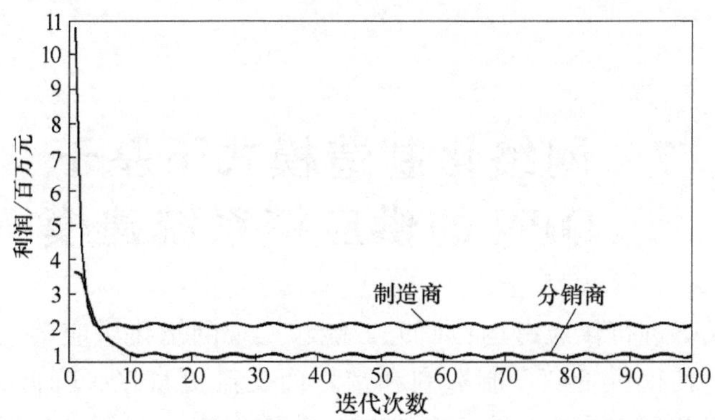

图 6-22 周期需求下供应链利润仿真结果

系统通过 100 次迭代后，在周期波动需求下，制造商实际库存基本稳定在 20 万件左右，$k=100$ 时，$y_{m,k}=20.2642$，分销商库存基本稳定在 9 万件左右，$k=100$时，$y_{r,k}=8.9877$；对于生产和订购量来说，制造商实际生产量基本稳定在 45 万件左右，$k=100$ 时，$u_{m,k}=44.9011$，而分销商订货量则基本稳定在 18.15 万件左右，$k=100$ 时，$u_{r,k}=18.1313$；制造商利润基本稳定在 2 万件左右，$k=100$ 时，$Z_{m,k}=2.0625$，分销商利润则稳定在 1.1 百万元左右，$k=100$ 时，$Z_{r,k}=1.1402$。

本例是针对某集团公司实际运作过程中生产、库存等不确定性决策变量的有效控制。在三种不确定性需求状态下，通过本章提出的鲁棒状态反馈控制策略可以有效地对供应链系统不稳定性加以抑制，并得到如下主要结论：

（1）通过周期分布、均匀分布、正态分布三种不确定形式下的需求分析，可以认为采用鲁棒控制策略能够很好地控制供应链运作过程中库存、订货等决策变量，在系统对不确定性干扰的抑制率为 $\xi=1.3$ 的情况下，供应链系统可以有序稳定地运行。

（2）该公司在实际运作中，采用鲁棒控制策略（制造商库存和生产量、分销商库存和订货量），即 $u_k=\begin{bmatrix}-0.6246 & -0.3469\\ 0.0763 & -0.3518\end{bmatrix}y_k$，减少了不稳定性带来的损失，使生产、订购、库存等决策变量在短时间内趋于平稳，同时也使利润波动达到了最小，便于企业进行决策管理。

7 网络化制造模式下基于 OPN 的供应链系统建模

在 NM 模式下进行供应链运作研究，能够实现网络化供应链上各节点之间信息的无缝集成，使得供货商、制造商和销售商交流更直接，降低企业运作周期，减少信息的失真和运作成本。由于供应链运作需要多个对象（包括制造商、协同设计商、供应商、分销商等）参与，因此，可以把供应链理解成由多个对象参与的集成系统。鉴于供应链运作过程需要考虑每个参与对象，本章采用面向对象的 Petri 网（Object - oriented Petri Net，OPN）对 NM 模式下的供应链运作（包括联盟构建、契约协调、动态调度等）建模，将 NM 模式下的供应链运作核心内容通过建模方式加以集成，并以某集团有限公司为背景企业（其供应链系统对象包括：制造商——透平机械有限公司，客户——大连石化分公司，协同设计商——万科设备加工厂，分销商——集团下属的销售公司，供应商——沈阳升克公司），通过对每个参与对象进行 OPN 构建与分析，获得供应链集成系统 P 不变量，在此基础上分析集成系统的性能如死锁、溢出以及冲突等。

7.1 供应链系统 OPN 建模的必要性

供应链建模是对供应链系统进行性能研究的基础，一个模型准确地反映被建模对象的各个特性是保证该模型分析结果正确的前提。NM 模式下的供应链系统属离散事件动态系统，其涉及的核心运作内容较多，需要通过合适的建模方法对其进行分析，明确供应链系统运作过程中是否存在异常现象。通过建模分析，可以提前发现系统中可能存在的隐患，保障供应链集成系统的顺利运行。这里，首先了解一下 OPN 的概念。

7.1.1 OPN 概念

Petri Net（PN）是德国 Carl Adam Petri 教授于 1962 年首次提出的一种系统的数学和图形的描述与分析工具。随着 PN 的广泛应用，人们发现其存在一些缺点：缺少模块化，可重复使用性差等。为克服这些缺点，Lee Y K[235] 和 Wang L[236] 等人将面向对象建模技术（Object - oriented Modeling，OOM）与高级 PN（CPN）结合，提出了面向对象的 Petri 网（OPN）。OPN 定义如下：

$$S = (O,R)$$

式中，$O = \{Ob_i, i = 1,2,\cdots,I, I \in \mathbf{N}\}$，$Ob_i$ 为物理对象 i 的 OPN，即 OPN_i，O 为系统中所有物理对象（OPN_i）的集合。$R = \{R_{ij}, i,j = 1,2,\cdots,I, i \neq j, I \in \mathbf{N}\}$，$R$ 为物理对象（OPN_i）间消息传送关系的集合。

对象 Ob_i 的 OPN 用下列要元表示：

$$Ob_i = \{P_i, T_i, IM_i, OM_i, I_i, O_i, C_i\}$$

式中，Ob_i 表示系统第 i 个对象，NM 模式下的供应链系统中，Ob_i 主要包括供应商、制造商、协同设计商、分销商以及客户等五个对象；$P_i = \{P_1, P_2, \cdots, P_n\}$ 为对象 Ob_i 状态库所的有限集合；$T_i = \{t_1, t_2, \cdots, t_m\}$ 为 Ob_i 活动变迁的有限集合；IM_i 为 Ob_i 输入信息库所的有限集合，OM_i 为 Ob_i 输出信息库所的有限集合，NM 模式下对象 Ob_i 间输入信息库所 IM_i 和输出信息库所 OM_i 是通过网络的形式实现彼此间的信息交互，这与面向对象技术中类接口的概念是类似的。

对于 P_i, T_i, IM_i, OM_i 的色彩集合可以进行如下表示：$C(P_i)$ 为 Ob_i 状态库所的色彩集合；$C(IM_i)$ 为 Ob_i 输入信息库所的色彩集合；$C(OM_i)$ 为 Ob_i 输出信息库所的色彩集合；$C(T_i)$ 为 Ob_i 活动变迁的色彩集合。此外，$I_i(P_i, T_i)$ 表示从库所 P_i 到变迁 T_i 的有向弧连接输入映射；$O_i(T_i, P_i)$ 表示从变迁 T_i 到库所 P_i 的有向弧连接输出映射。

7.1.2 供应链系统 OPN 建模优势

近些年，研究人员在离散动态系统的建模、分析、优化等方面的研究取得了很大进展，开发了很多新的建模技术。概括地讲，这些建模技术可分为两大类：形式化建模技术和非形式化建模技术。形式化建模技术是指采用大量的数学工具通过状态方程对系统进行描述和分析，如排队网络法、极大代数法、扰动分析法、Petri 网法等；非形式化建模技术是指采用图形符号或语言描述等较贴近人们思维习惯的方式对系统进行描述和分析，这种分析主要借助计算机程序实现，如流程图法、面向对象的建模技术等。鉴于 OPN 的图形表示手段更加直观和形象，同时系统具有数学描述和分析能力强大的优点，越来越多的学者对其进行应用研究。

事实上，供应链是由多个参与对象协同运作的集成系统，本身就具有面向对象的特性；在现实中，供应链系统模型往往无法用严格的数学方程来描述，而且数学方程的抽象表述也不符合人们的思维方式，因此本书采用具有形象建模能力的 Perti 网，结合面向对象技术对 NM 模式下的供应链系统进行建模分析。利用面向对象 Petri 网对 NM 模式下的供应链系统建模的主要思路是：首先确定系统中的类和对象，利用 Petri 网描述不同对象的内部行为，通过对象之间的信息传递关系将各对象子网连接成集成的供应链系统网，将基本 Petri 网扩展成有输入和输出接口的供应链集成开放网系统，真实地反映系统的动态特性。扩展后的供应链系统 OPN 网具有递阶性和递归性，同时保持基本 Petri 网的性质，对模型仍可采用网系统这一数学工具进行分析，充分体现模块化的建模思想，有利于在多变的 NM 模式下进行供应链系统模型的扩展和修正。

7.2 OPN 在供应链系统中的应用

OPN 是一种系统的数学和图形的描述与分析工具，它可以对具有并发、异步、分布、并行、不确定性或随机性的信息处理系统构造出需要的模型，并进行分析得到相应的信息以进行评价和改进。对于 NM 模式下供应链，由于其具有分布式、异构化的特点，因此 OPN 能有效分析和仿真这种大规模复杂分布式系统。

7.2.1 供应链系统 OPN 结构

7.2.1.1 供应链系统 OPN 内部结构

从面向对象的角度来说，供应链系统是由许多相关的子对象（制造商、供应商、协同设计商、分销商、客户等）组成，每个对象都有自己的运作行为和特性，对象之间的交流通过信息传递来实现。每个供应链系统子对象 OPN 内部结构是由状态库所和活动变迁组成的。OPN 的功能由活动转变的顺序来描述，将每个对象看做是单一的服务队列，每个对象一次只能执行一个功能，因此每个对象不可能同时发生几个功能即每个对象的转变是顺序的。

在供应链系统的每个对象中，输入端口用来输入通过网络传递的信息参数，而输出端口用来显示对象通过网络传递的输出参数，输入端口和输出端口的关系可以用来同步化对象。这里，用一个简单的例子加以说明（见图 7－1）。

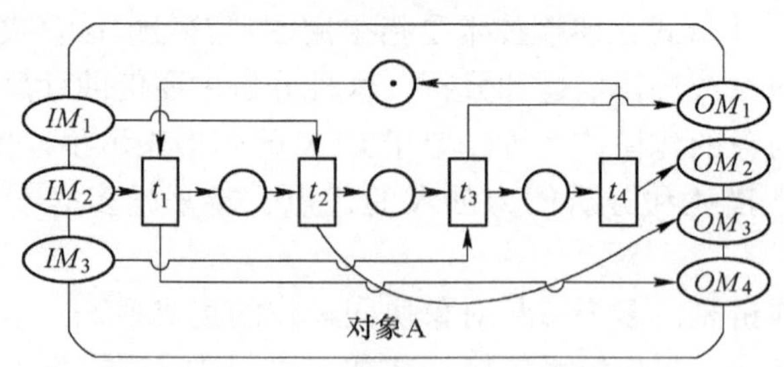

图 7－1 对象 A 的输入端口和输出端口

假设对象 A 的转变顺序为 $S = \{t_1, t_2, \cdots, t_n\}$，对于单一功能的对象，确定输入端口和输出端口之间的功能关系步骤如下：

步骤 1：在 S 中找到第一个转变的 t。

步骤 2：对于 t 来说，寻找 IM_t 和 OM_t（IM_t 和 OM_t 分别指 t 的输入信息端口和

输出信息端口)。

步骤3:从 S 中移除 t 。

步骤4:重复步骤3 直到所有的 t 从 S 中去除。

步骤5:对于 $t_1,t_2,\cdots,t_n$,理清其对应的输入端口、库所和输出端口。

图7-1中,$IM_{t1}=\{IM_2\},OM_{t1}=\{OM_4\},IM_{t2}=\{IM_1\},OM_{t2}=\{OM_3\}$,$IM_{t3}=\{IM_3\},OM_{t3}=\{OM_1\},IM_{t4}=\phi,OM_{t4}=\{OM_2\}$。相应的输入端口和输出端口的关系在图7-2中可看出。

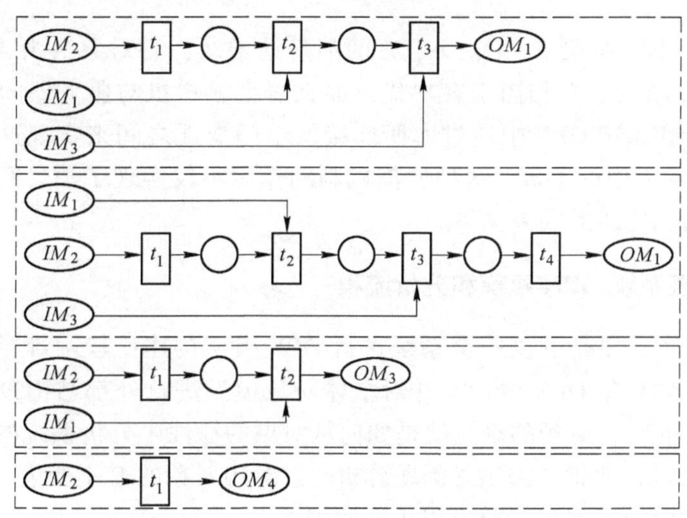

图7-2 对象A输入输出端口关系

7.2.1.2 供应链系统 OPN 外部结构

供应链系统 OPN 外部结构由一系列信息端口、特殊含义的变迁以及库所组成,信息端口是用来在制造商、协同设计商等对象间接收和发送信息的,形成供应链系统各对象 OPN 间的接口。系统外部结构中,一些特殊含义的变迁和库所可以进行如下两个定义:

(1)供应链系统各对象间外部结构中,用于实现对象间消息传递的变迁称为"门"(Gate),它连接系统中某一个对象的输出消息接口(OM_i)和另一对象的输入消息接口(IM_j)。

(2)供应链系统各对象间外部结构中,用于实现两个"门"变迁之间的同步通信机制的库所称为"端口"(Port)。

以供应链系统中制造商和协同设计商为例,供应链系统 OPN 外部结构如图7-3所示。

供应链系统外部结构中的"门"变迁连接端口的作用是和"门"变迁一起实现对象间消息同步化。这与客户机与服务器的概念类似,当供应链系统某一对

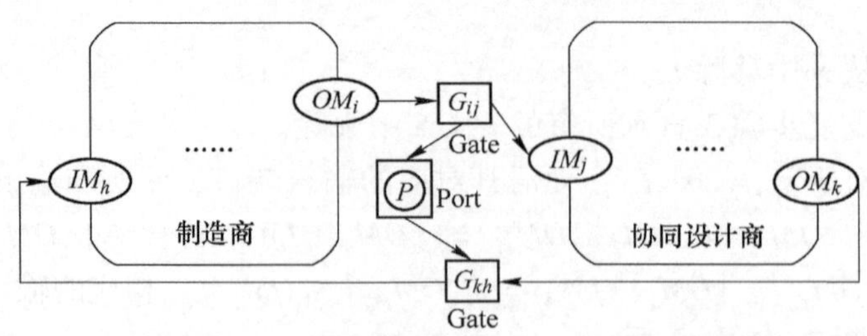

图 7－3 供应链系统 OPN 外部结构示意图

象 A 接收来自不同对象 B，C，…，E 的消息请求时，则对象 A 相当于服务器，其他对象 B，C，…，E 相当于客户机，那么每个客户机与服务器间必然存在一个通信端口，在系统 OPN 中通过库所连接两个门变迁之间来实现这样一种通信机制，如图 7－3 中的 Port，这种通信机制的作用不仅实现了消息间的同步，同时也明确了消息传递的因果关系。

7.2.2 供应链系统 OPN 建模和分析流程

对整个庞大、复杂的供应链系统进行 OPN 模型构建比较困难，所以首先构建系统中的个体对象 OPN 模型，并对个体对象模型进行外部结构设计形成完整的系统模型。此时，分析的难点就是如何从对象的特性中分析系统的性质，本章采用 P 不变量进行死锁、溢出等问题分析。计算出对象的 P 不变量，只要对象结构不改变，相应的 P 不变量就可以重复使用。

不变量分为 P 不变量与 T 不变量。一个 P 不变量为一 $n\times1$ 非负整数向量 x，并且满足

$$x^T C=0 \tag{7-1}$$

而一个 T 不变量为一 $m\times1$ 非负向量 y，并满足

$$Cy=0 \tag{7-2}$$

在 Petri 网语言中，如果 $T_1 \in OPN_1, T_2 \in OPN_2$，那么 $T_1 \cap T_2 = \phi$。为了获得系统的 P 不变量，对象间的交互机制需要进行分类，对于超过两个对象之间的交流，可以分为三种：顺序性交互、一对多交互、多对一交互。

对整个供应链系统的模型（由单个 OPN 组成）进行结构分析的流程可以归纳如下：

步骤 1：确定系统模型中包含的对象。

步骤 2：对于每一个对象实体，构建对象层 OPN。

步骤 3：通过对象层 OPN 和对象交互机制，构建对象类间通过门变迁连接的对象通信网，并进行性能分析。

步骤 4：根据对象层 OPN 和对象间通信网，构建系统集成模型。

7.2.3 供应链系统 OPN 基本性能

供应链系统 OPN 基本性能主要包括有界性（Boundness）、安全性（Safeness）、守衡性（Conservativeness）、死锁（Deadlock）等，本章先对这些性能进行分析，通过分析了解构建系统的特性和存在问题。在分析首先介绍一下可达集的概念：

若从初始标识 m_0 开始激发一个变迁序列产生标识 m_r，则称 m_r 是从 m_0 可达的。若从 m_0 开始只要激发一个变迁即可产生 m_r，则称 m_r 是从 m_0 立即可达的。所有从 m_0 可达的标识的集合称为可达标识集，记为 $R(m_0)$ 。

（1）有界性与安全性。对于给定的 OPN 以及可达集 $R(m_0)$，对于库所 $p \in P$，若 $\forall m \in R(m_0): m(p) \leqslant k$，则称 p 是 k 有界的，k 为正整数；若 OPN 的所有库所都是 k 有界的，则 OPN 是 k 有界的。特别当 $k=1$ 时，称该库所或 OPN 是安全的。若对于任意初始标识 m_0，OPN 都是 k 有界的，则 OPN 是结构有界的。

通常库所表示资源的利用情况或系统中的一些静态资源，有界性是检验系统是否存在溢出的有效尺度。

（2）死锁。对于一变迁 $t \in T$，在任一标识 m，若存在某一变迁序列 s_r，该变迁序列的激发使得此变迁 t 使能，则该变迁是具有活性的。若一个 OPN 的所有变迁都是有活性的，则该 OPN 不存在死锁。

死锁从反面描述供应链系统的活性，对于标识 m，如果不存在从 m 开始的变迁序列对该序列的激发使得 t 使能，则变迁 t 为死变迁；对于标识 m，若在此 m 下无任何变迁使能，则称 OPN 包含一死锁，该标识为死标识（Dead Marking）。

出现死锁的原因是不合理的资源分配策略、某些或全部资源的耗尽。在供应链系统中，对象内部和外部许多资源是共享的，在这样的资源共享系统中，如果存在以下情况，则可能导致死锁：1）互斥。一个资源如果为两个以上过程同时使用，则一个过程会排斥其他过程对该资源的占用。2）占用且等待。一个过程已被许可占用某一或某些资源，同时又在请求占用其他资源。3）抢占。已分配给某一过程的资源从该过程中被抢走，而且该过程使用此资源完毕后并未释放。4）循环等待。两个或更多过程排成一个链，链上每一过程都在等待一个正在被链上的下一个过程占用的资源。

（3）守衡性。对于 NM 模式下的供应链系统 OPN，若存在一矢量 $w=(w_1, w_2, \cdots, w_n)^{\mathrm{T}}$，$w_i>0$，$i=1, 2, \cdots, n$，使得对于所有 $m \in R(m_0): w^{\mathrm{T}}m = w^{\mathrm{T}}m_0$，则称系统 OPN 相对于矢量 w 守衡。若 OPN 相对于 $w=(1,1,\cdots,1)^{\mathrm{T}}$ 守衡，即对于所有 $m \in R(m_0): \sum_{i=1}^{n} m(p_i) = \sum_{i=1}^{n} m_0(p_i)$，则称系统 OPN 是严格守衡的。

对于 NM 模式下的供应链系统 OPN，若存在一矢量 $w=(w_1, w_2, \cdots, w_n)^{\mathrm{T}}, w_i$

$\geqslant 0, i = 1,2,\cdots,n$，且 $w \neq 0$，使得对于所有 $m \in R(m_0): w^{\mathrm{T}}m = w^{\mathrm{T}}m_0$，则称该 OPN 相对于矢量 w 部分守衡。

在实际 NM 模式下的供应链系统中，不同子对象中的库所占用资源的数量一般都受经济及其他因素的限制。若用托肯表示这些资源数量，而系统所包含的这些资源的数量是固定的，则尽管系统 OPN 所处的标识变化，但其所包含的托肯数维持不变。这遵循资源既不能产生又不能消失的法则，除非特别允许或特殊情况。严格守衡意味着托肯数守衡，从 OPN 的结构来看，严格守衡要求每一变迁的输入弧的数量必须等于输出弧的数量。在系统实际运行中，资源常常组合在一起来完成某一任务，任务完成后，资源再分离。每一托肯可以代表若干组合的资源，可用于通过激发一输出弧多于输入弧的变迁而产生多个托肯，每一托肯代表一个资源。

(4) 冲突。在供应链系统 OPN 中，冲突可能发生在系统子对象内部或者是对象之间。冲突一般分为输入冲突和输出冲突两类，其中，输入冲突又分两种类型（见图 7－4）：一种是发生在两个或更多的变迁共享同一个输入库所时；另一种是一个变迁具有两个或更多的输入库所。输出冲突发生在一个变迁具有两个或更多的输出库所，如图 7－5 所示。

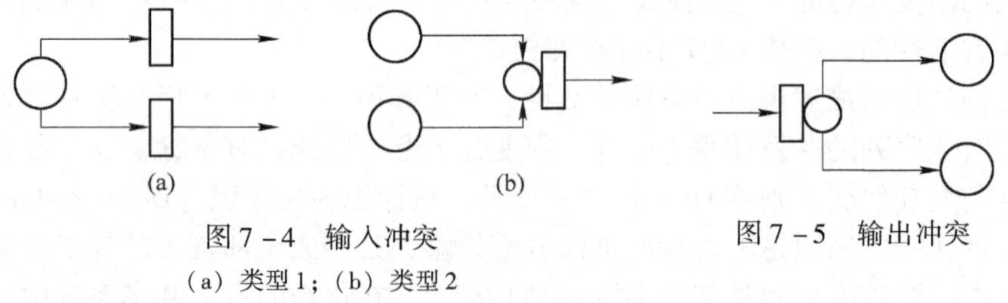

图 7－4　输入冲突
（a）类型 1；（b）类型 2

图 7－5　输出冲突

7.2.4　供应链系统 OPN 性能分析方法

NM 模式下的供应链运作系统性能分析方法可采用基于覆盖树（Coverability Tree）和基于不变量（Invariant）的方法，前者为图形分析方法，后者为数学方法。本章采用基于不变量的分析方法。

在 OPN 中，弧描述库所与变迁之间的关系，它可用 O 与 I 这两个矩阵表示，两者之差 $O-I$ 为关联矩阵 C。若用 m_k 表示第 k 次运行（$k \geqslant 0$）后 OPN 的标识（一次运行就是激发一个变迁序列，它可能包括若干变迁的激发，一个变迁可能在一次运行中激发多次），则第 $k+1$ 次运行后的 OPN 表示为：

$$m_{k+1} = m_k + Cu_k, k \geqslant 0 \tag{7-3}$$

式中，u_k 为激发记数向量，它是 $m \times 1$ 的向量，其第 i 个元素表示在第 $k+1$ 次运行中变迁 t_i 激发了的次数。

式（7－3）称为 OPN 的状态方程，特别地，若一次运行仅包含激发某一变迁 1 次，即 u_k 只有 1 个元素为 1，而其他元素均为 0，则式（7－3）表示 OPN 的激发规则。由于所有库所中的托肯数是非负的，因此合法的运行（激发使能的变迁）将保证对于所有 $k \geqslant 0$，都有 $m_k + Cu_k \geqslant 0$，它可以用于检验在 m_k 下激发某一变迁序列是否合法。

将式（7－3）两边左乘 x^T，得到 $x^T m_{k+1} = x^T m_k + x^T C u_k$，由式（7－1）可得 $x^T m_{k+1} = x^T m_k$，$k \geqslant 0$。特别的，从 $k=0$ 开始递推有：$x^T m_0 = x^T m_1 = \cdots = x^T m =$ 常数，即 $x^T m = x^T m_0 =$ 常数。这表明由 P 不变量加权的所有库所中初始托肯数之和为常量，或者说 P 不变量的非 0 元素是相应库所中托肯数的权值，使得在任何从 m_0 可达的 m 下所有库所中的托肯加权和为常数。我们称这些库所被该 P 不变量覆盖。

假设经过激发某一变迁序列（该序列记数向量为 u），OPN 从初始标识又返回到初始标识，则由式（7－3）可知：$m_0 = m_0 + Cu$，必有 $Cu = 0$，因此，u 为一 T 不变量，即 $y = u$。这表明了 T 不变量中的非负元素为将 OPN 的标识从 m_0 出发经一系列变化后返回 m_0 的变迁序列中相应的变迁激发的次数。但是，T 不变量并不包含这些变迁激发的先后次序。

7.3 网络化制造模式下的供应链系统 OPN 构建

对 NM 模式下的供应链系统进行模型构建，有必要对 NM 模式下的供应链运作方式和流程进行一下分析。实际上，前述章节已经对供应链运作的核心内容进行了阐述和分析，这里是对核心运作内容的集成，形成一个较完整的 NM 模式下的供应链系统。NM 模式下的供应链运作是在 Web 环境下进行的，如图 7－6 所示。这种模式以网络化制造技术支持中心为依托来发起和组建供应链系统。当网络化制造技术支持中心得到客户个性化订单信息输入时（基于 Web 传送），制造商即开始对该订单信息进行分析，评价其可行性和经济性等，如果可行，随后即开始该产品供应链合作伙伴（包括供应商、分销商以及协同设计商）的需求分析。

这里，制造商基于 Web 向合作伙伴发送合作信息，等待合作伙伴基于 Web 回馈相关信息后，即开始评价该企业，评价通过则开始合作关系并实施网络化环境下的供应链运作。这种形式的供应链可以是长期、相对稳定的，也可以是短期、动态的。完成合作伙伴的选择评价后，需要对不同的伙伴进行不同的运作决策：对于协同设计商，制造商需要分配子任务并进行基于 Web 的供应链调度；对于分销商，制造商需要与其制定合理的合作协调策略；对于供应商，则其与制造商组成动态联盟，并向制造商进行供货。

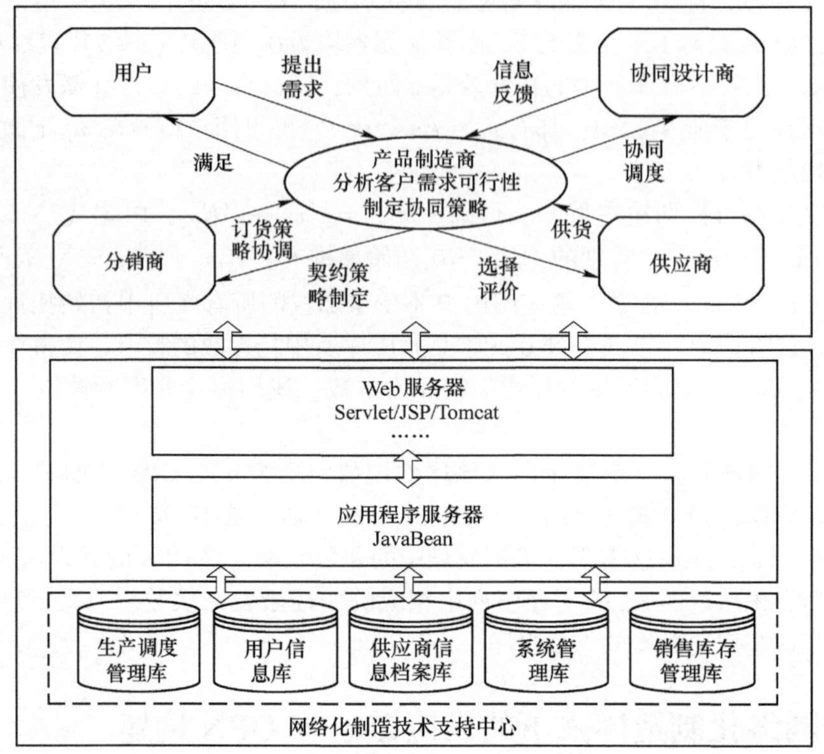

图 7-6　NM 模式下供应链运作模式

7.3.1　供应链系统子对象 OPN 模型

根据上述 OPN 建模以及 NM 模式下的供应链运作描述，本章构建了以某集团公司为背景企业的供应链系统各参与对象的模型，考虑背景企业涉及的客户、供应商、协同设计商等对象数量相当庞大，因此在分析时对每个对象仅选取一个代表企业，在此基础上构建供应链系统集成模型，并且进行相应的性能分析。

7.3.1.1　制造商 OPN 模型

制造商——透平机械有限公司在供应链系统中处于核心地位，通过制造商可以将其他对象如供应商、协同设计商等加以集成。从图 7-7 所示的制造商 OPN 模型可以知道，信息输入端口 $IM = \{MP_{21}, MP_{22}, MP_{23}, MP_{24}\}$，信息输出端口 $OM = \{MP_{25}, MP_{26}, MP_{27}, MP_{28}\}$，端口的含义在后面的集成模型中有交代；库所 $P = \{P_{21}, P_{22}, P_{23}, P_{24}, P_{25}, P_{26}, P_{27}, P_{28}, P_{29}, P_{210}\}$；变迁 $T = \{T_{21}, T_{22}, T_{23}, T_{24}, T_{25}, T_{26}, T_{27}, T_{28}, T_{29}, T_{210}, T_{211}, T_{212}\}$。对制造商对象的运作做如下描述：当客户（大连石化分公司）个性化定制产品（MCL 型压缩机）需求基于 Web 系统提交给制造商，或者是分销商将统计的需求信息提交给制造商时，如果制造商设计资源可用，则开始从经济和时间等方面分析需求的可行性，如果可行便设定预期目标同时对供应链网络进行总体安排。这其中首先是对供应链联盟进行组建，明确联盟成员，在此基础上对分销商进行契约设计，对供应商进行定性和定量选择，对协同设计商进行调度任务安排和协同任务分配等。需要注意的是，企业内部生产 T_{26} 主要包括叶轮、主轴、平衡盘的生产，涉及车床加工、正火、淬火、回火、超探、磨床、综检、成套等多道工序，如果完全在模型中体现则将使模型过于庞大，因此只以生产这个整体概念表示总体的变迁。最后，制造商通过 Web 网络输出端口将设计与协调等相关信息进行输出，传递至协同设计商、分销商、供应商和客户等不同对象。制造商 OPN 中的库所和变迁的定义见表 7－1。

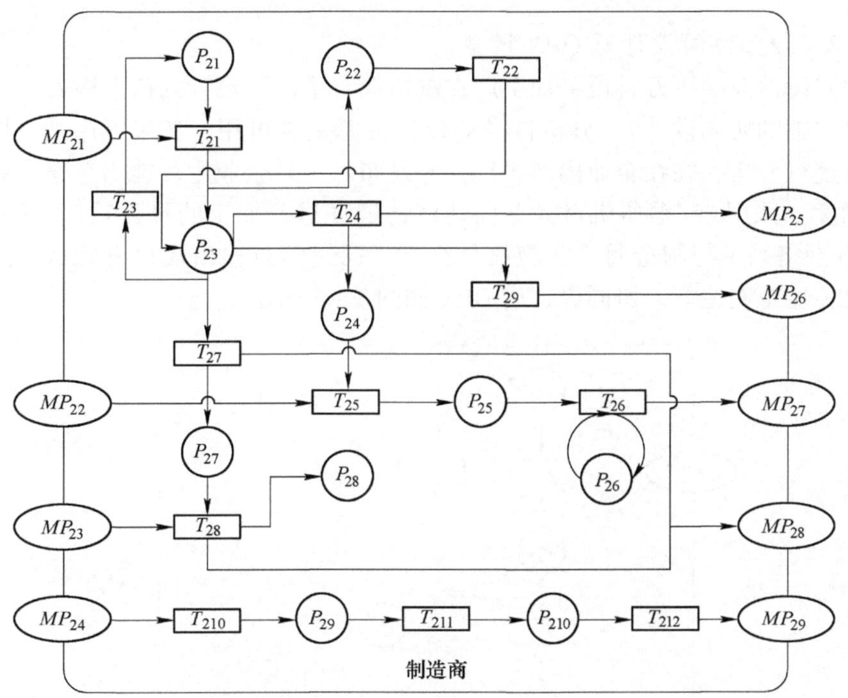

图 7－7 制造商 OPN

表 7－1 制造商 OPN 库所和变迁的含义

库所编号	库所含义	变迁编号	变迁含义
P_{21}	设计资源可用	T_{21}	设计分析
P_{22}	需求难以满足	T_{22}	与客户协调并重新设计
P_{23}	设计完成（设定预期目标）	T_{23}	设计资源释放
P_{24}	初始任务调度方案	T_{24}	MCL807 压缩机任务分解
P_{25}	优化的调度方案	T_{25}	生产调整方案优化

续表 7－1

库所编号	库所含义	变迁编号	变迁含义
P_{26}	生产能力状态	T_{26}	叶轮等主要部件生产
P_{27}	初始契约	T_{27}	契约设计
P_{28}	最终契约	T_{28}	契约重新调整
P_{29}	供应商初选结果	T_{29}	联盟成员选择设计
P_{210}	供应商复选最终结果	T_{210}	供应商定性初选
		T_{211}	供应商定量复选
		T_{212}	审核确定

7.3.1.2 协同设计商 OPN 模型

协同设计商——万科设备加工厂在制造商寻求协同设计的信息输入后（这里主要是主轴的协同设计），分析自身的设计资源是否可用，如果可用则对协同设计任务进行分析，并在企业内部进行任务发布。一旦企业生产能力剩余，则开始生产调度（采用 15t 锻压机对大型回转体铸锻件进行加工的过程），并通过供应链 Web 网络系统与制造商等实施信息交互，通过信息输出端口将确认信息和调度信息传送至制造商。协同设计商 OPN 如图 7－8 所示。

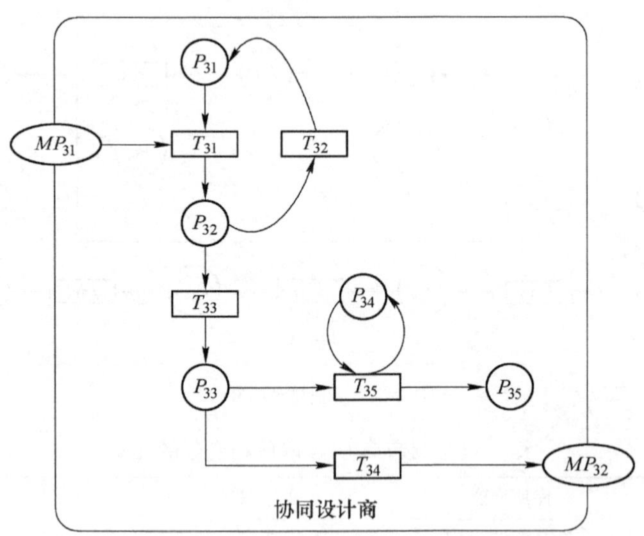

图 7－8 协同设计商 OPN

图 7－8 中，信息输入端口 $IM=\{MP_{31}\}$，信息输出端口 $OM=\{MP_{32}\}$；库所 $P=\{P_{31},P_{32},P_{33},P_{34},P_{35}\}$；变迁 $T=\{T_{31},T_{32},T_{33},T_{34},T_{35}\}$。协同设计商 OPN 中的库所和变迁的定义见表 7－2。

表 7-2　协同设计商 OPN 库所和变迁的含义

库所编号	库所含义	变迁编号	变迁含义
P_{31}	设计分析资源可用	T_{31}	设计分析
P_{32}	待调度任务	T_{32}	设计资源释放
P_{33}	企业内调度计划	T_{33}	任务发布
P_{34}	生产能力状态	T_{34}	核实确认
P_{35}	生产完成	T_{35}	生产调度

7.3.1.3　供应商 OPN 模型

供应商——沈阳升克公司在接到制造商联盟成员邀请输入信息后，首先清查自身库存资源（主要为制造商提供联轴器）是否充足，在此基础上分析组成联盟的可行性；整理自身价格、质量、企业信誉等信息，基于 Web 系统输出端口提交评价材料，并等待制造商确认信息的输入。供应商 OPN 如图 7-9 所示。

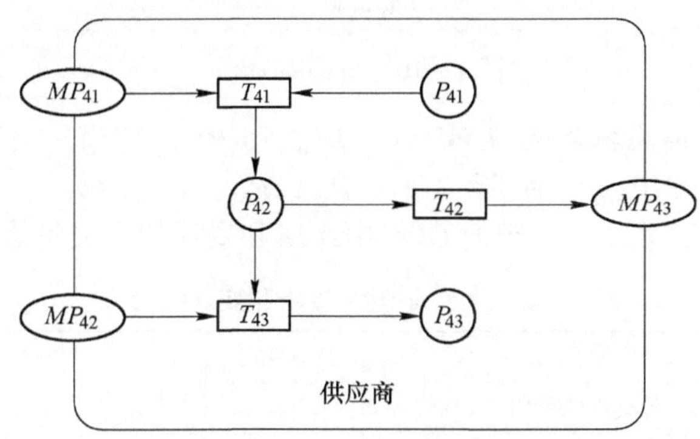

图 7-9　供应商 OPN

图 7-9 中，信息输入端口 $IM=\{MP_{41}, MP_{42}\}$，信息输出端口 $OM=\{MP_{43}\}$；库所 $P=\{P_{41}, P_{42}, P_{43}\}$；变迁 $T=\{T_{41}, T_{42}, T_{43}\}$。供应商 OPN 中的库所和变迁的定义见表 7-3。

表 7-3　供应商 OPN 库所和变迁的含义

库所编号	库所含义	变迁编号	变迁含义
P_{41}	库存资源充足	T_{41}	接受并进行分析
P_{42}	确定参与联盟	T_{42}	相关信息整理
P_{43}	最终是否组成联盟状态	T_{43}	等待确认结果

7.3.1.4　分销商 OPN 模型

一旦制造商的契约信息输入，分销商——鼓风集团下属的销售公司就开始分析，通过分析得到优化的契约方案，在此基础上通过审查核实基于 Web 系统提交订货信息；当制造商供货信息通过输入端口提交给分销商时，分销商开始对客户供货，并基于 Web 系统向制造商提交货物需求信息。分销商 OPN 如图 7－10 所示。

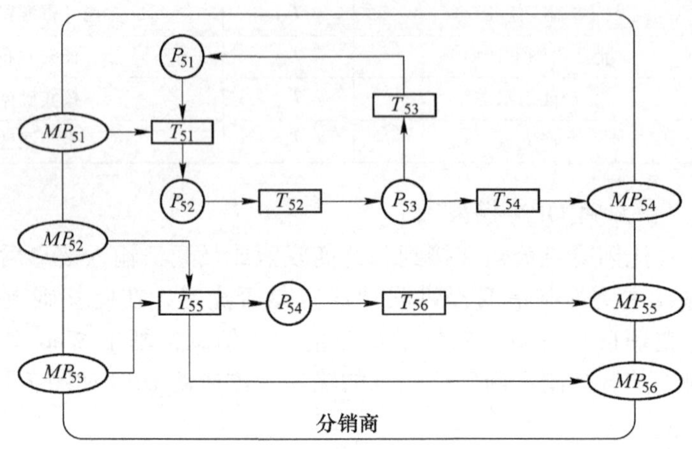

图 7－10 分销商 OPN

图 7－10 中，信息输入端口 $IM=\{MP_{51}, MP_{52}, MP_{53}\}$，信息输出端口 $OM=\{MP_{54}, MP_{55}, MP_{56}\}$；库所 $P=\{P_{51}, P_{52}, P_{53}, P_{54}\}$；变迁 $T=\{T_{51}, T_{52}, T_{53}, T_{54}, T_{55}, T_{56}\}$。分销商 OPN 中库所和变迁的定义见表 7－4。

表 7－4 分销商 OPN 库所和变迁的含义

库所编号	库所含义	变迁编号	变迁含义
P_{51}	分析资源可用	T_{51}	设计分析
P_{52}	契约预案	T_{52}	重新设计
P_{53}	优化的契约方案	T_{53}	分析资源释放
P_{54}	缺货状态	T_{54}	审查核实
		T_{55}	制造商供货
		T_{56}	订购货物

7.3.1.5 客户 OPN 模型

客户——大连石化分公司，其需求由隐性需求转化为显性需求（这里大连石化分公司需求产品为 MCL 压缩机），产生需求原因有企业自身需要或者外部诱发因素。在形成需求后，客户往往会寻求满足需求的渠道。在 NM 模式下的供应链系统中，客户既可以通过分销商获取产品，也可以基于 Web 系统直接向制造商提交个性化定制需求信息，并等待制造商或者是分销商对需求的满足信息输入。客户 OPN 如图 7－11 所示。

图 7－11 中，信息输入端口 $IM=\{MP_{11}\}$，信息输出端口 $OM=\{MP_{12},$

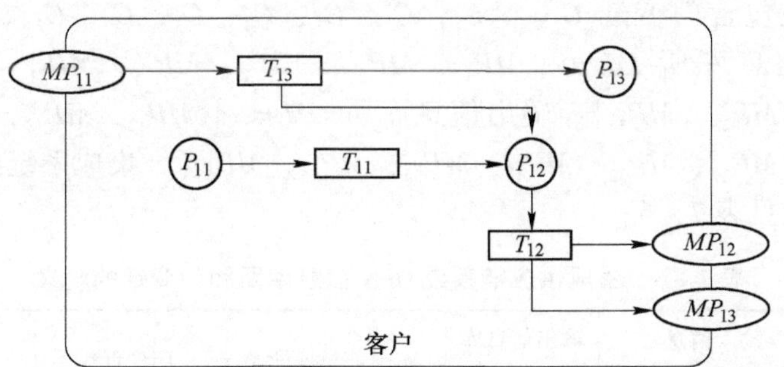

图 7－11　客户 OPN

$MP_{13}\}$；库所 $P=\{P_{11},\ P_{12},\ P_{13}\}$；变迁 $T=\{T_{11},\ T_{12},\ T_{13}\}$。客户 OPN 中库所和变迁的定义见表 7－5。

表 7－5　客户 OPN 库所和变迁的含义

库所编号	库所含义	变迁编号	变迁含义
P_{11}	隐性客户需求	T_{11}	逐渐转化
P_{12}	客户需求满足状态	T_{12}	寻求满足渠道
P_{13}	显性客户需求	T_{13}	制造商或分销商满足客户需求

7.3.2　网络化制造模式下供应链系统集成模型

基于上述各对象 OPN 模型描述，集成的 NM 模式下的供应链运作系统模型如图 7－12 所示。

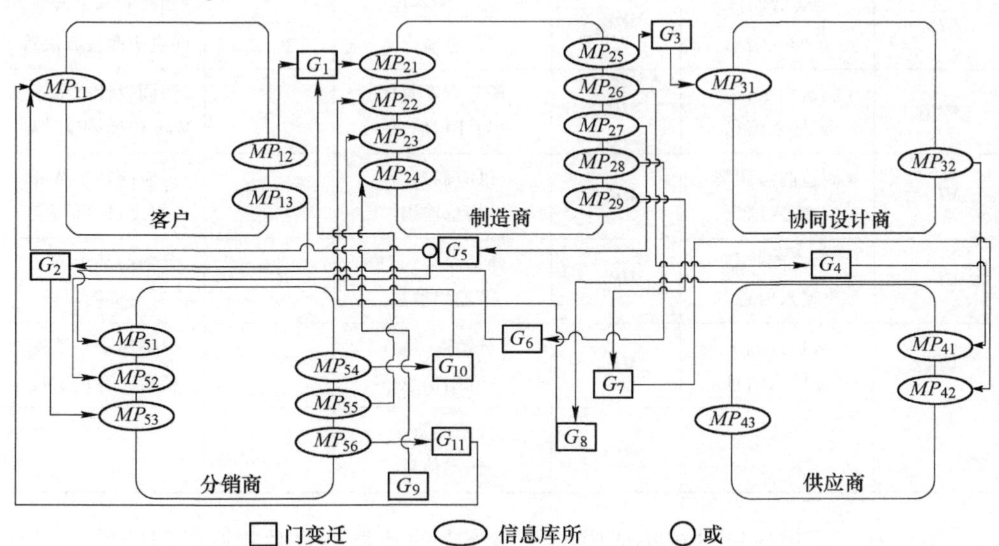

图 7－12　NM 模式下供应链运作集成系统 OPN

集成系统包含门变迁 $G=\{G_1, G_2, G_3, G_4, G_5, G_6, G_7, G_8, G_9, G_{10}, G_{11}\}$，输入信息库所 $IM=\{MP_{11}, MP_{21}, MP_{22}, MP_{23}, MP_{24}, MP_{31}, MP_{41}, MP_{42}, MP_{51}, MP_{52}, MP_{53}\}$，输出信息库所 $OM=\{MP_{12}, MP_{13}, MP_{25}, MP_{26}, MP_{27}, MP_{28}, MP_{29}, MP_{32}, MP_{43}, MP_{54}, MP_{55}, MP_{56}\}$。集成系统的信息库所和门变迁的定义见表 7-6。

表 7-6 集成供应链系统 OPN 信息库所和门变迁的含义

输入信息库所编号	输入信息库所含义	输出信息库所编号	输出信息库所含义	门变迁编号	门变迁含义
MP_{11}	产品到达信息	MP_{12}	客户向制造商发出需求信息	G_1	制造商基于 Web 需求信息汇总
MP_{21}	总需求输入信息	MP_{13}	客户向分销商发出需求信息	G_2	客户向分销商发出订货
MP_{22}	协同设计商的调度输入信息	MP_{25}	制造商协同设计任务输出信息	G_3	制造商基于 Web 发布协同设计任务
MP_{23}	分销商协调策略信息	MP_{26}	联盟成员选择输出信息	G_4	制造商基于 Web 发布联盟成员选择
MP_{24}	供应商自身指标信息输入	MP_{27}	生产完毕输出信息	G_5	制造商发出货物
MP_{31}	协同设计任务输入信息	MP_{28}	契约协调输出信息	G_6	制造商基于 Web 向分销商发出协调契约
MP_{41}	寻求联盟成员输入信息	MP_{29}	制造商合作信息输出	G_7	制造商基于 Web 向供应商发布决策
MP_{42}	制造商是否同意输入信息	MP_{32}	任务调度时序与计划信息	G_8	协同设计商基于 Web 传递调度计划
MP_{51}	制造商协调契约输入信息	MP_{43}	供应商自身信息输出	G_9	供应商基于 Web 提交自身信息
MP_{52}	制造商产品输入信息	MP_{54}	分销商契约对策输出信息	G_{10}	分销商基于 Web 发送契约对策
MP_{53}	客户订购产品输入信息	MP_{55}	分销商订货输出信息	G_{11}	分销商基于销售渠道向客户供货
		MP_{56}	分销商货物输出信息		

可以看出，供应链系统集成模型将系统中的几类重要对象通过门的方式进行连接和通信，正如前面概念中所说，门的作用是实现对象间信息的同步化，相当

于客户机与服务机之间的通讯端口。由于本章考虑的是 NM 模式下的供应链系统运作，对于客户的需求产品我们不再进行分类（仅以 MCL 型压缩机为例），因此，OPN 中库所、变迁等色彩集合问题就不需要再进行特别的分析。这里，集成的供应链系统 OPN 构建为对象间的交互结构和通信方式提供了直观的图形描述，同时也为分析本章描述的 NM 模式下的供应链系统的性能（包括死锁、守恒性以及冲突等）提供了依据，其目的是检测本章描述的 NM 模式下的供应链系统的集成运作流程中存在的问题。

7.3.3　供应链系统性能分析

对于性能分析，需要将各对象 OPN 进行扩展，通过“门”的连接方式将对象 OPN 扩展成对象间通信网，在此基础上通过基于不变量的分析方法对供应链系统性能进行分析。本章结合制造商对象间通信网模型（见图 7-13）、协同设计商对象间通信网模型（见图 7-14）、分销商对象间通信网模型（见图 7-15）、供应商对象间通信网模型（见图 7-16）、客户对象间通信网模型（见图 7-17），给出关联矩阵 C 和不变量 P，同时进行死锁、守衡性、冲突等性能分析。通过这些分析，了解供应链集成系统的运作过程的设计和协同是否存在缺陷。这里，设定有向输入弧 $I_i(P_i,T_i)$、$I_i(MP_i,G_i)$ 和输出弧 $O_i(T_i,P_i)$、$O_i(G_i,MP_i)$ 的连接权值最大为 1，否则为 0。

7.3.3.1　对象间通信网模型构建

运用前面提到的对象间通信网构建方法，构建制造商对象间通信网模型，如图 7-13 所示。当存在初始标识：客户需求信息存在并加载到制造商（$m_0(U)=1$），制造商设计资源可用（$m_0(P_{21})=1$），并且生产能力剩余（$m_0(P_{26})=1$）的情况下，制造商子系统得以运行。从图 7-13 可以得出此时制造商对象间通信网的关联矩阵和初始标识，以表 7-7 的形式列出。

表 7-7　制造商对象间通信网关联矩阵 C 和初始标识 m_0

C	T_{21}	T_{22}	T_{23}	T_{24}	T_{25}	T_{26}	T_{27}	T_{28}	T_{29}	T_{210}	T_{211}	T_{212}
P_{21}	-1	0	1	0	0	0	0	0	0	0	0	0
P_{22}	1	-1	0	-1	0	0	0	0	0	0	0	0
P_{23}	1	1	-1	-1	0	0	-1	0	-1	0	0	0
P_{24}	0	0	0	1	-1	0	0	0	0	0	0	0
P_{25}	0	0	0	0	1	-1	0	0	0	0	0	0
P_{26}	0	0	0	0	0	-1	0	0	0	0	0	0
P_{27}	0	0	0	0	0	0	1	-1	0	0	0	0
P_{28}	0	0	0	0	0	0	0	1	0	0	0	0
P_{29}	0	0	0	0	0	0	0	0	0	1	-1	0
P_{210}	0	0	0	0	0	0	0	0	0	0	1	-1

续表 7－7

C	T_{21}	T_{22}	T_{23}	T_{24}	T_{25}	T_{26}	T_{27}	T_{28}	T_{29}	T_{210}	T_{211}	T_{212}
MP_{21}	−1	0	0	0	0	0	0	0	0	0	0	0
MP_{22}	0	0	0	0	−1	0	0	0	0	0	0	0
MP_{23}	0	0	0	0	0	0	0	−1	0	0	0	0
MP_{24}	0	0	0	0	0	0	0	0	0	−1	0	0
MP_{25}	0	0	0	1	0	0	0	0	0	0	0	0
MP_{26}	0	0	0	0	0	0	0	0	1	0	0	0
MP_{27}	0	0	0	0	0	1	0	0	0	0	0	0
MP_{28}	0	0	0	0	0	0	1	1	0	0	0	0
MP_{29}	0	0	0	0	0	0	0	0	0	0	0	1
E	0	0	0	0	0	0	0	0	0	0	0	0
S	0	0	0	0	0	0	0	0	0	0	0	0
D	0	0	0	0	0	0	0	0	0	0	0	0
U	0	0	0	0	0	0	0	0	0	0	0	0

C	G_1	G_2	G_3	G_4	G_5	G_6	G_7	G_8	G_9	G_{10}	G_{11}	m_0
P_{21}	0	0	0	0	0	0	0	0	0	0	0	1
P_{22}	0	0	0	0	0	0	0	0	0	0	0	0
P_{23}	0	0	0	0	0	0	0	0	0	0	0	0
P_{24}	0	0	0	0	0	0	0	0	0	0	0	0
P_{25}	0	0	0	0	0	0	0	0	0	0	0	0
P_{26}	0	0	0	0	0	0	0	0	0	0	0	1
P_{27}	0	0	0	0	0	0	0	0	0	0	0	0
P_{28}	0	0	0	0	0	0	0	0	0	0	0	0
P_{29}	0	0	0	0	0	0	0	0	0	0	0	0
P_{210}	0	0	0	0	0	0	0	0	0	0	0	0
MP_{21}	1	0	0	0	0	0	0	0	0	0	0	0
MP_{22}	0	0	0	0	0	0	0	1	0	0	0	0
MP_{23}	0	0	0	0	0	0	0	0	0	1	0	0
MP_{24}	0	0	0	0	0	0	0	0	1	0	0	0
MP_{25}	0	0	−1	0	0	0	0	0	0	0	0	0
MP_{26}	0	0	0	−1	0	0	0	0	0	0	0	0
MP_{27}	0	0	0	0	−1	0	0	0	0	0	0	0
MP_{28}	0	0	0	0	0	−1	0	0	0	0	0	0
MP_{29}	0	0	0	0	0	0	−1	0	0	0	0	0
E	0	0	1	0	0	0	0	−1	0	0	0	0
S	0	0	0	1	0	0	1	0	−1	0	0	0
D	−1	1	0	0	1	1	0	0	0	−1	−1	0
U	−1	−1	0	0	1	0	0	0	0	0	1	1

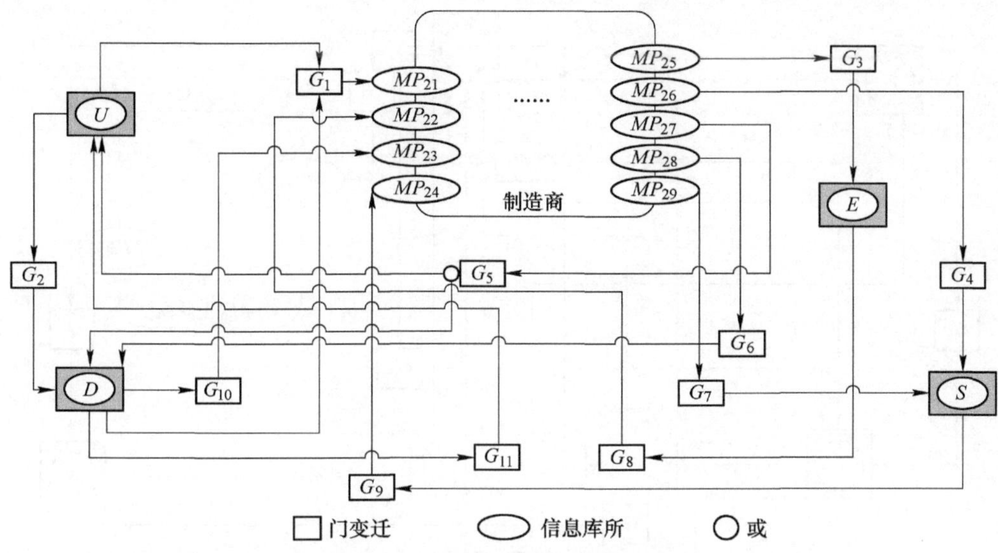

图 7-13 制造商对象间通信网模型

E—协同设计信息通过 Web 加载到协同设计商；*S*—求购信息通过 Web 加载到供应商；*D*—寻求渠道信息通过 Web 加载到分销商；*U*—客户需求信息通过 Web 加载到制造商

构建协同设计商对象间通信网模型（见图 7-14），当存在初始标识：协同设计商设计资源可用（m_0（P_{31}）=1）、协同设计商生产资源可用（m_0（P_{34}）=1）、制造商协同设计信息输入（m_0（MP_{31}）=1）时，协同设计商子系统得以运行。从图 7-14 可以得出此时协同设计商对象间通信网的关联矩阵和初始标识，以表 7-8 的形式列出。

表 7-8 协同设计商对象间通信网关联矩阵 C 和初始标识 m_0

C	T_{31}	T_{32}	T_{33}	T_{34}	T_{35}	G_1	G_2	G_3	G_4	G_5	G_6	G_7	G_8	G_9	G_{10}	G_{11}	m_0
P_{31}	-1	1	0	0	0	0	0	0	0	0	0	0	0	0	0	0	1
P_{32}	1	-1	-1	0	0	0	0	0	0	0	0	0	0	0	0	0	0
P_{33}	0	0	1	-1	-1	0	0	0	0	0	0	0	0	0	0	0	0
P_{34}	0	0	0	0	-1	0	0	0	0	0	0	0	0	0	0	0	1
P_{35}	0	0	0	0	1	0	0	0	0	0	0	0	0	0	0	0	0
MP_{31}	-1	0	0	0	0	0	0	1	0	0	0	0	0	0	0	0	1
MP_{32}	0	0	0	1	0	0	0	0	0	0	0	0	-1	0	0	0	0
M	0	0	0	0	0	1	0	-1	0	-1	-1	-1	1	1	1	0	0
S	0	0	0	0	0	0	0	0	1	0	0	1	0	-1	0	0	0
D	0	0	0	0	0	-1	1	0	0	1	1	0	0	0	-1	-1	0
U	0	0	0	0	0	-1	-1	0	0	1	0	0	0	0	0	1	0

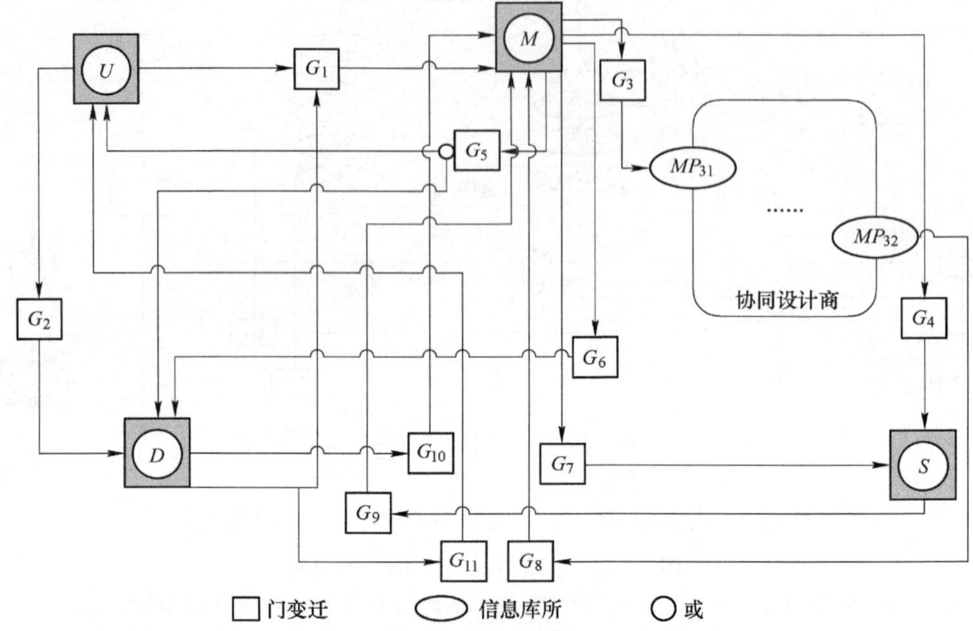

图 7－14 协同设计商对象间通信网模型

M—联盟成员反馈信息给制造商；*S*—求购信息通过 Web 加载到供应商；
D—寻求渠道信息通过 Web 加载到分销商；*U*—客户需求信息通过 Web 加载到制造商

构建分销商对象间通信网模型（见图 7－15），当存在初始标识：分销商分析资源可用（$m_0(P_{51})=1$）、制造商协调契约信息输入（$m_0(MP_{51})=1$）、客户需求信息输入（$m_0(U)=1$）时，分销商子系统得以运行。从图 7－15 可以得出此时分销商对象间通信网的关联矩阵和初始标识，以表 7－9 的形式列出。

表 7－9 分销商对象间通信网关联矩阵 C 和初始标识 m_0

C	T_{51}	T_{52}	T_{53}	T_{54}	T_{55}	T_{56}	G_1	G_2	G_3	G_4	G_5	G_6	G_7	G_8	G_9	G_{10}	G_{11}	m_0
P_{51}	−1	0	1	0	0	0	0	0	0	0	0	0	0	0	0	0	0	1
P_{52}	1	−1	0	0	0	0	0	0	0	0	0	0	0	0	0	0	0	0
P_{53}	0	1	−1	−1	0	0	0	0	0	0	0	0	0	0	0	0	0	0
P_{54}	0	0	0	0	1	−1	0	0	0	0	0	0	0	0	0	0	0	0
MP_{51}	−1	0	0	0	0	0	0	0	0	0	0	1	0	0	0	0	0	1
MP_{52}	0	0	0	0	−1	0	0	0	0	0	1	0	0	0	0	0	0	0
MP_{53}	0	0	0	0	−1	0	0	1	0	0	0	0	0	0	0	0	0	0
MP_{54}	0	0	0	1	0	0	0	0	0	0	0	0	0	0	0	−1	0	0
MP_{55}	0	0	0	0	0	1	−1	0	0	0	0	0	0	0	0	0	0	0
MP_{56}	0	0	0	0	1	0	0	0	0	0	0	0	0	0	0	0	−1	0
M	0	0	0	0	0	0	1	0	−1	0	−1	−1	−1	1	1	1	0	0

续表 7－9

C	T_{51}	T_{52}	T_{53}	T_{54}	T_{55}	T_{56}	G_1	G_2	G_3	G_4	G_5	G_6	G_7	G_8	G_9	G_{10}	G_{11}	m_0
E	0	0	0	0	0	0	0	0	1	0	0	0	0	－1	0	0	0	0
S	0	0	0	0	0	0	0	0	0	1	0	0	1	0	－1	0	0	0
U	0	0	0	0	0	0	－1	－1	0	0	1	0	0	0	0	0	1	1

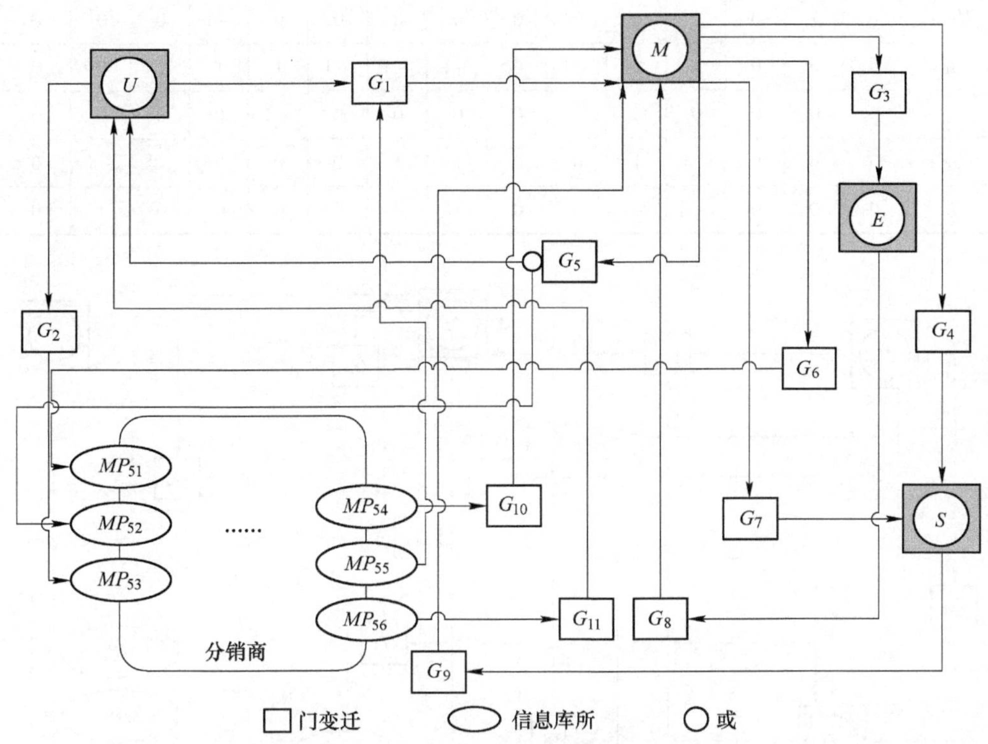

图 7－15 分销商对象间通信网模型

M—联盟成员反馈信息给制造商；*S*—求购信息通过 Web 加载到供应商；
E—协同设计信息通过 Web 加载到协同设计商；*U*—客户需求信息通过 Web 加载到制造商

构建供应商对象间通信网模型（见图 7－16），当存在初始标识：供应商库存资源充足（$m_0(P_{41})=1$）、制造商寻求联盟成员信息输入（$m_0(MP_{41})=1$）时，供应商子系统得以运行。从图 7－16 可以得出此时供应商对象间通信网的关联矩阵和初始标识，以表 7－10 的形式列出。

表 7－10 供应商对象间通信网关联矩阵 C 和初始标识 m_0

C	T_{41}	T_{42}	T_{43}	G_1	G_2	G_3	G_4	G_5	G_6	G_7	G_8	G_9	G_{10}	G_{11}	m_0
P_{41}	－1	0	0	0	0	0	0	0	0	0	0	0	0	0	1
P_{42}	1	－1	－1	0	0	0	0	0	0	0	0	0	0	0	0

续表 7 - 10

C	T_{41}	T_{42}	T_{43}	G_1	G_2	G_3	G_4	G_5	G_6	G_7	G_8	G_9	G_{10}	G_{11}	m_0
P_{43}	0	0	1	0	0	0	0	0	0	0	0	0	0	0	0
MP_{41}	-1	0	0	0	0	0	1	0	0	0	0	0	0	0	1
MP_{42}	0	0	-1	0	0	0	0	0	0	1	0	0	0	0	0
MP_{43}	0	1	0	0	0	0	0	0	0	0	0	-1	0	0	0
M	0	0	0	1	0	-1	0	-1	-1	-1	1	1	1	0	0
E	0	0	0	0	0	1	0	0	0	0	-1	0	0	0	0
D	0	0	0	-1	1	0	0	1	1	0	0	0	-1	-1	0
U	0	0	0	-1	-1	0	0	1	0	0	0	0	0	1	0

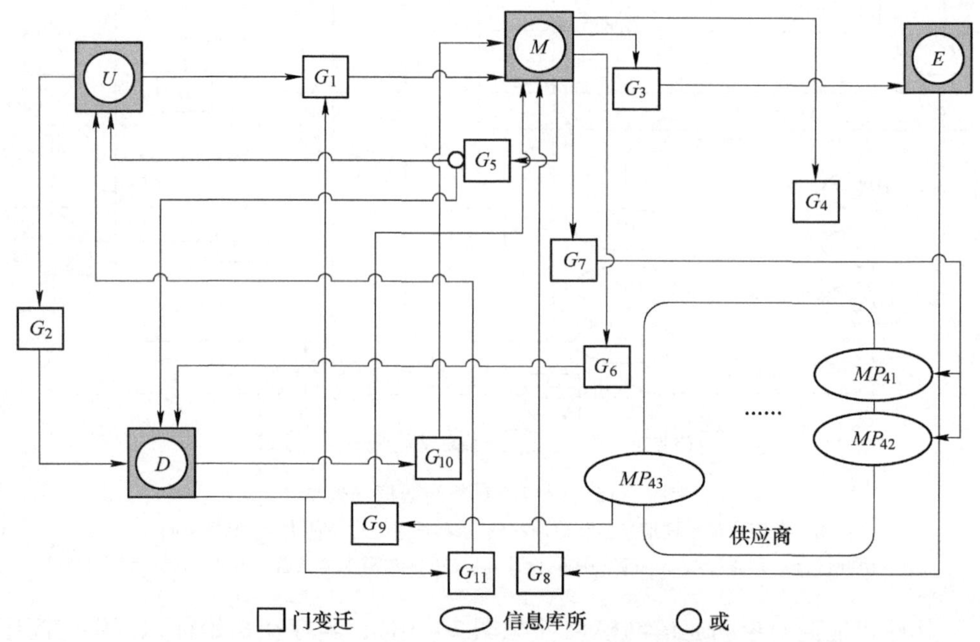

图 7 - 16 供应商对象间通信网模型

E—协同设计信息通过 Web 加载到协同设计商；*M*—联盟成员反馈信息给制造商；

D—寻求渠道信息通过 Web 加载到分销商；*U*—客户需求信息通过 Web 加载到制造商

构建客户对象间通信网模型（见图 7 - 17），当存在初始标识：客户隐性需求存在（$m_0(P_{11}) = 1$）时，客户对象子系统得以运行。从图 7 - 17 可以得出此时客户对象间通信网的关联矩阵和初始标识，以表 7 - 11 的形式列出。

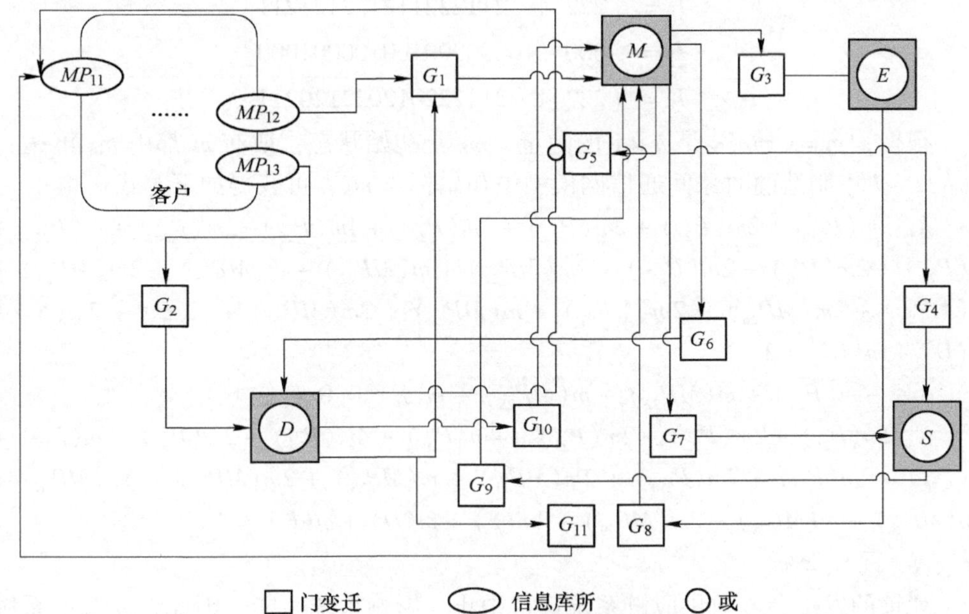

图 7－17 客户对象间通信网模型

M—联盟成员反馈信息给制造商；*S*—求购信息通过 Web 加载到供应商；

D—寻求渠道信息通过 Web 加载到分销商；*E*—协同设计信息通过 Web 加载到协同设计商

表 7－11 客户对象间通信网关联矩阵 *C* 和初始标识 m_0

C	T_{11}	T_{12}	T_{13}	G_1	G_2	G_3	G_4	G_5	G_6	G_7	G_8	G_9	G_{10}	G_{11}	m_0
P_{11}	−1	0	0	0	0	0	0	0	0	0	0	0	0	0	1
P_{12}	1	−1	1	0	0	0	0	0	0	0	0	0	0	0	0
P_{13}	0	0	1	0	0	0	0	0	0	0	0	0	0	0	0
MP_{11}	0	0	−1	0	0	0	0	1	0	0	0	0	0	1	0
MP_{12}	0	1	0	−1	0	0	0	0	0	0	0	0	0	0	0
MP_{13}	0	1	0	0	−1	0	0	0	0	0	0	0	0	0	0
M	0	0	0	1	0	−1	0	−1	−1	−1	1	1	1	0	0
E	0	0	0	0	0	1	0	0	0	0	−1	0	0	0	0
D	0	0	0	−1	1	0	0	1	1	0	0	0	−1	−1	0
S	0	0	0	0	0	0	1	0	0	1	0	−1	0	0	0

7.3.3.2 性能分析

由于各子对象的性能分析都相类似，因此仅以制造商为例，对制造商对象间通信网进行性能分析，其余类似。根据不变量理论以及表 7－7，可以得到制造商关联矩阵 *P* 不变量为：

$$I_1 = [22234-211222112122121211]$$

$$I_2 = [000-1000000010010000100 0]$$

$$I_3 = [22244-211222012022120211]$$

根据 $x^{\mathrm{T}}m = x^{\mathrm{T}}m_0$（$x$ 是 $n\times 1$ 的向量，m_0 是初始状态，所有 m 都由 m_0 可达），由表 7-7 中制造商对象间通信网模型中初始标识 m_0，可获得如下等式：

X_1:$2m(P_{21})+2m(P_{22})+2m(P_{23})+3m(P_{24})+4m(P_{25})-2m(P_{26})+m(P_{27})+m(P_{28})+2m(P_{29})+2m(P_{210})+2m(MP_{21})+m(MP_{22})+m(MP_{23})+2m(MP_{24})+m(MP_{25})+2m(MP_{26})+2m(MP_{27})+m(MP_{28})+2m(MP_{29})+m(E)+2m(S)+m(D)+m(U)=1$

X_2: $-m(P_{24})+m(MP_{22})+m(MP_{25})+m(E)=0$

X_3:$2m(P_{21})+2m(P_{22})+2m(P_{23})+4m(P_{24})+4m(P_{25})-2m(P_{26})+m(P_{27})+m(P_{28})+2m(P_{29})+2m(P_{210})+2m(MP_{21})+m(MP_{23})+2m(MP_{24})+2m(MP_{26})+2m(MP_{27})+m(MP_{28})+2m(MP_{29})+2m(S)+m(D)+m(U)=1$

A 死锁分析

死锁的发生会导致供应链系统运行中止，影响系统性能。因此，应分析系统所有可能的死锁情况，在系统激发前设法避免其发生。如果某个对象类的对象间通信网存在死锁情况，其原因既可能出在对象类内部，也有可能由于对象类之间的信息传递造成。此时，应视情况做出相应的更改。本处根据上面的 P 不变量等式，得到如下的分析：

（1）如果 $m(P_{21})=1$ 和 $m(U)=1$，且 $2m(P_{22})+2m(P_{23})+3m(P_{24})+4m(P_{25})-2m(P_{26})+m(P_{27})+m(P_{28})+2m(P_{29})+2m(P_{210})+2m(MP_{21})+m(MP_{22})+m(MP_{23})+2m(MP_{24})+m(MP_{25})+2m(MP_{26})+2m(MP_{27})+m(MP_{28})+2m(MP_{29})+m(E)+2m(S)+m(D)=-2(X_1)$，此时 T_{21} 可激发。

（2）如果 $m(MP_{22})=1$、$m(MP_{23})=1$、$m(MP_{24})=1$、$m(MP_{23})=1$，而且 $-m(P_{21})-m(P_{22})-m(P_{24})-m(MP_{21})+2m(MP_{25})-m(MP_{26})-2m(MP_{27})+2m(E)-m(D)-m(U)-m(S)=-1(X_2$ 和 $X_3)$，则 T_{24} 可激活；类似的，若 $m(P_{22})$、$m(P_{24})$、$m(P_{26})$、$m(P_{23})$、$m(MP_{24})$、$m(P_{29})$、$m(P_{210})=1$，则 T_{22}、T_{25}、T_{26}、T_{27}、T_{23}、T_{29}、T_{210}、T_{211}、T_{212} 可激活；如果 $-m(P_{24})+m(MP_{22})+m(MP_{25})+m(E)=0(X_1$ 和 $X_3)$，则 T_{28} 可激活。

（3）如果 $m(MP_{26})=1$、$m(P_{21})=1$，而且 $m(P_{22})+m(P_{23})+m(P_{24})+m(MP_{21})-m(MP_{23})+m(MP_{24})+2m(MP_{27})-m(S)=0(X_1)$，则 G_4 可激发。

（4）如果 $m(MP_{25})=1$，且 $m(M_{22})-m(M_{23})-m(M_{26})+m(E)-m(S)=-1$，则 G_3 可激发；如果 $m(MP_{13})=1$、$m(MP_{28})=1$、$m(MP_{29})=1$，则 G_2、G_6、G_7 可以分别被激发。

（5）如果 $m(U)=1$，则 G_1 可激发；如果 $m(E)=1$，则 G_8 可激发；如果 $m(S)$

= 1,则 G_9 可激发;如果 $m(MP_{27})=1$,则 G_5 可激发;如果 $m(D)=1$,则 G_{10} 和 G_{11} 可激发。

从以上分析可知，制造商对象间通信网模型中的每一活动变迁和门变迁在初始标识 m_0 下，通过适当的行为均可激发，说明制造商对象不存在死锁。对分销商、协同设计商、供应商、客户进行类似分析（过程略)，得出结果也为无死锁现象。

B 守恒性分析

守恒性是供应链运作模型中的一个重要特性，它能说明系统有无溢出现象，系统状态是否安全。根据文献［237］，判断系统是否溢出需要判断守恒性。当存在 $n\times 1$ 的向量 x（正向量)，使得 $x^{\mathrm{T}}c=0$（c 为关联矩阵)，那么 Petri 网是严格约束的。本章中制造商模型中存在非零的正向量 $x=$ ［74471111112111122113111］，使得 $x^{\mathrm{T}}c=0$。因而，制造商对象间通信网是守恒且有界的，不会发生溢出。对其他对象的分析也类似，如协同设计商非零的正向量 $x=$ ［21121111112］，得出的结论是不会发生溢出，具有良好的性能。

C 冲突分析

本章构建模型中，冲突 1 出现在制造商基于 Web 销售时（G_5）是先满足客户需求还是先满足分销商需求；客户在选择供货时是接受销售商供货还是接受制造商直接的供货。本章认为这种冲突情况应该采用随机手段解决，制造商综合考虑分销商与客户的重要性，实施供货分级管理；客户在选择供货时，综合考虑制造商直销与分销商销售的利弊，做出适合自身的选择。冲突 2 出现在制造商在接到客户需求信息输入后，进行 T_{21} 的设计分析，此时资源输出只能是库所 P_{23}(设定预期目标的初步设计方案）或者是库所 P_{22}(客户需求难以满足状态)。其解决的方法是，如果客户需求难以满足，则与客户进行沟通协调，并对客户需求进行重新设计，尽量使设计方案最大限度地满足客户。

D 系统总体性能分析

系统初始状态可以由各对象间通信网模型中的 m_0 综合得出（按客户、制造商、协同设计商、供应商、分销商对象从 $P_{11}\cdots\cdots MP_{56}$ 的顺序)：系统 $m_0=$ ［1000001000010000000000000010010001000001000000000］，经过变迁激发，系统最终状态 $m_k=$ ［0010001000010000000000000010010001000001000000000］。从最终系统状态可以发现，此时的客户需求得以满足 $P_{13}=1$(其他与初始状态一样)，只有当新的客户隐性需求 P_{11}产生时才开始下一次的系统激发。

需要注意，在分析系统总体性能时，必须要考虑到构建的网络化制造环境下供应链运作系统 OPN 模型是动态可变的，一些对象可以改变它们的内部行为或外部界面。这里，改变界面是指一些输入端口或输出端口将被移除或添加到改变的对象上。假设 G_j 为构建系统模型中改变的对象,$P_j=\{IP_j,OP_j,SP_j\}$(P_j 指对象

G_j 的库所集合，IP_j 指输入端口，OP_j 指输出端口，SP_j 指状态库所）。同样的，设 G_i 对象发送信息到 G_j，$P_i = \{IP_i, OP_i, SP_i\}$。假设系统模型中有下面的信息传递关系：

$$OP_i = \{OP_{i1}, OP_{i2}, OP_{i3}\}, IP_j = \{IP_{j1}, IP_{j2}\}, OP_{i1} \Rightarrow IP_{j1}, OP_{i2} \Rightarrow IP_{j1}, OP_{i3} \Rightarrow IP_{j2}$$

当输入端口 IP_{j1} 从 G_j 中被移除（相应的信息传输通道也被移除），G_j 的最小 P 不变量就需重新计算。因为 IP_{j2} 仍与 G_i 有信息传输关系（$OP_{i3} \Rightarrow IP_{j2}$），从重新计算的 P 不变量中选择 IP_{j2} 的 P 不变量等于 OP_{i3} 的 P 不变量，然后选择的对象 P 不变量就可以用来代替系统中相应的 P 不变量。同样，系统 P 不变量还可以从其他方式获得：增加新输入端口；增加/移除输出端口；内部状态改变。这样，可变对象结构的 P 不变量就可以获得了，在此基础上可以重新对结构变化后的系统性能进行分析，并得到相应的结果。

综上，性能分析表明，本章构建的 NM 模式下的供应链系统 OPN 不存在死锁和溢出现象，各对象中的变迁均可以激发，系统结构良好。此外，本章提出的建模方法具有模糊性和可维护性的优点，适于系统局部结构快速变化的供应链系统建模，当输入输出端口变化时可以方便地获得新的对象 P 不变量，并对系统性能进行再分析。

参考文献

[1] Dong H Z, Liu D X, Zhao Y W, et al. A novel approach of networked manufacturing collaboration: fractal web－based extended enterprise [J]. International Journal of Advanced Manufacturing Technology, 2005, 26 (11): 1436－1442.

[2] Ahmed I, Sadiq M J. Information subsystem congestion analysis of a wide area－networked manufacturing system using mobile agents [J]. Journal of Manufacturing Technology Management, 2005, 16 (7): 753－764.

[3] Louis C, Frayret J M, D' Amours S, et al. A commitment－oriented framework for networked manufacturing co－ordination [J]. International Journal of Computer Integrated Manufacturing, 2001, 14 (6): 522－534.

[4] Montreuil B, Frayret J M, S D' Amours. A strategic framework for networked manufacturing [J]. Computers in Industry, 2000 (42): 299－317.

[5] Lee W B, Lau H C W. Multi－Agent modeling of dispersed manufacturing networks [J]. Expert Systems with Applications, 1999, 16 (3): 297－306.

[6] Akkermans H A, Vander H H. Managing IT infrastructure standardization in the networked manufacturing firm [J]. International Journal of Production Economics, 2002, 75 (1): 213－228.

[7] 应文兰，李爱平，徐立云．网络化制造系统动态身份认证的研究与实现 [J]．中国机械工程，2008，19 (11)：1293－1296.

[8] 孙忠良，吴文武，洪军，等．基于数据包络分析的网络化制造联盟企业制造资源配置评价研究 [J]．计算机集成制造系统，2008，14 (5)：962－969.

[9] 刘金山，廖文和，郭宇．基于双链遗传算法的网络化制造资源优化配置 [J]．机械工程学报，2008，44 (2)：189－195.

[10] 苗剑，宋豫川，何彦，等．网络化制造平台动态工作流管理模型研究 [J]．计算机集成制造系统，2005，11 (3)：336－341.

[11] 范玉顺，张立晴，刘博．网络化制造与制造网络 [J]．中国机械工程，2004，15 (19)：1733－1738.

[12] 国家发展计划委员会，科学技术部．当前优先发展的高科技产业化重点领域指南 (2001)．http：//www. cas. ac. cn/html/Dir/2001/22/24/5906. html，2001.

[13] 范玉顺．网络化制造的内涵与关键技术问题 [J]．计算机集成制造系统，2003，9 (7)：576－582.

[14] 王宛山，巩亚东，郁培丽．网络化制造 [M]．沈阳：东北大学出版社，2003.

[15] 郑小林，陈德人．面向网络化制造的敏捷供应链系统研究 [J]．计算机集成制造系统，2003，9 (8)：698－703.

[16] 严隽琪．数字化与网络化制造 [J]．工业工程与管理，2000 (1)：7－11.

[17] NIIIP. NIIIP Reference Architecture Book: Introduction to NIIIP Concepts [EB/OL]. [1999－08－09]. http: //www. niiip. org.

[18] Ram Sriram, Arum Candadai. Agile Infrastructure for Manufacturing System (AIMS) －A Pilot

Program [C] . In 5th National Agility Conference. Boston, MA, March, 1996.

[19] Gray W H, Neal R E, Cobb C K. Technologies enabling agile manufacturing strategic plan [J] . Oak Ridge Centers for Manufacturing Technology, 1995, 25 (4): 342 - 353.

[20] 顾新建，祁国宁，陈子辰．网络化制造的战略和方法——制造业在网络经济中的生存和发展［M］．北京：高等教育出版社，2001.

[21] Wolfgang P, Gerhard S. Trying to capture additionality in Framework Programme 5 - main findings [J] . Science & Public Policy, 2005, 32 (5): 367 - 373.

[22] Gregory F. Framework Programme fund EU technology R&D [J] . Laser Focus World, 2006, 42 (6): 104 - 110.

[23] 唐任仲．智能制造系统国际合作研究计划［J］．制造技术与机床，1996（9）：45 - 47.

[24] Cloutier L, Frayret J M, D'Amours S, et al. The NetMan agent based architecture for E - business in network organizations [C] . IFIP Conference Proceedings, 2000: 157 - 166.

[25] Jin L, Oraifige I A. E - manufacturing in networked virtual environments [C] . 2001 IEEE International Conference on Systems, Man and Cybernetics, Tucson, AZ, 2001: 1845 - 1849.

[26] Dunn T. Using the wind chill trademark product data management platform for a distributed simulation system [C] . 42nd AIAA Aerospace Sciences Meeting and Exhibit, Reno, NV, United States, 2004: 9708 - 9718.

[27] 叶作亮．基于制造网格的制造资源管理若干关键技术研究［D］．杭州：浙江大学，2006.

[28] 高曙明，何发智．分布式协同设计技术综述［J］．计算机辅助设计与图形学学报，2004，16（2）：149 - 158.

[29] 袁海宁．知识流系统的若干技术研究［D］．南京：南京工业大学．2005.

[30] Li H X, Fan Y S, Catherine D, et al. Integration of business processes in Web - based collaborative product development [J] . International Journal of Computer Integrated Manufacturing, 2005, 18 (6): 452 - 462.

[31] Choy K L, Lee W B, et al. Design of a case based intelligent supplier relationship management system - the integration of supplier rating system and product coding system [J] . Expert Systems with Applications, 2003, 25 (6): 87 - 100.

[32] Kumar M, Vratb P, Shankarc R. A fuzzy goal programming approach for vendor selection problem in a supply chain [J] . Computers & Industrial Engineering, 2004, 46 (2): 69 - 85.

[33] Kulak O, Kahraman C. Fuzzy multi - attribute selection among transportation companies using axiomatic design and analytic hierarchy process [J] . Information Sciences, 2005, 170 (9): 191 - 210.

[34] Zhu J. A buyer - seller game model for selection and negotiation of purchasing bids: Extensions and new models [J] . European Journal of Operational Research, 2004, 154 (2): 150 - 156.

[35] Lin C W, Chen H Y. A fuzzy strategic alliance selection framework for supply chain partnering under limited evaluation resources [J] . Int. J. Production Economics, 2004, 91 (7): 1 - 15.

[36] 朱兵．基于风险最小原则的战略性供应商选择［D］．南京：河海大学，2005.

[37] 代春艳，杨艺，丁明勇．动态联盟合作伙伴评价方法的动态重构模型［J］．工业工程，2007，10（5）：97－101.

[38] 刘洪，方皓，王莉，等．动态联盟伙伴选择问题的混合计算方法［J］．吉林大学学报（信息科学版），2005，23（2）：184－189.

[39] 曹洪医，汪定伟．用GA求解动态联盟中伙伴选择的多目标优化模型［J］．控制与决策，2002，17（3）：274－277.

[40] 张强，陈雯．基于模糊多属性群决策的动态联盟盟员选择方法［J］．模糊系统与数学，2004，18：332－226.

[41] 关志民，潘德惠．供应链环境下供应商选择多属性组合决策模型［J］．东北大学学报（自然科学版），2006，27（8）：937－940.

[42] 苏世彬，黄瑞华．基于模拟退火算法的动态联盟盟员的动态选择［J］．中国管理科学，2005，13（1）：90－94.

[43] 卢少华．动态联盟合作伙伴的选择过程与方法［J］．系统工程理论方法应用，2003，12（2）：102－105.

[44] 冯蔚东，陈剑，赵纯均．基于遗传算法的动态联盟伙伴选择过程及优化模型［J］．清华大学学报（自然科学版），2000，40（10）：120－124.

[45] 董文辉，巩亚东，王宛山．基于遗传算法的网络化制造伙伴选择与优化［J］．东北大学学报（自然科学版），2006，26（5）：474－477.

[46] 游佳，刘飞，君超，等．基于依赖的网络化制造动态联盟合作伙伴组合选择［J］．中国机械工程，2007，18（15）：1814－1818.

[47] 李向东，檀润华，李杰，等．网络化制造协同联盟合作伙伴选择与评价策略［J］．河北工业大学学报，2005，34（3）：1－7.

[48] 付源泉．面向网络化制造的供应链伙伴选择与评价问题的研究［D］．杭州：浙江大学及其自动化专业，2005.

[49] Karmarkar U S. Lot size，lead times and in－process inventories［J］．Management Science，1987（33）：409－418.

[50] Zipkin P H. Models for design and control of stochastic multi－item batch production systems［J］．Operations Research，1986，34（1）：91－104.

[51] Claude G，Valk R. 系统工程Petri网——建模、验证与应用指南［M］．王生原，等译．北京：电子工业出版社，2005.

[52] Jensen K. Colored Petri nets and the invariant－method［J］．Theoretical Computer Science，1981，（14）：317－336.

[53] Jensen K. Colored Petri Nets：Basic Concepts，Analysis Methods and Practical Use（Volume 1）．［M］．2nd edition. Springer－Verlag，1996.

[54] Dong M，Chen F F. Process modeling and analysis of manufacturing supply chain networks using object－oriented Petri nets［J］．Robotics and Computer－Integrated Manufacturing，2001，17（1－2）：121－129.

[55] Zuberek W M. Performance evaluation using unbound timed Petri nets［C］．Proceeding of the

Third International Workshop on Petri Nets and Performance Models, Japan: Kyoto, 1989: 180 – 186.

[56] Gambin A J, Piera M A, Riera D. A Petri nets based object oriented tool for the scheduling of stochastic flexible manufacturing systems [C] . Proceeding of IEEE International Conference Emerging Technologies and Factory Automation, 1999, volume 2: 1091 – 1098.

[57] Hanafi J, Kara S, Kaebernick H. Generating Fuzzy Coloured Petri Net Forecasting Model to Predict the Return of Products [C] . Electronics & the Environment, Proceedings of the 2007 IEEE International Symposium, 2007: 245 – 250.

[58] Zhang L F, You X, Jiao J X. Modeling Supply Chain Configuration Based on Colored Petri Nets [C] . International Conference on Control, 2006: 1 – 6.

[59] Ai J, Robert Y, Desroehers A A. Performance evaluation of automated manufacturing systems using generalized stochastic Petri nets [J] . IEEE Transactions on Robotics and Automation, 1990, 6 (6): 621 – 639.

[60] Chen H X, Amodeo L, Chu F. Modeling and Performance Evaluation of Supply Chain with Batch Deterministic and Stochastic Petri Nets [C] . Proceeding of the 13th European Simulation Symposium ESS'2001, France, Marseille, 2001: 415 – 419.

[61] 崔政东, 刘晋. 基于广义随机 Petri 网的供应链建模与分析 [J] . 系统工程理论与实践, 2005 (12): 18 – 24.

[62] Wu X Q. An Intelligent Petri Nets Model Based on Competitive Neural Network [C] . Proceeding of Computer Science: Computer Supported Cooperative Work in Design: 8th International Conference, Xiamen, China, 2004: 388 – 397.

[63] Hodder J E, Jucker J V. Plant location modeling for the multinational firm [C] . Proceedings of the Academy of International Business Conference on the Asia – Pacific Dimension of International Business, Honululu, 1982.

[64] Hodder J E, Jucker J V. International plant location under price and exchange rate uncertainty [J] . Engineering Costs and Production Economics, 1985 (9): 225 – 229.

[65] Verter V, Dincer M C. Facility Location a Survey of Applications and Methods [M] . New York: Springer – Verlag, 1995.

[66] Rosenfield D B. Global and variable cost manufacturing systems [J] . European Journal of Operational Research, 1996, 95 (2): 325 – 343.

[67] Huchzermeier A, Cohen M A. Valuing operational flexibility under exchange rate risk [J] . Operations Research, 1996, 44 (1): 100 – 113.

[68] Barbuceanu M, Teigen R, Fox M S. Agent based design and simulation of supply chain systems [C] . 6th IEEE Workshops, 1997, 36 – 41.

[69] Sun R, Chu B, Wilhelm R, et al. A CAP – based model for integrated supply chain [C] . Proceeding of the AAAI'99 Workshop, 1999.

[70] Walsh W, Wellman M. A market protocol for decentralized in multi – agent systems [C] . In Proceeding of the Third International Conference on Multi – Agent System, 1998, 325 – 332.

[71] Kalakota R, Stallaert J, Whinstop A B. Implementing Real – time Supply Chain Optimization

[J]. Operations Research, 1997, 41 (2): 831 - 842.

[72] Hanssmann F. Optimal inventory location and control in production and distribution network [J]. Operations Research, 1979 (7): 483 - 498.

[73] Geoffrion A M, Graves G W. Multi - commodity distribution system design by benders decomposition [J]. Management Science, 1974, 25 (5): 822 - 844.

[74] Gavish B, Graes S C. A one - product production/inventory problem under continuous review policy [J]. Operations Research, 1980 (28): 1228 - 1235.

[75] Burns L D, Hall R W, Blumenfeld D E, et al. Distribution strategies that minimize transportation and inventory costs [J]. Operations Research, 1985, 33 (3): 469 - 490.

[76] Cohen M A, Lee H L. Resource deployment analysis of global manufacturing and distribution network [J]. Journal of Manufacturing Operations Management, 1989, 2 (1): 81 - 104.

[77] Nissen M A. Intelligent supply chain agents using ADE [C]. Proceedings of AI & Manufacturing Research Planning Workshop, 1998.

[78] Nwana H S, Ndumu D T, Lee L C. ZEUS: an advanced too - kit for engineering distributed multi - agent systems [C]. Proceeding of PAAM'98, London, 1998.

[79] Barber K S, Mckay R M, Martin C E. Sensible agents in supply chain management an example highlighting procurement and production decisions [C]. Proceeding of the 1999 ASME Design Engineering Technical Conferences, 1999.

[80] Brugali D, Menga G, Galarraga S. Inter - company supply chains integration via mobile agents [C]. Proceeding of PROLAMAT'98, Rento Italy, 1998.

[81] Beamon B M. Supply chain design and analysis: models and methods [J]. International Journal of Production Economics, 1998 (55): 281 - 294.

[82] Barthodi J. An Introduction to Factory Flow [J]. Logistics Information Management, 1998, 11 (8): 328 - 336.

[83] Tan B. An analytical form ula for variance of output from a series - parallel production system with no interstation buffers and time - dependent failures [J]. Mathematical and Computational Modeling, 1998, 27 (6): 95 - 112.

[84] Hendricks K B. The output processes of serial production lines of exponential machines with finite buffers [J]. Operations Research, 1992, 40 (6): 1139 - 1147.

[85] Duenyas I, Hopp W J, Spearman M L. Characterizing the output process of a CONWIP line with deterministic processing and random outages [J]. Management Science, 1993, 39 (8): 975 - 988.

[86] Mason J R, Towill D R. Time compression in the supply chain: information management is the vital ingredient [J]. Logistics Information Management, 1998, 11 (2): 93 - 104.

[87] Beesley A. Time compression in the supply chain [J]. Logistics Information Management, 1997, 10 (6): 300 - 305.

[88] Wilding R D, Newton J. Enabling time - based strategy through logistics - using time to competitive advantage [J]. Logistics Information Management, 1996, 9 (1): 32 - 38.

[89] Davis T. Effective supply chain management [J]. Sloan Management Review, 1993, 35 - 36.

[90] Forrester J. Industrial Dynamic [M]. New York: MIT Press, and Wiley &Sons, Inc., 1961.

[91] Burbidge J L. The Principles of Production Control [M]. Plymouth: MacDonald and Evans, 1978.

[92] Burbidge J L. Five golden rules to avoid bankruptcy [J]. Production Engineer, 1983, 62 (10): 965-981.

[93] Burbidge J L. Automated Production Control with a Simulation Capability [R]. IFIP Working Paper, WG 5 (7), Copenhagen, 1984.

[94] Sterman J D. Modeling managerial behavior: Misperceptions of feedback in a dynamic decision making experiment [J]. Management Science, 1989, 35 (3): 321-339.

[95] Sterman J D. Teaching takes off, fight simulators for management education [J]. ORPMS Today, 1992, 19 (5): 40-44.

[96] Diehl E, Sterman J D. Effects of feedback complexity on dynamic decision making [J]. Organization Behavior Human Decision Process, 1989, 62 (2): 198-215.

[97] Naish H F. Production smoothing in the linear quadratic inventory model [J]. Quarterly Journal of Economics, 1994, 104: 864-875.

[98] Metters R. Quantifying the bullwhip effect in supply chains [J]. Journal of Operations Management, 1997, 3 (15): 89-100.

[99] Lee H L, Padmanabhan V, Whang S. Information distortion in a supply chain: The bullwhip effect [J]. Management Science, 1997, 43 (4): 546-558.

[100] Lee H L, Padmanabhan V, Whang S. The bullwhip effect in supply chain [J]. Sloan Management Review, 1997, 38: 93-102.

[101] Dejonckheere J, Disney S M, Lambreoht M R, et al. Measuring and avoiding the bullwhip effect: A control theoretic approach [J]. European Journal of Operational Research, 2003, 147 (3): 567-590.

[102] Dejonckeere J, Disney S M, Lambrecht M R, et al. Transfer function analysis of forecasting induced bullwhip in supply chain [J]. International Journal of Production Economics, 2002, 78 (2): 133-144.

[103] Disney J D, Towill D R. A discrete transfer function model to determine the dynamic stability of a vendor managed inventory supply chain [J]. International Journal of Production Research, 2002, 40 (1): 179-204.

[104] Disney S M, Towill D R. A procedure for the optimization of the dynamic response of a vendor managed inventory system [J]. Computer and Industrial Engineering, 2002, 43 (1): 27-58.

[105] 万杰，李敏强，寇纪淞．供应链中分配机制对牛鞭效应的影响研究［J］．系统工程学报，2002，17（4）：340-348.

[106] 石小法，张丽清，杨东援．信息对供应链的影响研究［J］．系统工程，2002，20（3）：37-40.

[107] 张钦，达庆利，沈厚才．在 ARIMA（0，1，1）需求下的牛鞭效应与信息共享的评价

[J]. 中国管理科学，2001，9 (6)：1-6.

[108] 黄小原，卢震，吴红招. 电子商务系统牛鞭效应 H∞ 控制应用分析 [J]. 控制工程，2002，9 (5)：11-14.

[109] 黄小原，卢震. 分销中心供应链模型及其牛鞭效应 H∞ 控制 [J]. 中国管理科学，2003，11 (1)：42-47.

[110] 傅烨，郑绍濂. 供应链中的“牛鞭效应”成因及对策分析 [J]. 管理工程学报，2002，16 (1)：82-83.

[111] 达庆利，张钦，沈厚才. 供应链中牛鞭效应问题研究 [J]. 管理科学学报，2003，6 (3)：86-93.

[112] Edgar P L，Ydstie B E，Grossmann L E. A model predictive control strategy for supply chain optimization [J]. Computers and Chemical Engineering，2003，27：1201-1218.

[113] Moon C，Kim J，Hur S. Integrated Process Planning and scheduling with minimizing total tardiness in multi-plants supply chain [J]. Computers and Industrial Engineering，2002，43 (1)：331-349.

[114] Hung W Y，Samsatli N J，Shah N. Object-oriented dynamic supply-chain modeling incorporated with Production scheduling [J]. European Journal of operational Research，2006，169：1064-1076.

[115] 姚建明，蒲云. 基于动态生产能力约束的 MC 模式下供应链调度优 [J]. 系统工程，2005，23 (2)：25-30.

[116] Sadeh N M，HIldum D W，Kjenstad D，et al. MASCOT：an agent based architecture for dynamic supply chain creation and coordination in the Internet economy [J]. Production Planning and Control，2001，12 (3)：212-223.

[117] Collins J，Gini M. Exploring decision Processes in multi-agent automated contracting [C]. Proceedings of the 5th International Conference on Autonomous Agents，2001：81-82.

[118] Ahn H J，Lee H. An agent-based dynamic information network for supply chain management [J]. BT Technology Journal，2004，22 (2)：18-27.

[119] Wagner T，Guralnik V，Phelps J. TAEMS agents：Enabling dynamic distributed supply chain management [J]. Electronic Commerce Research and Applications，2003，2 (2)：114-132.

[120] Vasilios V T. Mathematical programming techniques to de-bottleneck the supply chain of fine chemical industries [J]. Computers and Chemical Engineering，1996，20 (S)：1269-1274.

[121] Sabri H E，Beamon M B. A multi-objective approach to simultaneous strategic and operational planning in supply chain [J]. Omega，2000，28：581-598.

[122] Bose S，Pekny J F. A model predictive framework for planning and scheduling problems：a case study of consumer goods supply chain [J]. Computers and Chemical Engineering，2000，24：329-335.

[123] Biswas S，Narahari Y. Production，manufacturing and logistics object oriented modeling and decision support for supply chains [J]. European Journal of Operational Research，2004，

153: 704 - 726.

[124] Mokashi S D, Kokossis A C. Application of dispersion algorithms to supply chain optimization [J]. Computers and Chemical Engineering, 2003, 27 (7): 927 - 949.

[125] Lancioni R A, Smith M F, Oliva T A. The Role of the Internet in Supply Chain Management [J]. Industrial Marketing Management, 2000, 29: 45 - 56.

[126] Lakhal S, Martel A, Kettani O, et al. Theory and methodology on the optimization of supply chain networking decisions [J]. European Journal of Operational Research, 2001, 129: 259 - 270.

[127] Lariviere M A. Supply chain Contracting and Coordination with Stochastic Demand, Quantitative Models for Supply Chain Management [M]. Kluwer Academic Publishers, Boston, 1999: 233 - 268.

[128] Lariviere M A, Porteus E. Selling to the newsvendor: an analysis of price - only contracts [J]. Manufacturing and Service Operations Management, 2001, 3 (4): 293 - 305.

[129] Debo L. Repeatedly selling to an impatient newsvendor when demand fluctuates: a supergame theoretic framework for cooperation in a supply chain [R]. Carnegie Mellon University, 1999.

[130] Gilbert S, Cvsa V. Strategic supply chain contracting to stimulate downstream process innovation [R]. University of Texs at Austin, 2000.

[131] Dong L, Rudi N. Supply chain interaction under transshipments [R]. Washington University, 2001.

[132] Cachon G. The allocation of inventory risk and advance purchase discounts in a supply chain [R]. University of Pennsylvania, 2002.

[133] Seiferta R W, Thonemannb U W, Siekeb M A. Integrating direct and indirect sales channels under decentralized decision - making [J]. International Journal of Production Economics, 2006, 103 (2): 209 - 229.

[134] Kurata H, Yao D Q, Liu J J. Pricing policies under direct vs. indirect channel competition and national vs. store brand competition [J]. European Journal of Operational Research, 2007, 180 (1): 262 - 281.

[135] Krishnan H, Kapuscinski R, Butz D. Coordinating contracts for decentralized supply chains with retailer promotional effort [R]. University of Michigan, 2001.

[136] Taylor T A. Supply Chain Coordination under Channel Rebates with Sales Effort Effects [J]. Management Science, 2002, 48 (8): 992 - 1007.

[137] Cachon G P. Supply Chain Coordination with Contract [OL]. http: //opim. wharton. upenn. edu/cachon. html, 2003.

[138] Cachon G P, Lariviere M A. Supply Chain Coordination with Revenue - Sharing Contracts: Strengths and Limitations [J]. Management Science, 2005, 1 (1): 30 - 44.

[139] Mortimer J H. The effects of revenue - sharing contracts on welfare in vertically separated markets: evidence from the video rental industry [R]. University of California, 2002.

[140] Dana J, Spier K. Revenue sharing and vertical control in the video rental industry [J]. Jour-

nal of Industry Economics, 2001, 59 (3): 223 -245.

[141] Gerchak Y, Cho R, Ray S. Coordination and dynamic shelf - space management of video movie rentals [R] . University of Waterloo, 2001.

[142] Pasternack B. Using revenue sharing to achieve channel coordination for a newsboy type inventory model. Supply Chain Management: Models, Applications and Research [M] . Kluwer Academic Publishers, 2002.

[143] Gerchak Y, Wang Y. Revenue - sharing vs. wholesale - price contracts in assembly system with random demand [J] . Production Operational Management, 2003, 5 (3): 252 -267.

[144] Wang Y, Jiang L, Shen Z J. Channel Performance Under Consignment Contract with Revenue Sharing [J] . Management Science, 2004, 50 (1): 34 -47.

[145] Zheng H L, Da Q L, Cao A H. Research on telecommunication resale service supply chain coordination with revenue - sharing contract [J] . Journal of Southeast University, 2004, 20 (1): 113 -116.

[146] Giannoccaro I, Pontrandolfo P. Supply chain coordination by revenue sharing contracts [J] . International Journal of Production Economics, 2004, 89 (1): 131 -139.

[147] Shauhan S S, Proth J M. Analysis of a supply chain partnership with revenue sharing [J] . International Journal of Production Economics, 2005, 97 (1): 44 -51.

[148] Veen J, Venugopal V. Using revenue sharing to create win - win in the video rental supply chain [J] . Journal of Operational Research Society, 2005, 56 (3): 757 -762.

[149] Lau A H, Lau H S, Willett K D. Demand uncertainty and returns policies for a seasonal product: An alternative model [J] . International Journal of Production Economics, 2000, 66 (1): 1 -12.

[150] Webster S, Weng S K. A risk - free perishable item returns policy [J] . Manufacturing and Service Operations Management, 2000, 2 (1): 100 -106.

[151] Tsay A. Risk sensitivity in distribution channel partnership: implications for manufacturer return policies [J] . Journal of Retailing, 2002, 78 (2): 147 -160.

[152] Hahn K H, Hwang H, Shinn S. A returns policy for distribution channel coordination of perishable items [J] . European Journal of Operational Research, 2004, 152 (6): 770 -780.

[153] Granot D, Yin S. On the Effectiveness of Returns Policies in the Price - Dependent Newsvendor Model [J] . Naval Research Logistics, 2005, 52 (7): 765 -779.

[154] Mukhopadhyay S, Setaputra R. A dynamic model for optimal design quality and return policies [J] . European Journal of Operational Research, 2007, 180 (180): 1144 -1154.

[155] Chen H, Chen J, Chen Y H. A coordination mechanism for a supply chain with demand information updating [J] . International Journal of Production Economics, 2006, 103 (3): 347 -361.

[156] Yue X H, Raghunathan S. The impacts of the full returns policy on a supply chain with information asymmetry [J] . European Journal of Operational Research, 2007, 180 (2): 630 -647.

[157] Lariviere M A. Supply Chain Contracting and Coordination with Stochastic Demand, Quantities

Models for Supply Chain Management [M]. Boston: Kluwer Academic Publishers, 1999.

[158] Tsay A A. The Quantity Flexibility Contract and Supplier – Customer Incentives [J]. Management Science, 1999, 45 (10): 1339 – 1358.

[159] Bassok Y, Anupindi R. Analysis of supply contracts with commitments and flexibility [R]. University of Southern California, 1997.

[160] Lariviere M. Inducing forecast revelation through restricted returns [R]. Northwestern University, 2002.

[161] Sethi S P, Yan H M, Zhang H Q. Quantity Flexibility Contracts: Optimal Decisions with Information Updates [J]. Decision Sciences, 2004, 35 (4): 691 – 712.

[162] Wu J H. Quantity flexibility contracts under Bayesian updating [J]. Computers & Operations Research, 2005, 32 (11): 1267 – 1288.

[163] Monahan J P. A Quantity Discount Pricing Model to Increase Vendor Profits [J]. Management Science, 1984, 30 (6): 720 – 726.

[164] Lee H L, Rosenblatt M J. A Generalized Quantity Discount Pricing Model to Increase Supplier's Profit [J]. Management Science, 1986, 32 (9): 1177 – 1185.

[165] Wee H M. Deteriorating inventory model with quantity discount, pricing and partial backordering [J]. International Journal of Production Economics, 1999, 59 (4): 511 – 518.

[166] Papachristos S, Skouri K. An inventory model with deteriorating items, quantity discount, pricing and time – dependent partial backlogging [J]. International Journal of Production Economics, 2003, 83 (2): 247 – 256.

[167] Chung C S, Hum S H, Kirca O. An Optimal Procedure for the Coordinated Replenishment Dynamic Lot – Sizing Problem with Quantity Discounts [J]. Naval Research Logistics, 2000, 47 (6): 686 – 695.

[168] Gurnani H. A study of quantity discount pricing models with different ordering structures: Order coordination, order consolidation, and multi – tier ordering hierarchy [J]. International Journal of Production Economics, 2001, 72 (2): 203 – 225.

[169] Wang Q N. Determination of Suppliers' Optimal Quantity Discount Schedules with Heterogeneous Buyers [J]. Naval Research Logistics, 2002, 49 (1): 46 – 59.

[170] Qin Y Y, Tang H W, Guo C H. Channel coordination and volume discounts with price – sensitive demand [J]. International Journal of Production Economics, 2007, 105 (1): 43 – 53.

[171] Sarmah S P, Acharya D, Goyal S K. Buyer vendor coordination models in supply chain management [J]. European Journal of Operational Research, 2006, 175 (1): 1 – 15.

[172] Zhou Y W. A comparison of different quantity discount pricing policies in a two – echelon channel with stochastic and asymmetric demand information [J]. European Journal of Operational Research, 2007, 181 (2): 686 – 703.

[173] Jennifer R. Eight Questions for Customer Knowledge Management in E – Business [J]. Journal of Knowledge Management, 2002, 6 (5): 500 – 511.

[174] Bose R, Sugumaran V. Application of Knowledge Management Technology in Customer Relationship Management [J]. Knowledge and Process Management, 2003, 10 (1): 3 – 17.

[175] Garcia M M, Annabi H. Customer Knowledge Management [J]. Journal of the Operational Research Society, 2002, 53 (8): 875 - 884.

[176] Gibbert M, Leibold M. Five Styles of Customer Knowledge Management and How Smart Companies Use Them To Create Value [J]. European Management Journal, 2002, 20 (5): 459 - 469.

[177] Cohen M A, Lee H L. Strategic analysis of integrated production distribution system: models and methods [J]. Operations Reserch, 1988, 36 (2): 216 - 228.

[178] Govil M, Proth JM. Supply chain design and management: strategic and tactical perspectives [M]. London: Academic Press, 2002.

[179] Vidal CJ, Goetschalckx M. Strategic production - distribution models: a critical review with emphasis on global supply chain models [J]. European Journal of Operational Research, 1997, 98: 1 - 18.

[180] Chopra S, Meindl P. Supply chain management strategy, planning and operation [M]. Beijing: Tsinghua University Press, 2001.

[181] Viswanadham N, GAONEKAR R S. Partner selection and synchronized planning in dynamic manufacturing networks [J]. IEEE Transactions on Robotics and Automation, 2003, 19 (1): 117 - 130.

[182] Satyaveer S. Srategic capacity planning in supply chain design for a new market opportunity [J]. International Production Research, 2004, 42 (11): 2197 - 2206.

[183] Nagurney A. A supply chain network equilibrium model [J]. Transportation Research, 2002, 38 (5), 281 - 303.

[184] 王凌. 智能优化算法及其应用 [M]. 北京: 清华大学出版社, 2000.

[185] Talluri S, Baker R C. A quantitative frame work for designing efficient business process alliances [C]. International Conference on Engineering & Technology Management. 1996: 656 - 661.

[186] Bernus P, Nemes L. Organizational design: dynamically creating and sustaining integrated virtual enterprises [C] //Chen Hanfu, Cheng Diazhan, Zhang Jifeng. Proceedings of the 14th World Congress of International Federation of Automatic Control (IFAC). Beijing: Pergamon, 1999: 189 - 194.

[187] Katzy B R. Design and implementation of virtual organization [R]. Proc. 31st Annual Hawaii International Conference on System Science. 1998.

[188] Zhan Su, Poulin D. Partnership management with in the virtual enterprise in a network [R]. IEMC. 1996.

[189] Holland J H. A daptation In Natural and Artificial Systems [M]. New York: MIT Press, 1975.

[190] 朱剑英. 智能系统非经典数学方法 [M]. 武汉: 华中科技大学出版社, 2000.

[191] 周明, 孙树栋. 遗传算法及应用 [M]. 北京: 国防工业出版社. 1999.

[192] 玄光男, 程润伟. 遗传算法与工程优化 [M]. 于歆杰, 周根贵, 译. 北京: 清华大学出版社, 2004.

[193] Reaidy J, Massotte P, Liu Y, et al. Product and process reconfiguration based on intelligent agents [C]. IEEE International Conference on Systems, Arizona, 2001, 5 (5): 3397 -3402.

[194] Ren C R, Ren S Y, Chai Y T, et al. Modeling agile supply chain dynamics: a complex adaptive system perspective systems [C]. IEEE International Conference on Systems, Tunisia, 2002: 6 -11.

[195] Warnecke H J. The fractal company: a revolution in corporate culture [M]. Berlin: Springer -Verlag, 1993.

[196] Tirpak T M, Daniel S M, Lalonde J D, et al. A note on a fractal architecture for modeling and controlling flexible manufacturing systems [J]. Systems Man & Cybernetics IEEE Transactions on, 1992, 22 (3): 564 -567.

[197] 倪沈冰，陈俊芳，张丽娜．分形供应链的自相似性与其评价模型 [J]．中国管理科学，2003，11 (5): 46 -52.

[198] Booch G, Rumbaugh J, Jacobsson I. The unified modeling language user guide [M]. Boston: Addison -Wesley, 1999.

[199] Ryu K, Shin M, Kim K. Intelligent control architecture for fractal manufacturing system [C]. Proceedings of 3rd Asia -Pacific Conference on Industrial Engineering and Management System, Hong Kong, 2000.

[200] Korpela J, Lehmusvaara A, Tuominen M. An analytic approach to supply chain development [J]. International Journal of Production Economics, 2001, 71 (1): 145 -155.

[201] Naylor J B, Mohamed M. Integrating the lan and agile manufacturing paradigms in the total supply chain [J]. International Journal of Production Economics, 1999, 62 (3): 107 -118.

[202] 赵晓煜，汪定伟．供应链中二级分销网络的优化设计模型 [J]．管理科学学报，2001，4 (4): 22 -26.

[203] 周金宏，汪定伟．分布式工厂、分布式分销商的供应链生产计划模型 [J]．信息与控制，2001，30 (2): 169 -172.

[204] Miranda P A, Garrido R A. Incorporating inventory control decisions into a strategic distribution network design model with stochastic demand [J]. Transportation Research Part E: Logistics and Transportation Review, 2004, 40 (3): 183 -207.

[205] Eskigun E, Vzsoy R, Preckel P V, et al. Outbound supply chain network design with mode selection, lead times and capacitated vehicle distribution centers [J]. European Journal of Operational Research, 2005, 165 (1): 182 -206.

[206] Mentzer T, Myers, M B, Cheung, Mee -Shew. Global market segmentation for logistics services [J]. Industrial Marketing Management, 2004, 33 (1): 15 -20.

[207] Murthy D, Solem O, Roren T. Product warranty logistics: Issues and challenges [J]. European Journal of Operational Research, 2004, 156 (1): 110 -126.

[208] Lummus R R, Krumwiede D W, Vokurka R J. The relationship of logistics to supply chain management: Developing a common industry definition [J]. Industrial Management and Data

Systems，2001，101（8）：426 - 431.

[209] Revelle C S，Eiselt H A. Location analysis：A synthesis and survey［J］. European Journal of Operational Research，2005，165（1）：1 - 19.

[210] Eben - Chaime Moshe，Mehrez A，Markovich G. Capacitated location - allocation problems on a line［J］. Computers and Operations Research，2002，29（5）：459 - 470.

[211] Wu Tai - Hsi，Low Chinyao，Bai Jiunn - Wei. Heuristic solutions to multi - depot location - routing problems［J］. Computers and Operations Research，2002，29（10）：1393 - 1415.

[212] Hsieh Kuang - Han，Tien，Fang - Chih. Self - organizing feature maps for solving location - allocation problems with rectilinear distances［J］. Computers and Operations Research，2004，31（7）：1017 - 1031.

[213] 汪寿阳，赵秋红，夏国平. 集成物流管理系统中定位 - 运输路线安排问题的研究［J］. 管理科学学报，2000，3（2）：69 - 75.

[214] 林岩，胡祥培，王旭茵. 物流系统优化中的定位 - 运输路线安排问题（LRP）研究评述［J］. 管理工程学报，2004，18（4）：45 - 49.

[215] 齐二石，田青，宋宁华. 物流系统规划设计方法综述［J］. 天津大学学报（社会科学版），2003，5（3）：225 - 228.

[216] Chan Yupo，Carter W B，Burnes M D. A multiple - depot，multiple - vehicle，location - routing problem with stochastically processed demands［J］. Computers and Operations Research，2001，28（8）：803 - 826.

[217] Farias I R D. A family of facets for the uncapacitated p - median polytope［J］. Operations Research Letters，2001，28（4）：161 - 167.

[218] Chiyoshi F Y，Galvão R D，Morabito R. A note on solutions to the maximal expected covering location problem［J］. Computers and Operations Research，2003，30（1）：87 - 96.

[219] Melkote S，Daskin M S. Capacitated facility location/network design problems［J］. European Journal of Operational Research，2001，129（3）：481 - 495.

[220] Brown G G，Graves G W，Honczarenko M D. Design and operation of a multicommodity production/distribution system using primal goal decomposition［J］. Management Science，1987，33（11）：1469 - 1479.

[221] Van Roy T J. Multi - level production and distribution planning with transportation fleet optimation［J］. Management Science，1989，35（12）：1443 - 1451.

[222] 王迎军，高峻峻. 供应链分销系统优化及仿真［J］. 管理科学学报，2002，5（5）：79 - 84.

[223] 翟恩东，汪定伟. 考虑库存分配的多年度二级分销网络优化模型［J］. 东北大学学报，2001，22（2）：175 - 178.

[224] 赵晓煜，汪定伟. 供应链中二级分销网络的优化设计模型［J］. 管理科学学报，2001，4（4）：22 - 26.

[225] 王凌. 智能优化算法及其应用［M］. 北京：清华大学出版社，2000.

[226] 孙楚乔，韩文秀. 动态经济系统中的一种预测方法研究［J］. 系统工程理论与实践，1999，19（2）：2 - 5.

[227] 韩超，宋苏，王成红．基于 ARIMA 模型的短时交通流实时自适应预测系统［J］．仿真学报，2004，16（7）：1530－1535.

[228] 杨立才，贾磊，孔庆杰，等．粗正交小波网络及其在交通流预测中的应用［J］．系统工程理论与实践，2005，25（8）：124－129.

[229] 王萍．基于人工神经网络的旅游需求预测理论与实证研究——以青岛市为例［D］．兰州：西北师范大学，2004.

[230] 杨建刚．人工神经网络实用教程［M］．杭州：浙江大学出版社，2001.

[231] 蒋宗礼．人工神经网络导论［M］．北京：高等教育出版社，2001.

[232] 房振勇，游文虎，冯汝鹏．改进 BP 算法在模糊神经网络中的应用［J］．北京航空航天大学学报，2007，33（11）：1321－1324.

[233] 朱大奇，史慧．人工神经网络原理及应用［M］．北京：科学出版社，2006.

[234] 唐亮．网络化制造环境下的供应链运作管理研究［D］．沈阳：东北大学，2008.

[235] Lee Y K，Park S J. OPNets：An object－oriented high－level Petri net model for real－time system modeling［J］．Journal Systems Software，1993，20：69－86.

[236] Wang L. Object－oriented Petri nets for modeling and analysis of automated manufacturing systems［J］．Computer Integrated Manufacturing Systems，1996，26（2）：111－125.

[237] Liu C M，Wu F C. Using Petri nets to solve FMS problems［J］．International Journal Computer Integrated Manufacturing，1993，6（3）：175－185.